日蓮宗小事典

小松邦彰・冠賢一 編

法藏館

はじめに

日蓮聖人は、釈尊の教えの真実は法華経にあると信解され、すべての人びとを救い、この世界を平和な仏土としようと、その生涯を捧げられた。

この日蓮聖人の教えを奉ずる弟子信徒たちによって形成された日蓮宗は、七百年の歴史を歩みつつ、聖人の理想実現に努め、幾多の苦難を乗りこえて発展してきた。

去る昭和五十六年には、宗祖第七百遠忌を迎え、『日蓮宗事典』をはじめ、多数の日蓮聖人とその教団に関する書物が刊行され、聖人理解と鑽仰は一段の進展を見たのである。

こうした成果に加え、さらに『仏教小事典』シリーズの一冊として『日蓮宗』編が企画されたわけであるが、日蓮聖人の教えと日蓮宗の歴史、さらに法要儀礼などにいたる用語を選んで解説する、いわば日蓮宗小百科事典的な性格のものゆえ、聖人理解に資するところあればと、編集・執筆を引き受けた。

したがって本書の内容は、編集方針にしたがい、教学・歴史・儀礼・仏具・日常仏教用語まで、この種の小事典としては多くの項目を採りあげ、できるかぎり平易な解説を加えた。さらに便覧編には諸種の図表から勤行経典文まで、幅広く信徒の理解を深めるよう意図されている。

本事典によって、聖人の教えと日蓮宗について正しく理解し、日頃伝承してきた仏事の正しい意味を知り、信仰の増進に益するところあれば、編者の喜びとするところである。さらに本書を機縁として、聖人に対する関心を高めていってもらいたいと思う。

なお御多忙のなかを本事典の執筆にご協力くださった諸先生方に深く謝意を表したい。

昭和六十二年七月

小松邦彰
冠　賢一

日蓮宗小事典【目次】

便覧編

〔執筆陣〕（五十音順）
糸久宝賢　庵谷行亨　小野文珖　冠賢一　北川前肇　北村行遠　桑名貫正　小松邦彰　関戸堯海
寺尾英智　中條暁秀　浜島典彦　林是晉　原愼定　日比宣俊　松村寿巌　望月真澄

装幀――上田晃郷

日蓮宗の教え

宗祖の教えの根本

日蓮宗は、宗祖日蓮聖人の信仰と体験から生れた宗派である。宗祖は、仏教の開祖釈尊が説かれた多くの経典のなかから、とくに『法華経』を選びとって根本聖典とされた。そして、法華経の教主釈尊を本師と仰ぎ、自らは本師釈尊から法華経の弘通を委嘱された仏使であるとの自覚に立って、法華経の教えを実践されたのである。したがって、釈尊と法華経と宗祖聖人、この三つが日蓮宗宗徒の帰依すべき仏法僧の三宝なのである。

宗祖は、法華経の教えをひろめるにあたり、自らが釈尊の正しい系譜を受けつぐものであることを示す二つの師弟相承を立てられた。一つは、インドで釈尊によって説かれた法華経は、迦葉《かしょう》・阿難《あなん》・馬鳴《めみょう》・竜樹《りゅうじゅ》等をへて、中国の天台大師智顗《ちぎ》によってその真意が明らかにされ、さらに日本の伝教大師最澄《さいちょう》によってその宗旨が我が国に伝えられ、宗祖によって末法の日本にひろめられたとする系譜。この釈尊→天台→伝教→日蓮と相承した系譜を、「外相承《げそうじょう》」「三国四師《さんごくしし》相承《そうじょう》」という。法華教学の歴史的な流れをたどった見方である。いま一つは、歴史を超えて直接釈尊に連なる師弟の系譜で、釈尊→上行菩薩→日蓮、と宗祖の主観的信仰にもとづき立てられた系譜で、これを「内相承《ないそうじょう》」という。

宗祖の信仰は、法華経のなかでももっとも肝要な如来寿量品を中心とする虚空会《こくうえ》上の諸品にもとづいている。すなわち、見宝塔品で釈尊は滅後の法華弘教者を募集され、勧持品で会座《えざ》の菩薩たちが弘教の困難を予言し、なお困難に耐えて弘教することを誓ったが、従地涌出品で釈尊はこれを制止し、上行菩薩をはじめ大地から出現した菩薩（本化地涌の菩薩）たちを滅後弘教の適任者とした。この菩薩たちは釈尊が久遠の昔に教化した者である。如来寿量品で釈尊は自身の久遠実成《くおんじつじょう》つまり久遠の昔から衆生に法を説き続けてきたことを示し、如来神力品で仏種（人びとが成仏しうる原因）としての妙法五字（妙法蓮華経の五文字）を上行等の菩薩に授け、末法に流布せよと付嘱されたのである。この教説によって、宗祖は本仏釈尊の実在と衆生救済の働きを確認し、本化上行が末法に出現して衆生を救済し、その救済は妙法五字によるものであり、それによって娑婆即寂光浄土つまり、この現実世界がそのまま仏の浄土となるとの信仰を獲得されたのであって、ここに日蓮宗立教の基盤がある。

宗祖と法華経

宗祖日蓮聖人は、仏教のなかで法華経だけが真実の教えであり、釈尊の本意を説き表した教えであると見る。さらに、法華経は釈尊の時代ばかりでなく、人びとの能力が衰えた末法の時代つまり今日の社会を救うために説かれた教えであるともいわれている。

宗祖によれば、法華経は二乗作仏《にじょうさぶつ》と久遠実成を説くところに特色があり、これを「二箇の大事」といってとくに重要な法門としている。二乗作仏は、法華経の前半の迹門《しゃくもん》に説かれる教えである。法華経以外の大乗経典では、声聞と縁覚の二乗は自己の悟りのみにとらわれている利己主義のため成仏できないとされたが、法華経は、この差別の思想を否定し、二乗をはじめ悪人も女人もすべての成仏を保証したのである。ここに声聞・縁覚・菩薩の三乗を超え、一切衆生すべてを仏の世界に導くという一仏乗の教えが示されたのである。

久遠実成とは前述のように如来寿量品において、釈尊が久遠の昔に成道した永遠の存在であると同時に、すべての諸仏はこの本仏釈尊の垂迹示現（分身）であると説き、本仏釈尊は、いつ、どこでも衆生救済の働きをしていると示したのである。

そして宗祖は、法華経の教えを理論としてでなく、本仏釈尊の慈悲による救済の事実を説いたものと見て、法華経を身体全体で読み、事実の教えとして自ら体験して教義を確立されたのであった。これを「色読《しきどく》」といい、宗祖の法華経観の大きな特色となっている。

一念三千と妙法五字

宗祖は、法華経独自の法門として一念三千をあげ、一切衆生が仏に成るための根本原理とされている。

一念三千の法門は、天台大師智顗が創説したもので、安らぎのなかにも憂いがあるというように、われわれの日常の一念のなかに三千の世界がそなわっているという思想である。当然、邪念のなかにも真実があり、その真実の相を止観（心を静めて真理を見つめること）などの修行によって見きわめ、仏果（悟り）を得ようとするものである。これを「理の一念三千」という。

これにたいして、宗祖は末法の衆生のために、本仏釈尊によって示された「事《じ》の一念三千」を説く。

すなわち、久遠の本仏釈尊と一体なるがゆえに、三千世界は様相は異っていても、ことごとく本仏の悟りの境界なのであるが、この仏と一体の本来の世界に入るには、修行を積むのではなく、ただ信によってのみ到達できるとされた。理論によるのではなく、信じ行じるという行為そのものによるゆえに、事の一念三千という。宗祖は、この事の一念三千の法門を「本門寿量品の文の底」から、末法の衆生を救済する新しい原理として発見されたのである。

そして、「一念三千を識《し》らざる者には、仏、大慈悲を起し、五字の内に此の珠をつつみ、末代幼稚の頸に懸けさしめたまう」（観心本尊抄）と説き、一念三千の理論を知らなくても、それは妙法蓮華経という五字に含まれているから、妙法五字を受持すれば、自然に仏果を譲り受けることができるとするのである。

ここに題目受持の意味があり、南無妙法蓮華経と信念唱題することによって成仏できるのであり、この世がそのまま浄土となる。この南無妙法蓮華経を「一大秘法」とも「一大白法」ともいって、宗旨の根本とされるのである。

五義判

仏教各宗は膨大な経典類（一切経）を検討して自身の依るべき中心的な経典をそれぞれ立てる。それを教判というが、日蓮宗においても、宗義の根本が妙法蓮華経の五字にあることを明らかにするために教判が設けられている。宗祖の教判は、教《きょう》・機《き》・時《じ》・国《こく》・師《し》（序《じょ》）の五義から成る。最初の教とは一切経の中から法華経を選び取って立宗の根本と定めることであり、これは他宗でもそれぞれ所依の経典をもつのと同じである。ところが宗祖はさらに、機・時・国・師の四面から妙法五字が末法救済の法であることを論証された。それが五義判である。以下、五義を略説する。

教とは、釈尊の説かれたすべての教えのなかから五重相対、四種三段（五重三段）の教判によって、妙法五字を選び取り、日蓮宗の教法の根本を定めたものであり、五義判の中心はここにある（「五重相対」「五重三段」は事典部分の当該項目参照）。

機とは、教えを与えられる人の機根つまり能力や気質をいう。末法の衆生（今日一般の人びと）は容易に救われない者であるが、仏法に逆う者にも仏種を下し（逆縁下種）、等しく妙法五字の救いを受けるとする。

時とは、教えがひろまる時のことで、仏教的歴史観では、われわれは人びとの機根が衰えた末法に生きていることを意味する。そして法華経は末法にこそ流布すると定められているとする。

国とは、教えの流布する場である。日本は法華経有縁の国であり、さらには一閻浮提（全世界）が法華経流布の対象とされる。

師とは、教・機・時・国の意義を知って、これを実践する導師をいう。如来滅後の導師には小乗・大乗・迹門・本門の四師があり、妙法五字をもって末法の衆生を救うのは本化の菩薩であることを明らかにする。師は初めは「教法流布の前後（序）」の名を用い、法華経の末法流布の必然を知ることとされていたが、宗祖は法華経の教えをひろめる体験のなかで、自らが末法弘教の任を与えられた上行菩薩の応現であるという自覚に達し、自身が末法の導師であることを明らかにし、佐渡流罪以後、「序」は「師」を中心に論ぜられた。

以上の五義は、末法救済の教法としての妙法五字を選び出す教判であるが、同時にその妙法を広く世間に宣べ伝えるための「弘経の用心（方軌）」を示すものである。すなわち、この妙法五字（教）をどのような人々（機）にいかなる方法で説くか。またどのような時代（時）にどの国土（国）にひろまるかを知らなければならないということであり、法華経流布の実際を説いたものともいえる。

三大秘法

末法救済の教えである一大秘法の妙法蓮華経の五字を受持信行するについて、宗祖は三法に分けて示された。「三大秘法」また「本門の三法門」ともいわれる「本門の本尊」「本門の題目」「本門の戒壇」である。

本門の本尊は、久遠実成の本仏釈尊である。前述したように久遠の昔に悟りを開き、それ以来衆生を救済しつづけている本仏釈尊のことであり、この本仏釈尊を表現するのに、一尊四士と大曼荼羅の二種の形式がある。一尊四士は久遠実成の釈尊を表すため上行・無辺行・浄行・安立行の本化四菩薩を脇士として造立されたものである。大曼荼羅は本仏釈尊の悟りを南無妙法蓮華経という題目を中心に、諸仏諸尊が、その法に帰一している境界を描き示したものである。

本門の題目は、釈尊が久遠の昔に悟られた一念三千の理法を妙法蓮華経の五字に集約されたものである。衆生は南無妙法蓮華経と、これを受持することによって、仏果を得ることができるのである。

本門の戒壇は、妙法五字の題目を受持する道場をいう。戒壇とはもともとは仏門に入る者に戒を授ける道場のことで、細かな作法・儀礼を要したものであるが、宗祖は妙法五字を受持することがすなわち本門の戒であるとされる。したがって、本尊を安置し、題目を受持する所は、どこでもすべて本門の戒壇となる。これは「理の戒壇」である。そして宗祖は全世界の人が妙法五字に帰依したときに建立さるべき戒壇をことに「事の戒壇」といい、ここに宗祖の立正安国、仏国土建設の理想目標が示されている。

安心の相

前述の三大秘法を受持することによってえられる境地について宗祖は「受持成仏」「仏土建設」「霊山往詣」の三種の安心を示されている。

受持成仏とは、法華経の題目を受持することによって信心決定の相《すがた》が成就するから、信心受持の当処に安心がえられる。「我等この五字を受持すれば、自然に彼の因果の功徳を譲り与えたまう」(観心本尊抄)とあるように、題目受持の相は本仏からの譲与の相となるのであり、受持によって本仏と一如する境地を体得されるのである。これは受持の一行によってえられる個人的な安心である。

しかし、日蓮宗の安心は個人の救いに止まらず、全人類が題目を受持し、全世界を仏国土とすることが目標である。宗祖は仏使上行と自覚されて「立正安国」を叫び、仏土建設に不惜身命の実践をささげたのである。宗祖は、自分も唱題し他人を教化し唱題させる人びとは地涌の菩薩といわれ、「一陣二陣つづけよ」と励まされている。宗祖の門下は個人の成仏に満足することなく、仏子の自覚をもって妙法広布、仏土建設を目ざさなくてはならないのである。

受持成仏といい、仏土建設というのも、ともに現世の安心の相である。しかし、人間は必ず死すべき存在であって、死の問題は人生の重大事である。ここに宗祖は後生の安心を示し、「霊山浄土に詣《もうで》て、三仏の顔貌《げんみょう》を拝見したてまつらん」（観心本尊抄副状）とあるように、霊山浄土に往って本仏釈尊に見《まみ》えることを説示されたのである。すなわち、法華経信仰者は現世においては題目受持による安心を得るとともに、死後においても自然に本仏の悟りの世界に流入し、霊山浄土に往詣することができるとするものである。死後に往詣する浄土と生前に体験する浄土とは別のものではなく、ともに本仏の悟りの世界であって、霊山の虚空会に展開し現された浄土である。宗祖の大曼荼羅はこの浄土を現したものである。

実践の態度

おわりに妙法を弘通する実践にあたっての態度について述べておく。

仏教における教化の方法には、摂受《しょうじゅ》と折伏《しゃくぶく》の二つがある。摂受は寛容な態度で正法に導き入れることであり、折伏は厳しく邪をくだき正法に帰伏せしめることである。時と機によっていずれを用いるかが決定されるのである。

宗祖は、末法の日本の状況を観察されて、折伏を正意とすると結論された。すなわち、仏種を喪失した末法の衆生にたいして、妙法五字の仏種を植えつけ、地獄へ落ちる苦しみから救おうとされたのである。この宗祖の折伏弘教の態度は、不軽《ふきょう》菩薩《ぼさつ》の仏性礼拝と衆生救済の誓いを受けつぐものである。折伏という厳しい弘教態度は、衆生救済の大慈悲心にもとづくものであることを見逃してはならない。そして、折伏は化他のためだけでなく、自らの罪を消すための自行でもある。したがって、折伏を実践するには時と機とをよく観察して破邪のみにとらわれることなく、仏土建設という顕正のための折伏を行ずべきなのである。

化他の折伏は慈悲の精神にもとづく菩薩行であるが、それはまた報恩の実践でもある。宗祖は報恩を人間の歩むべき道として重んぜられている。宗祖は報恩の対象として、国主・師匠・父母の主師親三徳と一切衆生とをあげ、とくに重要なものとして仏法僧の三宝をあげる。本仏釈尊と皆成仏道の妙法蓮華経と仏使上行（宗祖）とである。この三宝によりわれわれの凡身を開顕し、仏身を成就するから、その恩はもっとも重いものである。

宗祖が妙法五字の信仰をもって一切衆生をすべて成仏せしめ、娑婆即寂光の仏土を建設せんとされた法華経の行者としての生涯は、一念三千、十界互具にもとづく報恩の実践の歩みであった。宗祖における献身の慈悲行としての報恩は「日本国の一切衆生の苦は悉く日蓮一人の苦である」とする代受苦報恩の思想によく示されている。

このように報恩の倫理は宗祖の教えの根本にあるのである。「仏弟子は必ず四恩をしって知恩報恩をほうずべし」とあるように、宗祖門下は、法華経の倫理的実践である報恩行を実践しなければならないのである。

（小松邦彰）

日蓮宗の歴史

六老僧と門流の成立

弘安五年（一二八二）十月十三日、日蓮聖人は武蔵国の檀越《だんのつ》、池上宗仲の館で波瀾にみちた法華経弘通の生涯を終えた。六十一歳であった。その後は日蓮聖人が定めた日昭《にっしょう》・日朗《にちろう》・日興《にっこう》・日向《にこう》・日頂《にっちょう》・日持《にちじ》の六人の高弟（六老僧《ろくろうそう》）や諸弟子により、教えは各地にひろめられていった。

日昭は鎌倉浜土の法華寺（のち妙法華寺）を拠点として日昭・浜門流を形成。日朗は鎌倉比企谷《ひきがやつ》の妙本寺と池上本門寺、下総平賀本土寺の三寺を拠点に日朗・比企谷門流を形成。日興は駿河富士の大石寺と重須《おもす》本門寺を拠点に日興・富士門流を形成。日向は身延久遠寺を中心として身延門流を形成。日頂・日《にち》常《じょう》は中山法華寺・本妙寺（のち合寺して法華経寺）を拠点に日常・中山門流を形成。また、日持は海外布教を決意し、単身奥州・北海道をへて中国大陸にわたり、蒙古まで足跡をのばした。

日蓮聖人滅後の東国には、以上の五つの門流が展開したが、当初、その教線がおよんだのは相模・武蔵・伊豆・甲斐など東国のかぎられた地域にすぎなかった。日蓮聖人の教えが京都をはじめ、全国各地にひろめられていくのは日像・日静《にちじょう》・日尊《にちぞん》ら孫弟子の時代である。

日蓮宗の京都進出

鎌倉時代末期から南北朝時代にかけて、政権の京都移動にともない、朝廷や武家への宗義奏上と弘通を目的として上洛する者が続出した。最初の京都進出は、日蓮聖人からその弘通をゆだねられた日像によって開始された。永仁二年（一二九四）上洛した日像は有力商工人の帰依をうけ、町衆のなかに教えをのばした。そして元亨元年（一三二一）ごろ妙顕寺を建立、建武元年（一三三四）には弘通の公許をうけ、後醍醐天皇の勅願所《ちょくがんしょ》となった。のち、四条櫛笥に移り、ここを拠点としたので妙顕寺を中心とする日像の門流を四条門流《しじょうもんりゅう》とよぶ。

日像と同じ日朗門流の日静も、貞和元年（一三四五）ごろ六条堀川に本国（圀）寺を創建、公家・武家の帰依を得て大いに寺基を拡大し、妙顕寺とならぶ位置にかけのぼった。六条の地を拠点とした本国寺を六条門流《ろくじょうもんりゅう》とよぶ。また、日興の高弟日尊は北は会津、西は出雲・石見まで弘通、そして暦応二年（一三三九）には京都に上行院を創し、洛内弘通の拠点とした。

京都における妙顕寺・本国寺の活躍が東国に伝えられると、東国日蓮宗僧侶は京都弘通のためつぎつぎと上洛した。中山門流の日什《にちじゅう》は永徳元年（一三八一）の上洛以来、再々関東と京都を往復し、関白・管領に日蓮宗義を奏上した。将軍足利義満への諫暁《かんぎょう》は成功しなかったが、洛中に妙満寺を創して弘通の拠点とし、やがて中山門流から分立して日什門流を形成した。日什の諫暁活動をうけついだ弟子の日仁《にちにん》・日実《にちじつ》も拷問にも屈せず宗義を奏上し、法華経の受持を将軍にせまった。

こうした教義の純粋性を保って強力に布教する強義《こうぎ》折伏《しゃくぶく》の諫暁活動は世情にあわせて穏健な立場を

とる摂受《しょうじゅ》的立場に傾斜しつつあった妙顕寺・本国寺に大きな衝撃をあたえた。妙顕寺・本国寺の軟弱な宗風にあきたらない人びとは、新寺を建立して独自の活動を展開していった。妙顕寺から日実《にちじつ》が妙覚寺を創して分立、強義折伏・不受不施制誡《ふじゅふせせいかい》（同信の者以外からは布施を受けず、施さない）を伝統とする妙覚寺門流を形成した。日隆《にちりゅう》も妙顕寺を退出、尼崎本興寺・京都本能寺を拠点として畿内・瀬戸内交通の商港都市を中心に教線をのばし、日隆門流を形成した。また、日真《にっしん》も妙顕寺を退出し、本隆寺を創して日真門流を形成。本国寺からも日陣《にちじん》が同寺の摂受的傾向をきびしく指弾し、本禅寺を創して日陣門流を形成した。

かくて、洛内日蓮宗は諸門流の活発な弘通により隆盛をきわめた。しかし、門流ごとの異義があり、門流の分立、門流間の対立もはげしかった。寛正七年（一四六六）延暦寺の洛内日蓮宗にたいする圧迫を機として、諸門流は一致団結を約した「寛正の盟約《かんしょうのめいやく》」を結成する。これはその後の教団発展の大きな推進力となった。盟約のころには「京都の半分、法華宗」といわれるほどの大きな勢力となった。おりからの応仁の乱（一四六七〜七七年）では日蓮宗諸寺も大きな被害を受けたが、諸宗衰退のなかで町衆の支援をうけた日蓮宗は、乱後の京都においてさらにその勢力をのばした。

天文元年（一五三二）ごろには「京中大方、題目の巷」となり、洛内住民の支配的地位を占める宗教となった。そして、京都をめぐる政治情勢が緊迫するなかで、日蓮宗は町衆とともに京都を自衛すべく法華《ほっけ》一揆《いっき》を形成。京都乱入のうわさのある一向一揆《いっこういっき》と戦って京都を守りぬき、町衆とともに自治権を拡大した。これを脅威とする延暦寺などの既成寺院は、天文五年（一五三六）洛内日蓮宗寺院を襲撃、日蓮宗と町衆はこれと戦ったが敗れ、京都二十一箇本山はすべて焼失、和泉堺に避難した。これを天文法《てんもんほう》難《なん》という。天文十一年（一五四二）京都還住が許され、本山の数こそ十五か寺に減ったが、再び町衆の支援をうけて復興していった。

西国・東国への展開

これより先、中国地方には京都妙顕寺日像の弟子である大覚妙実《だいがくみょうじつ》が、元弘三年（一三三三）から十年間、備前・備中・備後に弘通し、「備前法華《びぜんほっけ》」の基をきずいた。四国地方には日興の弟子である日華《にっけ》が正和年間（一三一二〜一七）土佐に弘通して四国弘通の先陣をきった。九州地方には同じ富士門流の日《にち》郷《ごう》の弟子日睿《にちえい》が日向《ひゅうが》日知屋を中心に弘通し、肥前には中山第三代の日高《にちこう》が、弟子日厳《にちごん》を遣わして弘通の先陣をきった。

いっぽう、関東の中心地鎌倉では、妙本寺を拠点とする日朗門流が教線をのばした。永享年間（一四二九〜四一）には、身延門流の日出《にっしゅつ》も本覚寺を創し、鎌倉の商工人信徒のなかに浸透していった。東国における日蓮宗は都市鎌倉にもまして農村部に浸透した。とりわけ、地方大小領主の外護による発展がいちじるしい。下総では豪族千葉氏の外護をえた中山門流が農村部に深く浸透し、各地に講・坊を形成して教線をのばした。上総でも長享年間（一四八七〜八九）、日什門流の日泰《にったい》が土気城主酒井定隆の帰依をえて、領内の住民ことごとく日蓮宗に改宗させ、「上総七里法華《かずさしちりぼっけ》」とよばれる皆法華地域が生れた。

このように室町時代の日蓮宗は、諸門流の活発な弘通によって洛内に確固たる地位を占めるとともに、東国・京畿・西国に伸張し、深く根をおろしていった。

近世の日蓮宗

永禄十一年（一五六八）織田信長は戦国大名の一人として、統一政権の樹立をめざして上洛、豊臣秀吉をへて徳川家康が強固な近世政権を確立する。そして、政治の一環としての宗教政策がおしすすめられていく過程のなかで、日蓮宗もしだいにそのなかに組み込まれていった。

中世日蓮宗の基幹の一つである強義折伏の弘通は、織田信長が天下を統一するための支障になるとみなされた。そして、天正七年（一五七九）五月、安土浄厳院で信長の命令によりおこなわれた日蓮宗と浄土宗との論争、いわゆる安土宗論《あづちしゅうろん》で政治的に敗退させられ、その弘通方法をおだやかな摂受的態度に転換せざるをえなくなった。また、中世以来の不受不施制誡も、文禄四年（一五九五）九月の豊臣秀吉の京都方広寺大仏供養会の出仕によって転換せざるをえなくなった。法華経信奉者でない秀吉の催す法会に出席し、供養を受けることは不受《ふじゅ》の制法にそむくが、出仕を拒絶するには秀吉の権力はあまりに大きかった。こうした教団外の圧力により、その方向と姿勢の転換を余儀なくさせられたが、京都妙覚寺日奥《にちおう》は不受不施を主張し、出仕を拒んで山林にかくれ、秀吉没後、徳川家康によって対馬に配流された。かくて、日蓮宗は受派（出仕派）と不受派（不出仕派）の二つに分裂し、織烈な内部抗争として展開するにいたった。

政権の江戸移動にともない、受・不受論争も関東に舞台を移して再燃した。寛永七年（一六三〇）江戸城で日乾《にちけん》・日遠《にちおん》・日暹《にっせん》ら受派の身延久遠寺と日奥に私淑した池上本門寺日樹《にちじゅ》・日賢《にちけん》ら関東不受派が対決したが、幕府権力によって不受派は敗退させられた。これを身池対論《しんちたいろん》という。池上本門寺・中山法華経寺・京都妙覚寺・小湊誕生寺など、不受不施派の拠点寺院を支配した受派は、身延久遠寺を総本山とする教団の主導権を掌握した。

いっぽう、天文法難以後、教団再興とともに興学の熱意がたかまり、関東では下総飯高《いいだか》・中村・小西檀林など、関西では山城松ケ崎・求法院《ぐほういん》檀林など、日蓮宗一致派のいわゆる関東八檀林・関西六檀林が開設された。中世以来の諸門流の枠をこえて多くの学徒が集まり、近世日蓮教学の教育研究の拠点となった。ここでは名目《みょうもく》部より四教儀《しきょうぎ》・集解《しゅうげ》・観心《かんじん》・玄義《げんぎ》・文句《もんぐ》・止観《しかん》・御書《ごしょ》部に至る天台学を重視する課程のもとに教育がなされた。

興学の機運は仏書出版の動きを助長した。文禄四年(一五九五)京都本国寺による『天台四教儀』の刊行をはじめとして、京都要法寺・本能寺の刊行があり、かかる出版技術をもった日蓮宗工匠僧が、関西から関東に下って出版活動を行い、近世初頭における出版文化の荷担者として重要な役割を演じた。日蓮遺文もかかる工匠僧の手により、慶長十一年(一六〇六)に身延久遠寺で『御書五大部』が、元和年間(一六一五~二四)には『録内御書《ろくないごしょ》』が京都本国寺から、さらに寛永二十年(一六四三)には京都の本屋から、そして寛文九年(一六六九)には「法華宗門書堂」から『録内御書』『録外御書《ろくげごしょ》』の刊行をみ、近世における日蓮教学研究の基本遺文となった。

また、檀林教学の隆盛とともに、天台学書・日蓮宗学書が本屋からあいついで刊行された。とりわけ、下総飯高・身延西谷《にしだに》檀林の化主をつとめ、身延久遠寺の貫主となった日遠《にちおん》著述の日蓮系天台学書の刊行がきわだつた。それは天台学重視の諸檀林の修学課程のなかで、日遠が著した天台学書を檀林各課程の教科書・指導書として指定、修学させたからである。これは受派である身延久遠寺が、檀林を支配することにより教権を確立し、教団の指導権を掌握するための動きであった。

ところで、立本寺日審《にっしん》などの布教僧の活躍や、慶長年間、日閑《にちかん》にはじまる身延流、日実《にちじつ》にはじまる中山流の祈禱修法によってしだいに庶民層に浸透していった。とりわけ、近世中期以降の江戸庶民における日蓮宗信仰のたかまりは熱狂的で、その信仰基盤には祖《そ》師《し》信仰《しんこう》があった。祖師日蓮聖人への期待は、江戸周辺の日蓮聖人入滅の地に建立された池上本門寺や雑司谷法明寺・堀之内妙法寺などに群参し、身延久遠寺など各地の日蓮聖人霊跡寺院の江戸での出開帳《でがいちょう》は盛大をきわめ、庶民の信者団体である講中がこれに参加支援した。

近世中期以降の信仰の高揚にともない、在家信者側からも宗教活動が伝統的な寺院仏教の埒外で行われはじめた。これは本末制度と檀家制度の固定化による寺院仏教の退廃から、教団を改革していこうとする一つの動きでもあった。日蓮遺文の刊行、著作活動を展開した深見《ふかみ》要言《ようごん》・小川泰堂《おがわたいどう》、寿講の駿河屋七兵衛、完器講の後藤妙聴、讃岐高松を本拠に全国に八品講を組織した松平《まつだいら》頼該《よりかね》、京織を中心に仏立講を組織した長松日扇《ながまつにっせん》がそれである。

このころ、宗学振興を呼ぶ日導《にちどう》は『祖書綱要』を著わし、ついで日輝《にちき》は金沢立像寺に充洽園《じゅうこうえん》を設置した。日蓮遺文を中心とする講学と著述に専念し、『宗義抄』『一念三千論』などの多くの著作は近代日蓮教学の源流となり、日薩《にっさつ》・日鑑《にっかん》・日修《にっしゅう》など、明治初期の日蓮教団をになった多くの人材を育成した。

近代の日蓮宗

国学・神道を指導理念とした明治政府は、それにもとづき神仏分離・廃仏毀釈を強力におしすすめた。

急激な変革と政府の宗教政策の前に、日蓮宗も混乱をきわめたが、新居日薩らはこうした危機をのりこえ、新時代に対応した教団の形成と近代化をすすめた。

日蓮宗一致派管長となった日薩は明治九年（一八七六）、一致派を「日蓮宗」と公称することを請願して許可され、身延久遠寺を総本山とし、池上本門寺・京都本圀寺・同妙顕寺・中山法華経寺を大本山とする一致派各門流の統合を行った。勝劣派も派名を定め、それぞれ管長制をとった。明治三十一年（一八九八）妙満寺派は顕本法華宗、八品派は本門法華宗、本成寺派は法華宗、本隆寺派は本妙法華宗と宗名を立てて公称した。明治三十三年（一九〇〇）には、興門派八箇本山のうち大石寺が独立して日蓮宗富士派と称し、さらに日蓮正宗と改称した。また、近世二百余年の間、地下に潜行していた不受不施派も、明治九年（一八七六）再興し、のち不受不施講門派が分立した。

各派は宗制を定めてその組織化をはかり、また近代化に対応すべく、宗門子弟のための教育機関を設置した。日蓮宗では明治八年（一八七五）東京に大教院、地方を八区に分けて中教院を置き、明治三十七年（一九〇四）にはそれを合併し、日蓮宗大学林として東京に設立。のち日蓮宗大学と改称し、大正十三年（一九二四）立正大学となった。いっぽう、身延にも祖山大学院が設立され、のち祖山学院となり、身延山専門学校そして身延山短期大学に発展した。

いっぽう、幕末にはじまった在家仏教運動は、明治期に入っていっそう進展した。長松日扇の仏立講は近代社会に対応しつつ全国的規模の教団に発展、田中智学の国柱会は教団内外に大きな影響をあたえ、本多日生は天晴会を組織して思想善導運動を展開した。大正末期から昭和初頭の社会不安の深まるなかで、久保角太郎・小谷キミは霊友会を組織し、これから孝道教団・妙道会・思親会・交成会（のち立正佼成会）が分派した。昭和五年には、日蓮正宗系の牧口常三郎の創価教育学会、のちの創価学会が始った。第二次世界大戦後の社会の混乱と思想信教の自由のなかで、これら新興の諸宗教は急激に伸張し、農地改革による寺領喪失などの打撃により活動が停滞した寺院教団に少なからず衝撃をあたえた。

しかし、第二次大戦後の混乱から復興をめざす日蓮宗諸教団は、布教教団としてのたてなおしをはかった。昭和二十七年の開宗七百年、同四十六年の日蓮聖人生誕七百五十年、そして同五十六年の日蓮聖人七百遠忌には、日蓮聖人門下の各教団はそれぞれこれを慶讃し記念行事・事業を推進するとともに、教団の活性化をはかり法華信仰の流布に邁進している。

（冠　賢一）

日蓮宗小事典

凡例

【収録した語】

日蓮宗の教義的に重要な言葉・経典・書物、歴史的に重要な人物・事件・寺名に加え、現代の法会・行事・法具および仏教一般に共通する基本語を可能なかぎり掲載し、総計四七四語を収録した。なお、仏教一般語については、日蓮宗における解釈を重視して解説した。

【見出し】

全項目を五十音順に配列。【 】内に漢字で示し、その下に読み方を示し、読み方が複数ある場合は〈 〉内に示した。人名については同時に生歿年を掲載した。寺名は同名の他の寺院と区別するため、（ ）内に地名等を付記した。

【参照項目】

内容的に関連する項目を（↓）で示した。複数の単語が「・」で並記された見出しについては、一部を〈 〉内に示した。

【表記】

原則として現代仮名づかいにより、書物からの引用も、現代仮名づかいに改めた。

【悪人成仏】あくにんじょうぶつ

どのような重い罪を犯した者でも成仏をとげることができるということ。法華経の提婆達多品で、提婆達多に未来に仏となるべき保証（記別《きべつ》）が与えられたことによる。提婆達多は釈尊の従弟にあたり、多くの経文を暗誦するほどの才能をもっていながら、釈尊をねたんで崖から岩をおとして釈尊の足から血を出させるという危害を加えた。法華経ではこのような極悪の提婆達多でさえも成仏できると説かれるのであり、ここに法華経の救済の世界がすべての人々におよぶことがよく示されている。末法という汚れきった時代に生き、仏法にたいする造詣の浅い人々が、どのようにすれば釈尊の救いの世界に近づけるかを生涯の最大の課題とした日蓮にとって、悪人成仏はたいへん重要な思想であり、著作や書簡で提婆達多に言及する場合も多い。→提婆達多

【安土宗論】あずちしゅうろん

天正七年（一五七九）五月二十七日、織田信長の命により安土城下の浄厳院で行われた日蓮宗と浄土宗の論争。安土にきて法談をした浄土宗の霊誉玉念にたいして日蓮宗の信者（大脇伝介・建部紹智）が難詰したことより起り、論争へと進む。浄土宗の聖誉貞安は信長に目をかけられ、蒲生郡中村に西光寺を建てて招かれた人物であった。かれは安土における日蓮宗の急速な発展をみて痛憤し、これを信長に訴え、信長にとってもまた、かねてから各所に展開される日蓮宗の烈しい折伏伝道は、一個の強力な社会勢力として、天下統一を企図する信長にとって無視できぬ存在であった。それゆえ信長は、これを機に浄土宗との宗論を命じ、日蓮宗の弾圧にのりだし、この宗論は日蓮宗の一方的な負けと決せられた。そして信長は普伝院日門・大脇伝介を斬り、建部紹智を堺に捕らえて殺した。また頂妙寺日珖《にちこう》・妙覚寺老僧日諦《にったい》・寂光寺日淵《にちえん》の三人を安土の正覚院に拘禁し、日蓮宗が負けたこと、今後他宗にたいして一切法論

をせぬこと、日蓮宗を立て置かれてかたじけないとの京都諸本寺連署の起請文を信長に提出させた。この宗論は、純粋な教義の争いでなく、信長の計画的日蓮宗弾圧であったといえる。この宗論によって、日蓮宗が蒙った弾圧を「安土法難」という。↓日珖

【熱原法難】《あつわらほうなん》〈あつはらほうなん〉

　弘安二年（一二七九）九月、駿河（静岡県）富士郡熱原の門弟に加えられた弾圧。日蓮の身延入山以降、駿河方面では日興《にっこう》の活発な布教により日蓮の教義を中核とする門弟集団が形成された。同地の岩本実相寺では住僧の肥後公・筑前房・豊前房・日仲が、蒲原四十九院では供僧日持・賢秀・承賢が、熱原滝泉寺では日秀・日弁・日禅・三河房頼円らが日興の弟子となった。彼らは在地の農民に法華信仰をひろめて信者を獲得していった。この布教が成果をあげるとともに、天台宗寺院上層部と日興のこれらの弟子との間に対立抗争が生じた。熱原滝泉寺では、念仏信者である同寺院主代平左近入道行智が住僧日秀・日弁らにたいし法華信仰を捨てて念仏信仰することを強要し、また、かれらの教導した信徒を弾圧するなどの行為がくりかえされた。そしてついに弘安二年九月、行智は同地の百姓神四郎ら二十名を捕らえて鎌倉に送った。日蓮は陳状を記してこの処置の不当を述べ、かれらの釈放を要求したが、この事件の審理にあたった侍所所司平頼綱の処罰は厳しく、神四郎ら三名は斬首、他は禁獄という重いものであった。頼綱の念仏強要に神四郎らは題目を唱えて死んでいったという。↓日興

【阿仏房】《あぶつぼう》 一一八九～一二七九

　日蓮が佐渡へ流罪されたときに入信した信徒。所伝によると、俗姓は遠藤為盛《えんどうためもり》といい、承久の乱（一二二一）によって佐渡に配流された順徳上皇に随従して来島、上皇崩御ののちは、妻とともに入道となり、墓所を守ったという。最初は熱心な念仏信者であったが、日蓮の教化をうけ、夫妻そろって信徒となり、在島中の日蓮を手厚く外護した。日蓮が身延山へ入山したのちも高齢をおして佐渡の信徒国府《こう》入道《にゅうどう》とともに二度身延山の日蓮を訪問した。九十

一歳で歿したが、子息藤九郎盛綱《とうくろうもりつな》は、遺骨を抱いて身延山に赴き埋葬した。生前、日蓮より日得《にっとく》の名を授けられ、妻は千日尼《せんにちあま》の名を授けられたという。佐渡蓮華王山妙宣寺《みょうせんじ》の開山。↓佐渡流罪・妙宣寺

【新居日薩】　あらいにっさつ　一八三〇～一八八八

明治維新期の日蓮宗の指導者。日蓮宗初代管長。仏教社会福祉運動の原点である福田会《ふくでんかい》初代会長。立正大学学祖。上州（群馬県）桐生の人。出家後、近代日蓮教学の起点とされる幕末の巨匠優陀那院日輝《うだないんにちき》の加賀金沢充洽園《じゅうこうえん》に入り、新しい時代の新しい教団の理想像をめざす優陀那宗学の薫陶を受けて成長。明治維新の廃仏毀釈の嵐のなかで日蓮宗を含む仏教全体が存亡の危機にあった動乱期に、日蓮宗を代表して仏教覚醒復興を提唱。改革運動の旗手として、各宗高僧と協調して旧弊一洗に努めた。その業績をあげれば超宗派の活動に、諸宗同徳会盟、大教院での活躍、日本最初の監獄説教、福田会育児院の創設、「和敬会《わきょうかい》」などの啓蒙運動がある。日蓮宗内では教育機関の整備、学制の制定、教学の近代化、教団統一と行政組織の拡充、全国講社設立による布教伝道などがある。↓充洽園・日輝

【荒行】　あらぎょう

激しい修行のこと。日蓮宗における寒百日間の加《け》行所《ぎょうしょ》内での苦修練行のこと。加行所とは日蓮宗の祈禱法（修法）を伝授する場所で一般には大荒行《だいあらぎょう》堂《どう》とよばれる。この行堂は十一月一日に開堂し、二月十日に成満と定められ、加行者は結界すると水行・写経・読経を主とする修行に励み、伝道の成就を願う。現在荒行堂は千葉県中山法華経寺に開かれ、また同寺山内の遠寿院《おんじゅいん》にも開設されている。↓加持・法華経寺

い

【飯高檀林】　いいだかだんりん

千葉県八日市場市に設置されていた日蓮宗僧侶教育機関。小西檀林《こにしだんりん》・中村檀林《なかむらだんりん》と並ぶ関東三大檀林のひとつ。檀林とは僧侶が参集して学ぶようすを栴檀《せんだん》の林になぞらえた呼称。日蓮宗では近世初頭以降、

関東・関西に数多くの檀林が開設されたが、飯高檀林は天正元年（一五七三）、要行院日統《にっとう》が千葉県香取郡に開いた飯塚講肆《こうし》を始源とし、天正八年、教蔵院日生《にっしょう》が開いた飯高談所を直接の前身とする。蓮乗院日尊《にっそん》の代に現在地に講堂などを建てて法輪寺と称し、さらに天正十九年に飯高寺と改称。名実ともに中心檀林として発展し、やがて有力な指導者が学徒を集めて教育をするようになった。これによって指導者を中心とする学閥（のちの法縁・法類の原型）が形成され、飯高檀林・中村檀林内の各学系が、各地の大寺への入寺ルートを掌握するまでになった。明治時代に入って新制度下の教育機関へその役割をゆだねて廃止された。↓檀林・日尊

【池上氏】いけがみし

日蓮の大檀越つまり外護者の一人。日蓮の書状には右衛門大夫志《さかん》宗仲夫妻および兵衛《ひょうえ》志《さかん》（伝承では宗長）夫妻と、のちに信仰を改めて帰依した父左衛門大夫（伝承では康光）の五名がみられる。宗仲は武蔵国池上郷（東京都大田区）の地頭で「散位大

中臣宗仲」とも名乗っていた。宗仲は早くから日蓮に帰依していたが、父の左衛門大夫は日蓮の批判した鎌倉の極楽寺忍性《にんしょう》に帰依していたようである。そのため父子の間に信仰をめぐって数年間対立が続いた。日蓮はこの対立を法華信仰の受・不受の問題としてとらえ、勘当された宗仲は法華経の信者、勘当した父は法華経のかたきであるとし、法華信仰を貫徹するよう同じく日蓮の信奉者であった兵衛志に書状を送っている。日蓮歿後、宗仲はその邸に一宇を建立した。これが今の池上本門寺である。↓本門寺（池上）

【以信代慧】いしんだいえ

信こそ仏となるための根本であるとする日蓮の教え。「信を以て慧に代《か》う」と読み下す。日蓮著『四《し》信五《しんご》品鈔《ほんしょう》』に「五品の初二三品には、仏正しく戒定の二法を制止して一向に慧の一分に限る。慧また堪えざれば信を以て慧に代う。信の一字を詮となす。不信は一闡提謗法《いっせんだいほうぼう》の因、信は慧の因、名字即の位なり」とある。天台教学では法華経分別功徳品の教説

から、法華経修行者の位を仏在世の四信と仏滅後の五品とに分ける。日蓮は四信のうちの初信（一念信解）、五品のうちの初品（随喜品）をもって末法の正意《しょうい》とし、末法悪世の凡夫は劣悪鈍機であり、智慧で得道することはできないため、信をもって智慧に代え、信の一字をたよりとして仏道を成就すべきであるとした。→四信五品・信心・信心為本

【伊豆法難《いずほうなん》】

日蓮が弘長元年（一二六一）五月十二日幕府によって逮捕され、伊豆（静岡県）に配流された法難をいう。その背景には『立正安国論』の上申があり、また『守護国家論』ではげしく浄土教を批判したことがあった。念仏者たちは松葉谷《まつばがやつ》の草庵を襲い、さらに日蓮を謗法・邪見・悪口・犯禁のものと讒訴したため幕府は日蓮を捕らえ、地頭伊東八郎左衛門の預りとして伊豆の伊東へ流罪にした。『立正安国論』の主張は法華経信仰の確立と浄土教攻撃に重点がおかれていたにしても、結果的には幕政批判となっていた。伊豆においても当初、念仏者の迫害は引き続き繰り返されたようである。しかし日蓮は幸いにも川奈にすむ漁夫の弥三郎夫妻の庇護を受け、かくまわれることになった。このころ地頭伊東氏は病床に臥し、薬餌・祈禱などを受けたが、その効果なく、病は重くなるのみであった。たまたま日蓮が川奈にかくれていることを知り、病気平癒の祈願を依頼してきたので日蓮は法華経を信ずるならば祈禱をしようと誓約させて祈った。この祈りによって八郎左衛門は快癒したので、その御礼として伊東の海中から網にかかって揚がったという立像の釈迦仏を献じた。この立像仏は以後、日蓮生涯の随身仏として奉持されることになる。また日蓮は地頭の好意により川奈より伊東に移り、その外護のもとに配所生活を送った。同地に在ること一年九か月にして、弘長三年二月二十二日流罪をとかれ鎌倉に帰った。この地で日蓮は『教機時国鈔』を著し、独自の法華経観である五義を発表した。→五義・松葉谷法難・立正安国論

【異体同心】いたいどうしん

多くの人々が志を一つにして、大願達成のために協力すること。日蓮は『生死一大事血脈抄』に「日蓮が弟子檀那等、自他彼此の心なく水魚の思いを成して、異体同心にして南無妙法蓮華経と唱え奉る処を、生死一大事の血脈とはいうなり」と述べ、『異体同心事』には「異体同心なれば万事を成じ、同体異心なれば諸事叶う事なしと申すは外典三千余巻に定りて候。（中略）日蓮が一類は異体同心なれば、人人すくなく候えども大事を成じて、一定法華経ひろまりなんと覚え候」とある。心を一つにして法華信仰を深め、法華経の弘通に励むようにという日蓮の教誡の言葉である。↓血脈

【一乗】いちじょう

一仏乗《いちぶつじょう》ともいう。乗とは乗り物のことで、人々を乗せて彼岸の悟りの世界に運ぶ教えのこと。声聞《しょうもん》乗《じょう》・縁覚乗《えんがくじょう》・菩薩乗《ぼさつじょう》を三乗といい、一仏乗はそれにたいする。声聞と縁覚の修行者は小乗の仏教徒で自分自身のみの悟りの世界を追求することを目的とし、他の人々のことを顧みることがなかったため、法華経以前の大乗諸経では成仏することが許されなかった。しかし、法華経では、仏が声聞・縁覚・菩薩という三乗の修行のありかたを説いたのは、すべてが一仏乗に帰結することに導くためであったことが明かされる。この法華経の一仏乗の教えを日蓮は法華経が諸経に勝る二大特色（二乗作仏《にじょうさぶつ》・久遠実成《くおんじつじょう》）の一つとして重要視している。↓開三顕一・二乗作仏

【一念三千】いちねんさんぜん

われら凡夫の一念（一瞬の思い）にも三千世間（全宇宙の現象）がそなわっているという意味。法華経だけがもつ究極の法門で、煩悩のなかにも仏性（仏と等しい性格）があるとすることによって人々が成仏できる根拠とされる。中国の天台大師智顗が創唱したもので、法華経方便品の十如是（ものごとの十のありさま）と華厳経の十法界（凡夫がさまよう六つの世界と聖なる四つの世界）と『大智度論』の三世間（五陰・衆生・国土）を相乗することによ

って三千世間となる。この三千には善悪すべてが含まれている。智顗が仏の境界をめざし完成させたのが一念三千に思念をこらす修行（止観行）である。日蓮はこの一念三千を法華経の珠であるととらえて発展させた。日蓮は一念三千の意味は法華経本門の如来寿量品によって初めて明らかになると説く。本門寿量品において釈尊は歴史上実在した仏であるだけでなく、久遠の生命をもつ仏であり、久遠の過去から救済活動をしていたことが明らかにされた。すなわち仏の加護は永遠に働きつづけており、これによって真の成仏が可能となると示し、これを本門の一念三千とした。そして本仏釈尊の久遠以来の衆生救済の菩薩行とその功徳とは、本門の教法である妙法五字（妙法蓮華経）という題目にそなわっているから、われら凡夫は妙法五字を受持することによって、釈尊の因果の功徳を自然に受得すると説く。すなわち、本門の一念三千の修行とは南無妙法蓮華経と唱えることであり、唱題によって釈尊の救済の世界につつみこまれ、成仏が実現するとしたのである。日蓮は、智顗の理の一念三千の観法の実践を、信を

媒介として妙法五字の受持唱題という信心行にしぼり、これを本門事の一念三千とし、末法の行法としたのである。↓十界互具・十如是・文底秘沈

【一谷入道】 いちのさわにゅうどう　?〜一二七八

佐渡の国石田の郷一谷（新潟県佐渡郡佐和田町市野沢）に居住していた名主階級の入道。さわの入道ともいう。佐渡に流罪となった日蓮は文永九年（一二七二）四月に塚原よりこの一谷の地に移され、同十一年三月の離島に至るまでの三年間入道の宿に暮らした。ここで『観心本尊抄』を述作、初めて大曼荼羅本尊を描き示すなど重要な時期を送っている。入道は熱心な念仏者であったが、日蓮の配所の生活をまのあたりにするうちに日蓮に心を寄せていった。のちに日蓮は「入道の堂のろう（廊）にていのちをたびたびたすけられたりし事こそ、いかにすべしともおぼえ候わね」と述懐している。↓佐渡流罪

【一尊四士】 いっそんしし

本尊の一形態。教主釈尊の左右の脇士《きょうじ》（補佐役）

に、上行《じょうぎょう》菩薩・無辺行《むへんぎょう》菩薩・浄行《じょうぎょう》菩薩・安立《あんりゅう》行《ぎょう》菩薩の本化地涌《ほんげじゆ》の四大菩薩を配した本尊。日蓮は、釈尊の仏格が脇士によって規定されるとし、小乗の釈尊は迦葉《かしょう》・阿難《あなん》などの仏弟子を脇士とし、法華経本門以前の釈尊は文殊《もんじゅ》・普賢《ふげん》などを脇士とし、本門の釈尊は地涌の菩薩を脇士とすると説く。そしてこの一尊四士は末法に造立されるべき閻浮《えんぶ》第一の本尊であると明記している（観心本尊抄）。一尊四士の本尊は、本門の教主釈尊の因行果徳（釈尊が衆生済度を願って積んだ修行と仏としての徳）が集約される妙法五字（妙法蓮華経）を、地涌の菩薩を媒介として、末法のわれら凡夫に授与される姿を形像化したものである。なお日蓮滅後まもなく一尊四士が多数造立されたことが記録されている。↓本門の本尊

【一致・勝劣】いっち・しょうれつ

法華経二十八品の教説を迹門（前半）と本門（後半）とに分け、その両門は終極的に一致するという立場と、この両門はちがった立場の人にそれぞれ説かれたものであってあくまでも優劣があるとみる立場とをいう。天台大師智顗は法華経迹門を体とし、本門はその働き（用）であるとみなし、その立場から一体を主張した。これにたいし日蓮は、本門中心の仏教観を樹立し、題目受持による人々の救済の論理を展開した。しかし日蓮滅後、迹門・本門のとらえかたをめぐって論争がおこり、迹門の教えにしたがっては成仏できないとする迹門無得道を標榜して法華経方便品（迹門の中心となる章）は読誦しない主義が生れた。さらに室町時代に入ると、本迹一致を主張する門流にもさまざまな解釈のちがいが生れて門流を形成し、その法脈は今日に至っている。

↓本門〈迹門〉・門流

【一天四海皆帰妙法】いってんしかいかいきみょうほう

全世界が皆ことごとく妙法に帰依すること。日蓮および日蓮門下の永遠の悲願。一天四海とは、仏教の宇宙的世界観で、世界を構成する単位を四天下《してんげ》とする。一四天下は須弥山《しゅみせん》を中心に四州（東方弗婆《ほつば》提《だい》・西方瞿耶尼《くやに》・南方閻浮提《えんぶだい》・北方鬱単越《うったんのつ》）からな

る。すなわち全宇宙をいう。日蓮著『法華取要抄』には「かくの如く国土乱れてのち、上行（上行菩薩）等の聖人出現し、本門の三つの法門これを建立し、一四天四海一同に妙法蓮華経の広宣流布せんこと疑いなきものか」とある。全世界に法華経が流布し、妙法の世界を実現することが釈尊の本懐《ほんがい》であり、その釈尊の意思を受けて、日蓮は地涌《じゅ》の菩薩《ぼさつ》の自覚のもとに法華経弘通に努めた。↓娑婆即寂光

【一塔両尊四士】 いっとうりょうそんしし

本尊の一形態。塔中の妙法蓮華経の左右に釈迦牟尼仏と多宝仏を配し、この二尊の脇士《きょうじ》（補佐役）として上行《じょうぎょう》菩薩・無辺行《むへんぎょう》菩薩・浄行《じょうぎょう》菩薩・安立《あんりゅう》行《ぎょう》菩薩の本化地涌の四大菩薩がつかえる姿を形像化した本尊。法華経見宝塔品において多宝塔が現れ、釈尊と多宝仏がその塔中に並び坐し、嘱累品までの十二品が説かれた。如来寿量品において釈尊は仏が久遠の存在であることを示し、如来神力品において地涌の菩薩に法華経の滅後弘通を付嘱（委託）した。この妙法付嘱を一幅の紙上に表現したのが日蓮の大曼荼羅であり、大曼荼羅の上部を造像によって表現したのが一塔両尊四士である。↓二仏並座・本門の本尊

【一品二半】 いっぽんにはん

法華経のうち、従地涌出品の後半から如来寿量品、分別功徳品の前半までの部分を指す。従地涌出品では地涌の菩薩が出現したことにたいする弥勒菩薩の疑問に答えて、釈尊が無限の過去から法を説きつづけたことが明かされ、つづいて寿量品では釈尊みずからが久遠実成の仏であることを示す。さらに分別品の前半では、仏の久遠性を聞いた菩薩や衆生の信心歓喜する功徳が説かれる。天台教学ではこの一品二半を法華経本門の正宗分《しょうしゅうぶん》とみなし、日蓮はこの一品二半の中に、さらに序・正・流通の三段を見る。この場合の一品二半の正宗分とは「釈尊内証の寿量品」「妙法蓮華経の五字」を意味する。ここから日蓮は、末法の衆生の救済が「妙法五字」に凝縮されることを主体的に論理化した。↓開迹顕本・五重三段・妙法五字

【遺文】いぶん

日蓮の遺した文章類の総称。日蓮の著作・書状・図録・仏教書の書写本・経論疏の抄出要文などをいい、日蓮の思想・教義・生活・行動などを明らかにする基本的文献。御書・御抄・御妙判《ごみょうはん》・祖書・聖教《しょうぎょう》ともいわれる。『昭和定本日蓮聖人遺文』によれば、日蓮の遺文として伝えられるのは、著作・書状四百九十八篇、図録六十五篇、それ以外の著作・書状の真筆断片三百九十一点を数える。さらに二十三点の書写本、百四十点以上の要文断片を加えれば、遺文の存在はさらに膨大な数にのぼる。日蓮遺文の伝存形態には真筆・写本・刊本の三種がある。現存する真筆遺文は、著作・書状のうち完全に伝存するもの百十三篇、断片の存在するもの八十七篇、図録の完全なもの二十一点、断片のあるもの二十九点を数える。これら真筆遺文の影印は近代に入ってなされたが、とりわけ昭和三十二年に完成した『日蓮大聖人御真蹟』四十八巻三十二冊および本書を底本に富士大石寺蔵真筆を加えて昭和五十二年に刊行された『日蓮聖人真蹟集成』十冊は現存する真筆の全貌を知ることができ、真筆研究の基本的文献となっている。

写本遺文は個別写本と集成・セット化された遺文集として伝えられている。個別写本は日興《にっこう》・日法《にっぽう》・日澄《にっちょう》など、鎌倉から南北朝時代にかけての直弟子・孫弟子の写本がほとんどである。集成・セット化された遺文集は、日蓮滅後百年から百五十年ごろに集成されたという『録内御書《ろくないごしょ》』(百四十八篇収録)で、室町時代末期までの写本が十数本現存する。さらに『録内御書』以外の集成である『録外御書《ろくげごしょ》』も数本現存する。遺文の刊行は近世に入ってからで、慶長十一年(一六〇六)の身延久遠寺における『五大部御書』をはじめ、中世の写本を底本とした『録内御書』『録外御書』があいついで刊行された。とりわけ、寛文九年法華宗門書堂刊本は、近世における遺文研究の中心として流布した。またこの時期、重要遺文を最初に配列する従来の方式にかわって、遺文を編年体に配列した目録が刊行された。これをうけて、文化十一年(一八一四)智英日明は編年体『新撰祖書』を編集、これをもとに明治十三年（一八八〇）、小川泰堂は最初の編年体遺文である『高祖遺文録』を刊行した。さらにこれをもとに明治三十七年、加藤文雅が開宗六百五十年記念として、諸寺の真筆を対照して『日蓮聖人御遺文』を刊行。本遺文は縮刷遺文《しゅくさついぶん》・縮遺《しゅくい》の名で広く用いられた。昭和二十七年、開宗七百年記念事業として立正大学日蓮教学研究所はこの縮刷遺文を底本として直筆・古写本との校合を行い、新発見の真筆を収めて『昭和定本日蓮聖人遺文』（四巻）として刊行し、日蓮遺文の鑽仰・研究の基本遺文集になっている。↓昭和定本日蓮聖人遺文・日蓮聖人御遺文・録内〈録外〉・便覧編（御妙判）

【因行果徳】　いんぎょうかとく

因位の行（仏となる前の修行）とそれによって成就された果徳（仏となってえられる徳）をいう。日蓮は『観心本尊抄』に「釈尊の因行果徳の二法は妙法蓮華経の五字に具足す」と説き、妙法五字の受持によって釈尊の因果の功徳が自然に譲与されるという。↓因縁・自然譲与・本因本果

【因縁】　いんねん

因と縁のこと。因とは物事の結果を生じる直接的原因、縁は因を外から助けて結果を生じる間接的原因（条件）である。仏教では、あらゆる存在はすべて直接的原因と間接的原因の因縁によって生じ、また消滅すると考える。人生苦の存在も因縁の相互関係によるものであり、善を積めばよい結果がもたらされる。釈尊が悟りを開いたのも長い間の修行を因（因行）とし、成仏という結果（果徳）を得たものであるが、その因行果徳はすべて妙法蓮華経という五文字にこめられており、題目を唱えることによって、その因果の功徳を受け取ることができるとする。↓因行果徳・縁起・自然譲与・十二因縁

う

【歌題目】　うただいもく

法要・説法の前後に、太鼓・鉦にあわせて題目を唄ったり踊ったりする儀礼。嘉元四年（一三〇六）、

日像《にちぞう》が京都松ケ崎の人々を教化したときのようすを唄ったものが原形という。現在では、千葉県勝浦の五十座説法のとき、説者が高座に上る前後にこの儀礼が行われる。このほか、佐渡両津・相川の七遍返《しちへんがえ》し、京都松ケ崎の題目踊り、青森の和讃大会などに民俗芸能として残っている。→題目・日像

【盂蘭盆会】うらぼんえ

お盆のこと。供養されない死者の霊は餓鬼道に堕ちて飢渇の責苦を受けるとされ、このような霊に飯食を供養して救うための法会。仏弟子の目連《もくれん》が仏教示に従って餓鬼道に堕ちた母の苦を救ったと説く盂蘭盆経にもとづく先祖供養の行事。一般に七月十三日の「迎え火」から始まり、十五日の「送り火」に終わるとされている。しかし、地域によっては八月に月おくれの盆を行うなど、期日は一定していない。

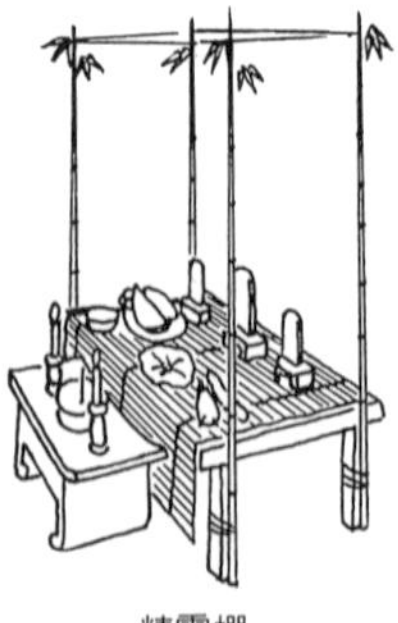
精霊棚

盆の期間中には在家の家々では精霊棚《しょうりょうだな》を設け、僧が訪れて読経すなわち棚経《たなぎょう》が行われる。また寺では施餓鬼法要を行い、檀家の人々が詣でて供物を捧げ、かつ塔婆供養なども行われている。→施餓鬼会・先祖供養・棚経

え

【永享法難】えいきょうほうなん

永享八年（一四三六）に鎌倉で起った日蓮宗に対する弾圧事件。発端は、日蓮宗の一乗坊日出《にっしゅつ》と天台宗心海《しんかい》との宗論（宗義の理非を決する問答）にある。宗論で日出に論破された心海は、帰依の信者である管領足利持氏《あしかがもちうじ》に日出の行動をいつわって訴え、これを機会に鎌倉の日蓮宗に打撃を加えようとした。訴えを容れた持氏は、鎌倉の日蓮宗諸寺院の寺地などを没収し、僧侶は流罪、武士の信者は所領召し上げ、一般信者は打ち首との処分を定め、日蓮宗の僧・信者と名乗る者は荒居の閻魔堂に集合せよと布告した。心海・持氏らはこのような処分があれば集合はするまいと考えたが、案に相違して殉教の志あつい数百

人の僧俗が参集した。これに驚いた持氏は、処分を断行して反幕勢力の蜂起を誘発させることを恐れ、また弾圧を中止せよとの夢告もあって、この処分は撤回されてことなきを得た。↓宗論

【永禄の規約】 えいろくのきやく

永禄七年（一五六四）八月二十日、京都日蓮系各門流の本山の合意のもとに締結された三か条からなる規約。目的は法華経の本門迹門の教義が一致するとの主張をする門流と本門迹門の教義には優劣があると主張する門流両派の和融をはかり、教団の立て直しを目指したもの。各門流間での悪口・暴言を互いに慎しむこと、各門流間での弟子や信徒の誘取をしないことを定めている。↓一致〈勝劣〉・門流

【回向】 えこう

廻向とも書く。回《え》転趣向《てんしゅこう》の略で、勤行などで自己の修めた功徳をめぐらし、ある目的達成に向けること。また、自分の修行で得た善根功徳を転じて人々にめぐらし、ともに成仏せんと期すこともいう。なお、追善の仏事をいとなみ、その功徳によって死者の霊を弔らい、ともに成仏得道を祈念することも回向といえよう。↓功徳・供養・追善供養

【穢土】 えど

悪い行いや煩悩にまみれた国土。一般にはこの現実世界（娑婆）のことを指す。平安時代の源信《げんしん》の著作『往生要集《おうじょうようしゅう》』には穢土をはなれて阿弥陀如来の浄土をねがいもとめる信仰と方法が明かされ、浄土教興隆に大きな影響を及ぼした。これにたいし日蓮は、この娑婆世界こそ釈尊の霊山浄土《りょうぜんじょうど》であることを主張し、法華経の教えにのっとって、積極的に信仰の善行を積むことによる立正安国の建設を強くうったえた。↓娑婆即寂光・霊山浄土

【縁起】 えんぎ

この世のあらゆる存在、すべての現象には原因（因）があり、さまざまな条件（縁）にしたがって生れる。あらゆるものは条件次第によっていろいろに変化し、たがいに影響しあっていることになる。

この縁起の思想は仏教の根本的な世界観である。法華経では、この世界に存在するものの生起のありさまを十如是《じゅうにょぜ》という十の項目でとらえ、結局は一つの真理の現れであるとする。そして、その真理は妙法蓮華経という五字にそなわっていると説き、妙法五字の受持唱題による成仏を力説している。↓因縁・十二因縁・十如是

お

【お会式】おえしき

日蓮の入滅の忌日（十月十三日）に修する法会。大会《だいえ》・御影講《みえいこう》・御影供《みえいく》・御命講《おめいこう》ともいう。日蓮は、弘安五年（一二八二）十月十三日に武蔵国池上（東京都大田区）で入滅した。この日の前後に全国の日蓮宗寺院で報恩法要が営まれるが、とくに池上本門寺のお会式は盛大。逮夜《たいや》にあたる十二日の夜は、題目の声や団扇《うちわ》太鼓の音が鳴り響き、万灯供養の行列が全山を埋めつくし参詣者で賑わう。↓涅槃会・本門寺（池上）

【大田乗明】おおたじょうみょう ?～一二八三

下総（千葉県）における日蓮の有力な檀越。大田殿・大田金吾・大田金吾入道などと呼ばれた。日蓮と同年で、弘安六年（一二八三）に歿したと伝える。下総中山に在住し、越中（富山県）に所領をもつ武士であった。早くから妻ともども日蓮に帰依し、日蓮のもっとも重要な著述である『観心本尊抄』を直接告げられた一人として富木・曽谷両氏とともに挙げられる。日蓮が身延へ入山したのちも、しばしば供養の品々を送っている。日蓮の入滅葬送のさいには、その列に参じている。その子日高は、大田氏の邸を改めて本妙寺となし、さらに富木日常からも法華寺および本尊聖教類を譲られて両寺を兼帯した。これが今の中山法華経寺の基である。↓観心本尊抄・富木日常・日高・法華経寺

【大野法難】おおのほうなん

天正十三年（一五八五）に、現在の千葉県夷隅《いすみ》地方で起った日蓮宗と天台宗の武力抗争事件。論争に

敗れた天台宗側が日蓮宗寺院を襲って焼き払い、多数の僧俗を殺害した。日蓮宗側では各地の寺院より援助をえて天台宗側に対抗した。天台宗側も諸宗寺院に援助を求めて双方が対峙して緊迫した状態が続いたが、事態を重くみた安房領主里見《さとみ》義頼《よしより》が収拾に乗り出し紛争を収めた。→宗論

【小川泰堂】おがわたいどう　一八一四〜一八七八

幕末維新期の日蓮宗の在家信者。相模（神奈川県）の医者の子として生れ、二十五歳のとき、日蓮遺文を読み信者となる。近世の刊本日蓮遺文の誤りの多いことから遺文の校訂を発願。明治十三年（一八八〇）、日蓮の真筆および諸写本と校合し、『高祖《こうそ》遺文録《いぶんろく》』三十巻として刊行した。また、その著『日蓮大士真実伝』は、近代人の日蓮像構築に大きな影響を与えた。→日蓮大士真実伝

【恩】おん

他から受ける恵み。仏教では、すべてのものは縁起の法によって成立しているから、たがいに恵みあっており、その恩を感謝しなければならないと説く。多くの経典において、父母・師長・国主・衆生・三宝・如来・施主などと恩の対象をあげて、仏教者は恩を知り恩を報ずべきであると説いている。日蓮も報恩を人間の行うべき道であるとし、自らも生活の基本的理念として堅持し実践した。日蓮は、恩の対象として、肉体を生育せる父母、精神を教育せる師匠、心身を保護せる国主、なんらかの関係においてわれわれの身心を育て護る一切衆生（あらゆるもの）をあげ、とりわけ重要なものとして仏法僧の三宝の恩を説いた。三宝によって、われら凡夫が仏となることができるからである。→孝・報恩

【遠忌】おんき

仏教諸宗派で、各宗の祖師あるいは中興の祖などにたいして五十年ごとにその遺徳をたたえて修する報恩の法会をいう。日蓮宗では昭和五十六年に日蓮七百遠忌を終えたが、こうした遠忌の法要が諸山において盛大に執り行われるようになったのは江戸時代中期の日蓮四百五十遠忌のころからである。→年

回忌

か

【戒】かい

仏教に帰依した者が守るべき行いの規則。六波羅《ろくはら》蜜《みつ》（布施・持戒・忍辱・精進・禅定・智慧）の一。比丘のたもつべき戒に二百五十あり、比丘尼や在家信者にたいしてもそれぞれ定められ、またその数も異っている。一般に女性のほうが守るべき戒が多い。内容は、僧の集団生活を正しく行っていくための規範から、殺生や盗みを行わない、間違った考えや言動をなさない、飲酒をつつしむなど多岐にわたっている。日蓮は「無戒の比丘なり」と自ら語っているように、法華経に深く帰依することを持戒にまさるとみる一面もあった。これによって日蓮は法華経を捨てることなく、悪知識（間違った方向に導く指導者）に従わなければ、それ以外の一般世間の悪業によって三悪道に堕ちることはないとする。→三悪道・自誓受戒

【開会】かいえ

法華経以前の仮りの教え（方便権教）を取り除いて法華経の説く真実の世界に入らせることをいう。この開会には、①法開会・人開会、②迹門・本門の開会、③相対種・就類種の開会などがある。①の法開会はすべての教えを理論的に法華経に帰一させること。人開会は人々の立場・能力のちがいを超えてすべての人を真実の仏法に導くこと。②の迹門・本門の開会はすべての教理、あらゆる仏が久遠の過去から実在しつづける一仏（釈迦牟尼如来）に統一されること。③の相対種の開会は敵対する悪人をも善に入らせること。就類種の開会とは小善を大善に導くことをいう。→開三顕一・開迹顕本

【開経偈】かいきょうげ

経典を読誦する前に唱える偈文。その経典を讃え、読誦の行の功徳を示す。一般に仏教各宗共通の次の四句である。「無《む》上《じょう》甚深《じんじん》微妙《みみょう》の法は、百千万劫にも遭《あ》遇《い》たてまつること難し。我今見聞《けんもん》し受持すること

を得たり。願わくは如来の真実義を解《げ》せん」。作者についてはさだかではない。日蓮宗では「如来の真実義」を「如来の第一義」と改め、さらにこれに続けて、「至極《しごく》の大乗思議すべからず。見聞触知《そくち》、皆菩提に近づく。能詮《のうせん》は報身《ほうしん》、所詮《しょせん》は法身《ほっしん》、色相《しきそう》の文字は、即ち是れ応身《おうじん》なり。無量の功徳、皆是の経に集まれり。是の故に自在に、冥《みょう》に薫《くん》じ密《みつ》に益《やく》す。有智無智、罪を滅し善を生ず。若《も》しは信、若しは謗《ほう》、共に仏道を成ぜん。三世の諸仏、甚深の妙典なり。生《しょう》生《じょう》世《せ》世《せ》、値遇《ちぐ》し頂戴せん」と唱える。↓勤行

【開眼】かいげん

新しくできあがり、また修復された仏像・仏画などに魂を招き入れ、仏眼を開かせること。現在では仏具や仏壇・墓石・印鑑まで開眼する風習が広まった。日蓮宗では日蓮が『四条金吾釈迦仏供養事』などに、開眼は法華経に限るべしと示しているところから、法華経の経力による開眼供養の作法・儀式を伝えている。↓経力・供養

【開三顕一】かいさんけんいっ

法華経の前半部分（迹門）の特徴的な教え。法華経以前の声聞・縁覚・菩薩は方便権教（仮りの教え）によってそれぞれの悟りがあると説かれていたことにたいし、真実の仏教はそうしたちがいを超えた一仏乗に帰一すること、絶対平等の世界に導くことをいう。それを人開顕といい、また二乗作仏ともいう。開権顕実も開三顕一と同じ意味であるが、開権顕実は法華経以前の教えを除いて法華経の真実を顕わす場合をいい、教理上の開顕（法開顕）を指すことが多い。↓一乗・開会・権実・二乗作仏

【開迹顕本】かいしゃくけんぽん

仏の教えは、人々の能力や立場によって異った説かれかたをしたため、内容の異るおびただしい経典が生れた。しかし、法華経の後半部分（本門）に至って、すべての教理は永遠不滅の真理のもとに統一される。こうして仮りに説かれた方便の教え（迹教）を超えて真理の教えを示すことを開迹顕本とい

う。→開会・開三顕一・権実・本門〈迹門〉

【開帳】《かいちょう》

社寺が秘蔵する神仏を人々に礼拝させた宗教的行事。その社寺で行う居開帳《いがいちょう》と他の社寺に出張して行う出開帳《でがいちょう》とがある。江戸時代にもっとも盛んに実施され、社寺の年中行事の一環として縁日や法会などのときに一日〜数日間行われる短期間のものと、原則として三十三年に一度、五十日〜六十日間行われる長期間のものとがあった。とくに長期間の開帳は、社寺の修造費を得るなど募財という側面に主眼が置かれ、江戸・京都・大阪を中心に行われており、なかでも江戸での開帳が質・量ともに抜群。江戸での開帳回数（括弧内はそのうち出開帳回数）を宗派別にみてみると日蓮宗二百八十一回（百八十一回）・天台宗二百五十七回（五十三回）・新義真言宗二百十一回（八十六回）・浄土宗百七十回（九十二回）などを数え、日蓮宗の開帳が出開帳を中心として積極的に実施されていたことが知られる。そして、出開帳寺院は身延久遠寺（十回）・下総法華経寺（九回）・相模妙法寺（六回）のように日蓮の遺跡寺院が多い。日蓮宗の江戸出開帳は、江戸民衆の祖師信仰に支えられて展開していたといえよう。とくに久遠寺の開帳は、清涼寺《せいりょうじ》・善光寺《ぜんこうじ》・成田山《なりたさん》とならび江戸出開帳の四天王の一つともてはやされ、多くの参詣者で賑わった。→祖師

【開目抄】《かいもくしょう》

日蓮著。文永八年（一二七一）十一月佐渡塚原三昧堂に到着と同時に執筆をはじめ、翌年二月に完成。著述の理由は、一に三十二歳の立教開宗から佐渡流罪までの十九年間の法華経弘通は迫害受難の連続であり、そのため弟子信者のなかから退転する者が続出した。日蓮の布教と迫害にたいする弟子信者の疑問をはらうためである。二に末法の導師が日蓮であることを明らかにするためである。三に流罪地佐渡で死を覚悟した日蓮が「かたみ」として弟子たちに残すためである。題名は人々の盲目を開くの意味で、法と人とに迷う日本の人々に、日蓮が法華経の行者、末法の師であることを示すところに意図があるから

「人開顕」の書といわれる。内容は、まず末法の導師を明かすに先立って、末法の衆生が信ずべき正法が法華経本門の肝心、一念三千の法門であると明示する。ついで法華経が難信難解《なんしんなんげ》の法であることを論じ、日蓮の開宗以来の立願と受難について述べ、声聞・諸天・菩薩・諸仏は法華経によって成仏したのだから法華経の行者を守護すべきであると説き、三類の強敵《ごうてき》、法華経の行者が誰であるかを示す。ここに日蓮こそが末法の導師であると宣言し、三大誓願が発表される。そしておだやかに説得する摂受《しょうじゅ》と強く責めたてて迷いをはらす折伏《しゃくぶく》のいずれが末法の弘教法として適当であるかを論じて、謗法《ほうぼう》（仏法をそしること）の盛んな日本では折伏による布教を優先させるべきであると決する。日蓮の三大部・五大部の一。↓五大部・佐渡流罪・三大誓願

【過去帳】 かこちょう

檀家および外護篤信者の法号・俗名・死亡年月日・行年などを記入した霊簿。また、寺院創立の由縁・沿革・歴代の変遷なども記載される。各家庭においても親族縁者を記入して仏壇に安置する。なお、新調した場合、菩提寺で題目などを染筆して開眼してもらうこともよい。↓先祖供養・便覧編（仏壇）

【加持】 かじ

本来は仏の加護・所持（仏の慈悲によって守護されたもたれること）の意。のちに災いを除き、福を招き、所願を成就するための行法・儀式をも加持といい、加持祈禱の語が生れ、現世利益《げんぜりやく》を得る修法《しゅほう》として一般的となった。日蓮宗でも、荒行堂で祈禱法を相伝した修法師が、息災・増益・敬愛・調伏を目的として木剣《ぼっけん》加持祈禱を盛んに行っている。↓現世利益・修法

【加藤清正】 かとうきよまさ　一五六二～一六一一

安土桃山時代の武将。朝鮮に出兵したいわゆる文禄・慶長の役では大いに奮戦し武名をあげたが、出征に先立ち帰依僧の京都本国寺日禛《にっしん》に願って法華一万部読誦会を修し戦勝を祈ったという熱烈な日蓮宗の信仰家で、文禄の役には秀吉授与の題目旗をひる

がえして戦場をかけめぐったと伝えられている。肥後本妙寺三世日遥《にちよう》、小湊誕生寺十八世日延《にちえん》は、清正が文禄の役で朝鮮から連れ帰り養育した人物。清正は肥後入国以後、かつて大阪に創建した本妙寺を熊本城内に移建し、日蓮宗の外護に努めた。このため領内に相次いで寺院が建立されるなど、本妙寺を中心に西九州における日蓮教団の教線が飛躍的に拡大した。清正の歿後かれに対する崇敬と肥後における庶民信仰としての御霊信仰が結びつき、治病除災神としての清正公信仰がおこり、全国に波及し今日におよんでいる。↓現世利益

【諌暁】かんぎょう

真実の仏法に積極的に導き入れるように諌《いさ》め暁《さと》すこと。一般には「国家諌暁」がよく知られている。①法華経中の釈尊の説法、多宝仏《たほうぶつ》・分身仏の法華経証明、地涌《じゆ》の菩薩《ぼさつ》の出現、悪人・女人成仏の法門などを、法華経受持の諌暁としている（観心本尊抄・開目抄など）。②『教機時国鈔』には、天台大師智顗は法華最勝と説くだけでなく、法華経より勝れた経ありという人を諌暁しなければならないといさめたと記して、日蓮の諌暁の先例としている。③日蓮は末法の導師の自覚のもとに、日本国のすべての人々に法華経を信仰するように折伏諌暁した。そして三度にわたって鎌倉幕府に立正安国を諌暁した。④日蓮滅後、弟子たちは時の権力者たちに法華経の信仰を諌暁した。↓摂受〈折伏〉

【寒修行】かんしゅぎょう

寒行・寒詣ともいう。厳冬期の寒三十日の間、坐禅・念仏・題目・托鉢・読経・水行などの修行を寒に耐えて行うことをいう。水を浴びる寒垢離《かんごり》、団扇《うちわ》太鼓を打って街を歩く寒行、十一月一日より翌年二月十日までの百日間修行する日蓮宗独自の寒百日の大荒行などがある。↓荒行

【勧請】かんじょう

神仏のおでましを請願すること。仏がつねにこの世に住んで人々を救うのを勧め請うたり、仏菩薩などに道場へ来たり賜うことを勧め請うたりすること。

法要のときなどに仏菩薩・諸天善神の来臨を請うこともいう。また、寺社などに本尊・尊像・諸神などを招請しておまつりする意味にもつかう。↓諸天善神・本尊

【寛正の盟約】 かんしょうのめいやく

寛正七年（一四六六）二月、京都の諸本山・諸門流の間に締結された和睦の盟約。寛正のころ、京都では日蓮系各門流が分裂伸張して一大勢力となるきざしを見せ、内部では各門流間での対立が激化していた。そのさなかの寛正六年十月、本覚寺日住《にちじゅう》が将軍足利義政に諫暁した。これが比叡山を刺激し、同年十二月比叡山より京都日蓮宗の各寺院を破却するとの通告がなされた。日蓮宗の信徒たちは団結して防衛しようとの動きを見せ、各本寺でもこの対外的危機を契機として、門流和融の機運が一気に高まった。かくして京都の各本寺間で六か条から成る盟約が結ばれ、法華経の本門迹門の教義は一致していること、他宗または法華経未信の寺社への参詣・供養の受領はしないこと、門流間で弟子・信者の誘取をしないこと、などがとりきめられた。↓一致〈勝劣〉・日住・門流

【観心本尊抄】 かんじんほんぞんしょう

日蓮の著。正しくは『如来滅後《にょらいめつご》五《ご》五百歳始《ごひゃくさいし》観心本《かんじんほん》尊抄《ぞんしょう》』略して『本尊抄』という。一巻。文永十年（一二七三）四月、流罪地佐渡一谷《いちのさわ》で著述。前年の『開目抄』で本化上行《ほんげじょうぎょう》（法華経をひろめる使命をおびた菩薩）の自覚を公表した日蓮が、自ら「当身《とうしん》の大事《だいじ》」と名づけた末法救済の大法を説示した書で「法開顕《ほうかいけん》」の書といわれる。当身の大事とは、日蓮の教学信仰の中核をなす三大秘法をいう。ただし、三大秘法のうち本書では本門の題目と本門の本尊とを明かし、本門の戒壇は予告に止まっている。日蓮の三大部・五大部の一。内容は、第一題目段で、天台大師智顗の『摩訶止観』に説かれた一念三千の法門の検討に始まり、末法衆生の救済について論じられる。そして日蓮独自の事一念三千《じのいちねんさんぜん》（観念でなく唱題行によって受けとめる一念三千）に入り、それが釈尊の因行果徳の二法（長いあいだの菩薩修行と仏

としての徳）をそなえた南無妙法蓮華経という題目こそ末法の正法で、この題目を持つことによって教主釈尊の救いに導き入れられると説く。第二本尊段では、諸経に説く浄土はすべて本仏釈尊の示すところの無常の土である。この娑婆世界こそは本仏の住する浄土であることを明し、本尊の主体と相貌が示される。この本尊の説示にもとづき二か月後の七月に「佐渡始顕《さどしけん》の大曼荼羅」を描き示し、信行の本尊と定められた。第三弘通段では、四種三段《ししゅさんだん》の教判を立てて、一切の仏教は本門の序分（本来の教えが示される前に説かれたもの）であるとし、末法流布の本法は妙法五字であり、流布の正師は本化地涌の菩薩＝日蓮であることを明らかにしている。↓一念三千・三大秘法

【元祖化導記】 がんそけどうき

身延久遠寺十一世行学院日朝《ぎょうがくいんにっちょう》（一四二二～一五〇〇）の著で、文明十年（一四七八）の成立。全二巻。室町時代成立の代表的日蓮伝記本の一つ。原本は存在しないが、本書成立後二十二年目の明応九年（一五〇〇）の日定《にちじょう》書写本を底本とした天文十一年（一五四二）の順幸《じゅんこう》転写本を身延久遠寺に所蔵する。日朝の本書述作の目的は、日蓮の宗教をひろめることにあったが、『御書見聞』『補施集』など、多くの日蓮教学・天台学書を述作した学僧としての姿勢が本書にも反映している。日蓮の生涯を六十二の項目に分けて描いた内容は、日朝が蒐集した日蓮遺文を中心に、そこに記された日蓮の自伝的部分を抽出編集し、遺文にない部分は『王代記』『太平記』などの諸本によって補うなど、できるかぎり正しい日蓮伝記を作成しようとしたもの。その意味で、『日蓮聖人註画讃』とともに日蓮伝研究のうえで、貴重な資料となっている。↓日蓮聖人註画讃・日朝

【感応道交】 かんのうどうきょう

神仏と信仰者との心が感じ応じて融和すること。天台大師智顗の『摩訶止観』に修行者が発菩提心《ほつぼだいしん》（仏となろうという心）を起すことについての問答があり、発心するということは、①自分自身が起すのではなく、②他人から勧められてでもなく、③自

他の両方でもなく、④ただ仏と私の心とが感応道交して初めて起すという。日蓮の『聖愚問答鈔』末文には、函《はこ》と蓋《ふた》とがぴったりと合うように、信仰者の信心と仏の慈悲心とが一つになった状態を指している。↓菩提心

【観普賢経】かんふげんぎょう

法華三部経の結経（結びの経典）。阿難尊者・長老大迦葉《だいかしょう》・弥勒菩薩の三大士が、仏滅後の修行について質問したのにたいし普賢菩薩を観じて六根の罪障を懺悔する法を説いたもの。観普賢菩薩行法経《かんふげんぼさつぎょうぼうきょう》の略。普賢観経・普賢経ともいう。別に出塵功徳経・懺悔経の異称もある。冒頭に「三か月の後我れ般涅《はつね》槃《はん》すべし」とあるので涅槃経の前、文中に「広く妙法を説きたまうこと妙法華経のごとし」とあるから、法華経の説法後に説かれたことは明らかである。また天台大師智顗によって法華経の結経と判定されて以来、本経の経典中の位置は明確となった。日蓮も同様の見解をとる。↓法華三部経

【元品の無明】がんぽんのむみょう

一切の迷妄・煩悩《ぼんのう》・悪業の根源をいう。この元品の無明を断つことは困難で、日蓮も仏に等しい菩薩でさえも元品の無明という大悪鬼が身に入って成仏の障りをなしているとし、法華経の「如来秘密神通《にょらいひみつじんずう》之力《しりき》」という元品の無明を切る大利剣によらなければ仏になることができないと説く。↓煩悩

き

【起顕竟】きけんきょう

日蓮の独自な法華経観を示す語で、釈尊の滅後末法時の救済を実現する久遠《くおん》の仏・久成《くじょう》の法・滅後《めつご》弘通《づう》の師などが法華経に説き明かされたことをいう。起は法師品・見宝塔品、顕は従地涌出品・如来寿量品、竟は如来神力品・嘱累品をいう。法華経は、法師品にいたって如来滅後の弘通が問題となり、虚空《こくう》会《え》に入る見宝塔品では滅後の大法付嘱が提示され、本門の従地涌出品・如来寿量品では本化の弟子と久遠の仏が開顕され、如来神力品では大法（妙法蓮華

経）が本化の弟子へ結要付嘱《けっちょうふぞく》され、嘱累品では菩薩たちへ総付嘱され、虚空会が終る。こうして如来滅後の法華経弘通と一切衆生の救済が約束されたのであり、これを日蓮は「事《こと》」が「起《お》」こり「顕《あら》」われ「竟《きわ》」まったと表現した。↓法華経の行者

【鬼子母神】きしもじん

原語ハーリティーの意訳。歓喜母・愛子母ともいう。インドの邪神で人の子を奪い取って食っていた。しかし、人々の悲しみを憐んだ釈尊の教化により懺悔し、以後は仏弟子となって子授け・安産・子育てなどの善神となる。法華経では陀羅尼品において十羅刹女とともに法華経修行者を守護することを誓っている。日蓮は鬼子母神・十羅刹女を法華経の行者の守護神として位置づけ、曼荼羅本尊中に勧請している。日蓮滅後、日蓮宗において祈禱が盛んになってくると、祈禱の本尊として中心的役割を果すようになり、日蓮宗独特な鬼子母神像として鬼形鬼子母神が生れ信仰されている。また、子安講などの本尊では鬼形であるが胸に子供をだいた像もある。中山法華経寺（千葉県）・江戸雑司ケ谷法明寺・同入谷真源寺などは鬼子母神の寺として有名で、江戸時代より庶民の信仰を集めている。↓十羅刹女・諸天善神

鬼子母神

【忌日】きにち

人の死亡した日。命日・遠日《おんにち》などともいう。月々にめぐる忌日を月忌、年ごとの忌日を祥月《しょうつき》命日という。とくに死後一年目の忌日を一周忌、二年目を三回忌といい、以降三と七のつく年が年忌《ねんき》にあたり、一般に三十三回忌または五十回忌で弔い切りとする。また、死後四十九日までを中陰《ちゅういん》といい七日ごとに法会を行う。↓遠忌・中陰・年回忌・命日

【逆縁下種】ぎゃくえんげしゅ

法に反逆しながら、かえってそのことを縁として仏の種を下されること。毒鼓《どっく》の縁《えん》ともいう。法華経

常不軽菩薩品には不軽菩薩を誹謗した人々が地獄に堕ちながらも、それを縁としてやがて仏道に帰入すると説く。日蓮は『法華取要抄』に「逆縁の為には但妙法蓮華経の五字に限る耳《のみ》。例せば不軽品の如し」と述べ、末法は謗法逆機充満の世であるため、妙法五字（題目）の仏種を下して人々を利益すべきであるとする。→下種・順縁〈逆縁〉

【経】きょう

釈尊の説いた教え。お経のこと。原語のスートラは「たていと」の意で、真理をまとめて述べているので経と訳す。総じて仏教経典を指すが、一切経《いっさいきょう》・大蔵経《だいぞうきょう》などの場合は三蔵《さんぞう》（経・律・論）のほかに仏教に関する典籍も含まれる。中国の天台大師智顗は釈尊の一代の説法を五時（五つの段階）に分け、教えが深められていくさまを明らかにした。日蓮はそれをうけて第五時にあたる法華経こそが、釈尊の真実の教えが語られる諸経の王であるとみた。→五時八教・法華三部経

【行学二道】ぎょうがくにどう

修行と学問のこと。学により仏の教えを知り、行はその教えにしたがって修行をする。行学は車の両輪のように相互関係にあり、どちらも欠けてはならないものである。行学二道という言葉は日蓮の『諸法実相鈔』の末文、「行学の二道をはげみ候べし。行学たえなば仏法はあるべからず。我もいたし人をも教化候え。行学は信心よりおこるべく候。力あらば一文一句なりともかたらせ給べし」に出る。行も学も信心が基本で「諸難ありとも疑心なくは自然に仏界にいたるべし」の文もあり、信を起すための学、信をたもつための行である。→三学・信心為本

【教相・観心】きょうそう・かんじん

教相とは仏の教え・教理・教判などの意があり、仏の説法の因縁や趣旨などを明らかにし、諸経の成立順序や法門内容の位置づけなどを判釈《はんじゃく》すること。天台宗では五時八教を立てる。日蓮は『開目抄』に五重相対、『観心本尊抄』に四種三段（五重三段）

を説いて、妙法蓮華経の五字こそが末法の大法であることを明かしている。観心とは教相に対して、仏の教えを自己に内面化すること。観法・観行・観門などとも称する。天台宗では一心三観を説き、中古天台では凡夫がそのまま仏であると観ずることであるとする。日蓮は、仏を自己に内面化し仏とともなる世界を実現するには信がもっとも肝要であるとし、妙法五字（題目）を信心受持するところに観心があると論じた。↓教判・五重三段・五重相対

【京都二十一箇本山】 きょうとにじゅういっかほんざん

天文五年（一五三六）に起った天文法難《てんもんほうなん》以前に、京都に開創された二十一か寺の日蓮宗の本山のこと。①妙顕寺（日像《にちぞう》の開創）、②上行院（日尊《にちぞん》）、③住本寺（日大《にちだい》）、④本国寺《ほんこくじ》（日静《にちじょう》）、⑤妙覚寺（日実《にちじつ》）、⑥妙満寺（日什《にちじゅう》）、⑦宝国寺（日善《にちぜん》）、⑧本禅寺（日陣《にちじん》）、⑨本満寺（日秀《にっしゅう》）、⑩本能寺（日隆《にちりゅう》）、⑪立本寺（日実《にちじつ》）、⑫妙蓮寺（日慶《にちけい》）、⑬学養寺（日讃《にっさん》）、⑭本覚寺（日延《にちえん》）、⑮本法寺（日親《にっしん》）、⑯頂妙寺（日祝《にっしゅう》）、⑰妙伝寺（日意《にちい》）、⑱本隆寺（日真《にっしん》）、⑲弘経寺、⑳大妙寺、㉑妙泉寺。なお、天文法難後の再興にあたり、②と③は合併して要法寺となり、また廃絶した寺もある。↓天文法難・本国寺・本隆寺・妙覚寺・妙顕寺・要法寺

【鏡忍寺】（小松原）きょうにんじ

千葉県鴨川市にある日蓮宗の霊跡寺院（大本山）。弘安四年（一二八一）三月十五日、長栄房日隆《にちりゅう》の開創と伝える。文永元年（一二六四）十一月十一日、天津城主工藤吉隆《くどうよしたか》の招きに応じて華房から天津に向っていた日蓮一行は、小松原（松原）の地で念仏者の地頭東条景信《とうじょうかげのぶ》の手勢に襲撃された（小松原法難《こまつばらほうなん》）。この法難で日蓮自身も疵をこうむり、弟子の鏡忍房日暁《にちぎょう》は討ち死にし、また急を聞いて馳せ参じた吉隆も死んだ。その後、吉隆の遺子は出家して日蓮の弟子となり長栄房日隆と号し、鏡忍房ならびに父（法号妙隆院日玉）の菩提を弔うために法難の地に一寺を建立して妙隆山鏡忍寺と称した。日隆は、鏡忍房を開祖、父妙隆院日玉を第二祖として、自らは第三祖となった。後年、土地の名前から山号を松原山、

さらに現在の小松原山へと変更している。同寺には日蓮が身延入山の路次を報じた『富木《とき》殿《どの》御書《ごしょ》』真筆、『日蓮聖人註画《にちれんしょうにんちゅうが》讃《さん》』（鏡忍寺本）などを所蔵する。→小松原法難

【教判】きょうはん

諸経典を形式・順序・内容などにおいて分類整理し、法門の優劣浅深を判断し、解釈すること。教相判釈の略称。諸経の位置づけを明らかにすることによって所依《しょえ》の経典が仏の根本の教えであることを客観的に論証し、宗旨建立の正当性を明確にする。天台宗では五時《ごじ》八教《はっきょう》・三種教相《さんしゅきょうそう》などを説く。日蓮は、五重相対において一切の教えは如来寿量品文底の観心の法門に帰結することを明かし、四種三段（五重三段）において十方三世諸仏の経は内証の寿量品に集約されるとして、妙法五字七字（題目）を中心とした法門体系を明確にした。→五義・五時八教・五重三段・五重相対

【経力】きょうりき

経のもつ力、法力ともいう。法華経は釈尊がすべての衆生に仏道を成就させるという一大目的を説き表しており、その意味で法華経には釈尊の大慈悲の御意《みこころ》が内包されている。それゆえに、経そのものに衆生救済の働きがあると解される。日蓮は『観心本尊抄』のなかで「釈尊の因行果徳（衆生救済の行と悟り）の二法は妙法蓮華経の五字に具足す。我等此の五字を受持すれば自然に彼の因果の功徳を譲り与えたまう」として、「妙法蓮華経」の題目には釈尊の因果の功徳が具有されていると説く。→信力・題目・仏力

く

【久遠寺】（身延）くおんじ

山梨県南巨摩郡身延町にある日蓮宗総本山。文永十一年（一二七四）五月十七日南部《なんぶ》実長《さねなが》の領する甲斐国波木井郷身延山に入った日蓮は、六月十七日西谷に三間四面の草庵を構えた。この日をもって開創

とする。弘安四年（一二八一）十一月には十間四面の大坊が落成した。翌年日蓮は池上（東京都大田区）に寂したが、遺言にしたがって身延に納骨された。その後、百か日忌にさいして、久遠寺は教団の本拠として六老僧を中心に十二名の高弟が加わり、毎月輪番で運営されることとなった。しかし、各地に分散して、さまざまな圧力に抗しながら布教活動をしていた弟子たちが思うように登山することは困難で六老僧の日興《にっこう》と日向《にこう》とが常住するようになったが、厳格な日興は南部実長と衝突して離山し、以後久遠寺は日向の流れ（身延門流）によって継承されていった。十一世日朝は文明七年（一四七五）狭く湿気の多い西谷から現在の地へ移転拡張を行い、十四世日鏡は弘治二年（一五五六）西谷檀林の基を創した。近世初頭に起った受不受論争（身池対論）にさいして二十世日重《にちじゅう》・二十一世日乾《にちけん》・二十二世日遠《にちおん》らの努力ともあいまって受派を代表した久遠寺を諸山・諸門流の盟主となした。寺運大いに栄え、幾多の堂閣が整備されたが、不幸にして幕末より明治にかけてたびかさなる不慮の災禍にあい、伽藍のほとんど日蓮自筆の諸書を失ったが、歴代法主等はよく時代の転換に対応して今日の久遠寺の発展をみた。

→身池対論・南部氏・日向・日重・日乾・日遠・身延門流・身延山・六老僧

【久遠実成】 くおんじつじょう

久遠の過去に成道した仏。とくに法華経如来寿量品に説かれる。釈尊は伽耶《がや》の菩提樹下で初めて成道したというのではなく、真実には五百億塵点劫の過去世（永遠の過去の世）に成道したと説くもので、これを開近顕遠《かいごんけんのん》という。寿量品には「一切世間の天人及び阿修羅《あしゅら》は皆今の釈迦牟尼仏釈氏の宮を出でて伽耶城を去ること遠からず、道場に坐して阿耨多羅《あのくたら》三藐三菩提《さんみゃくさんぼだい》（悟り）を得たりと謂《おも》えり。然るに善《ぜん》男子《なんし》、我実に成仏してより已来《このかた》無量無辺百千万億那由佗劫なり」と説かれている。日蓮は『開目抄』に「此の過去常顕るる時、諸仏皆釈尊の分身《ふんじん》なり」と述べて、法華経寿量品の仏は三世常住の絶対仏であるから、一切の仏はその分身であるとみた。ここに日蓮は久遠釈尊を中心とした仏教体系を樹立した。

↓開近顕遠・釈尊

【功徳】くどく

道徳的・宗教的なすぐれた特質、いわゆる徳のこと。善行の結果として得られる果報。福徳を積み、仏道を修行することによって得られる恵み。利益・善根と同じ。現世・来世の幸福をもたらすもととなるよい行い。功徳という言葉には原因と結果の両方の意味があるが、一般に「功徳を積む」というのは、原因の意味で、善行・善根を重ねることで、具体的には布施・造仏・写経・唱題行など仏道に精進することをさす。↓回向

【弘法寺】（市川）ぐぼうじ

千葉県市川市にある日蓮宗由緒寺院（本山）。山号は真間山。天平九年（七三七）行基菩薩が手児奈姫の菩提を弔うため開創したと伝え、はじめ真言宗、鎌倉時代には天台宗であった。日蓮の檀越富木日常が同寺了性を問答論破して改宗させたという。六老僧の一人日頂《にっちょう》を開山とする。日頂はここを拠点として下総一帯の教化にあたったが、やがて富木日常《にちじょう》との関係が悪化し弘法寺を去った。その後、日常・日《にち》高《こう》を経て日陽《にちよう》・日樹《にちじゅ》らが継承し、いわゆる真間門徒を形成していった。はじめは中山法華経寺の一翼を担い、法華経寺や本妙寺と同格であったが、応永元年（一三九四）ごろから法華経寺の支配を受けるようになった。江戸時代には池上本門寺との関係を深くし、本門寺に属する一本寺としてさかえた。寛永十年（一六三三）の『法花宗諸寺目録』では寺領三十石が与えられており、末寺三十一を数える。↓富木日常・日頂・日高

【供養】くよう

仏法僧の三宝に香花・茶菓・飯食などの供物をささげること。また仏事を営んだ功徳を先祖の霊などに振りむける先祖供養・追善供養、さらには礼拝などの儀礼そのものをもいう。その他、施餓鬼供養・塔婆供養・開眼供養などもある。↓勤行・施餓鬼会・先祖供養・追善供養

【九老僧】くろうそう

日朗《にちろう》の九人の高弟をいう。朗門《ろうもん》の九鳳《くほう》ともいう。日蓮の高弟六人を六老僧と称することにならったもの。京都妙顕寺を開いた肥後阿闍梨日像《にちぞう》、鎌倉比企谷妙本寺・池上本門寺を日朗から継承した大教阿闍梨日輪《にちりん》、大法阿闍梨日善《にちぜん》、下総平賀本土寺を開いた大円阿闍梨日典《にちでん》（伝）、大前阿闍梨日範、鎌倉本勝寺（後の京都本圀寺）・越後三条本成寺を開いた摩訶一房日印《にちいん》、本乗坊日澄《にっちょう》、妙音坊日行《にちぎょう》、越中阿闍梨朗《ろう》慶《けい》の九人をいう。↓日印・日像・日朗・日澄

け

【慶長法難】けいちょうほうなん

慶長十三年（一六〇八）十一月十五日、常楽院日《にち》経《きょう》と浄土宗との間で行われた宗論の結果、日経と弟子五人に加えられた弾圧事件をいう。日経は慶長のはじめごろから、宇都宮・美濃・尾張にかけての諸国で教えをひろめていた。慶長十三年、日経と宗論することになった浄土宗側は芝増上寺源誉を通してこれを徳川家康に訴えた。全国統一を企てる家康は、宗論の勝利による教団勢力の高揚を民治阻害の因と考えてか、浄土宗側と謀って一方的に日経方の負けとなるように計画した。宗論当日、日経は宿舎で役人に暴行をうけ瀕死の重体で宗論の場に臨ませられ、一言も答えることができなかった。負けを宣告された日経は袈裟・衣をはぎとられて投獄され、弟子も水責めなどの拷問をうけた。さらに日経は弟子ともども京都六条河原で耳そぎ鼻そぎの刑に処せられたが、この時弟子の一人日玄は殉教した。↓日経

【袈裟】けさ

出家者の衣服のこと。不正色・壊色・染衣《せんね》・間色衣などの意をもつ。古代インドの仏教教団では大衣・中衣・小衣の三種の袈裟を僧服として用いたが、仏教が北伝するにつれて三衣の外に防寒用の衣類を着用することが許される。また、中国・日本での衣装習俗との混合、官服からの影響をうけて、それらと袈裟とが併用されるようになり、法衣《ほうえ》の上に袈裟を着用するようになった。袈裟の大きさは条で表す。

条とは何枚かの長方形の端布を縦につぎあわせて細長い一枚の布にした状態をいい、これが横に何条つぎ合わされているかで袈裟を分類する。大衣は九・十一・十三・十五・十七・十九・二十一・二十三・二十五条のものをいい、中衣は七条を、小衣は五条をいう。条を形作る端布の枚数、割合も三衣おのおので決まっており、大衣の上位（二十一〜二十五条）は四長一短（四枚の長端布と一枚の短端布）で一条とし、大衣の中位（十五〜十九条）は三長一短、大衣の下位（九条〜十三条）は二長一短でおのおの一条とする。また、中衣（七条）は二長一短で、小衣（五条）は一長一短で一条とする。日蓮宗で通常もっとも多く用いられるのは五条・七条で、色は木蘭色・紫・茶・緋などである。また、五条袈裟を簡略にした折五条《おりごじょう》（五条を折りたたんだ形にしたもので、従軍袈裟・道中袈裟ともいう）も用いる。↓三衣一鉢・便覧篇（法衣）

【下種】 げしゅ

仏となる種を衆生の心に下すこと。成仏の正因《しょういん》を与えることをいう。日蓮は末法という時代の特殊性を強調し、法華経以外の諸経は仏種とはならず、しかも本当の仏法が説示されていないとし、末法においては妙法五字（妙法蓮華経）こそが一切の衆生を得脱《とくだつ》（解脱、悟りを得ること）せしめる仏種であるとする。したがって、末法の衆生は妙法五字を受持することによって下種即脱の利益を受ける。またたとえ法華経を誹謗する者であっても、それを逆縁として法華経の下種を受け、堕獄（地獄におちること）の因が尽きたあかつきには法華経の救いにあずかることができる。日蓮は常不軽菩薩《じょうふきょうぼさつ》の礼拝行にならい、地涌《じゆ》の菩薩《ぼさつ》の自覚に立って妙法五字の仏種を一切衆生に下すべく法華経弘通に努めた。↓逆縁下種・自然穣与・仏種

【外相承】 げそうじょう

相承とは法門を師匠から弟子に受け継いであい伝えること。仏教の究極の目的は仏になることであるが、日蓮は「少《わかき》より今生のいのりなし。只仏にならんとおもう」という発心を出発点とし、釈尊の本当

の教えは何かということを真剣に研究（信解）して一切経のなかから選択したのが法華経であった。この法華経によってすべての経典は統一され、釈尊の最終的な教えが示されていると信解できたのは天台大師智顗の五時八教説にもとづいている。そこで、法華経中心に法門をひろめた天台・伝教両大師の態度を日蓮は『教機時国鈔』『善無畏三蔵鈔』『開目抄』『撰時抄』などでつねに鑽仰し、法華経弘通の指南の先師として仰いでいる。外相承というのは、インドの釈尊以来、法華経を中心に全仏教が統一されていることを体系づけた中国の天台大師智顗・日本の伝教大師最澄、そして日蓮の教学系譜・信仰系譜をいう。この歴史的法華教学の系譜をもって、日蓮は自身が正統なる法華経の行者であることを証明している。↓血脈・三国四師・内相承

【結縁】けちえん

仏道に入る縁を結ぶこと。一般に仏を拝し、法を聞き、あるいは寺院建立にさいして喜捨することをいうが、日蓮は、釈尊と娑婆世界の衆生との関係を論じるうえで多くこの語を用いる。法華経化城喩品には、大通智勝仏の第十六王子であった釈尊が娑婆世界の衆生に法華経を説いて縁を結んだこと（大通結縁）が示される。これにもとづいて日蓮は、末法の人々は釈尊との本来的な関係を忘失していると規定し、その関係を回復しなければならないことを力説する。↓下種・三五の二法

【血脈】けちみゃく

法門の伝承をいう。師資《しし》相承《そうじょう》ともいい、師から弟子に法脈を伝えること。とくに密教や禅宗において、その相承の系譜が重要視される。日蓮は血脈相承に二種を立てる。すなわち、歴史的系譜としては〈釈尊―天台大師（智顗）―伝教大師（最澄）―日蓮〉という「法華経の行者」の血脈を示し、いっぽう歴史を超越した場面では〈釈尊―上行《じょうぎょう》菩薩《ぼさつ》―日蓮〉という内面的な相承の系譜が明かされる。なお、前者を「外《げ》相承《そうじょう》」、後者を「内《ない》相承《そうじょう》」という。↓外相承・内相承

【化導】けどう

衆生を教化し導くこと。とくに智顗の教判（諸経典の比較論）である三種教相《さんしゅきょうそう》中の第二「化導の始終不始終の相」でいう化導とは、仏の種子を植え（下種）、成熟させ、得脱させるまでの過程をいい、これは法華経化城喩品の説法の特質とされる。なお日蓮の化導は、現実社会において法華経を実践し、そのなかで人間存在のあり方を見つめ直し、真の社会（仏国土《ぶっこくど》）を顕現することを理想とするものである。↓下種・三種教相・摂受〈折伏〉

【元寇】げんこう

鎌倉時代中期の文永十一年（一二七四＝文永の役）・弘安四年（一二八一＝弘安の役）の二度にわたり、元が日本を服属させようとして行った日本来攻をいう。日蓮は『立正安国論』に法華経信仰を用いなければ内乱と外国からの侵略という二難が起こるであろうと述べているが、元寇によってこの指摘は現実のものとなった。↓他国侵逼・立正安国論

【現証】げんしょう

仏の教説が現実社会において具現化すること。日蓮は、法華経の実践には文証・理証・現証の三証が具備することを説き、なかでもこの現証を重視した。すなわち当時の日本における内乱やモンゴルの来襲・旱魃などの混乱状況は、諸宗諸師の誤まった仏教理解を証拠づけるものであるとみなし、正しい教えに立脚した信仰のあり方を提唱したのである。↓現世利益・三証

【現世安穏後生善処】げんぜあんのんごしょうぜんしょ

法華経薬草喩品の文。法華経を聞いて、これを信じる人は、現世では安穏な生活をなし、後世では善い世界に生れるということ。法華経を信受する人々の三世にわたる福徳を説いたもので、釈尊がわれら衆生を救わんとする大慈悲の誓願の具体的な発露として受けとめられる。↓娑婆即寂光・霊山往詣

【元政】 げんせい　一六二三～一六六八

近世前期の日蓮宗の学僧。京都の人で彦根藩主、井伊直孝に仕えたが、病をえて京都妙顕寺日豊《にっぽう》のもとに出家。のち洛南深草に隠棲するや、漢詩や和歌の世界に身をおき、四十六歳で歿するまで、病魔との苛酷なたたかいのなかで、法華律を提唱し僧道の復興をはかった。のちの教団に大きな影響を与えた。また、詩文にすぐれ、当代一流の詩僧としても著名。↓草山集

【現世利益】 げんぜりやく

現世（このせ）で息災《そくさい》（災難を除く）・延命（寿命が延びる）・治病（病気が治る）・招福（幸いを得る）などの利益をこうむること。平安時代の仏教は加持祈禱を盛んに行い現世利益を強調したが、これに反発して起った浄土系の仏教は現世を否定して利益主義を排した。日蓮の法華仏教は現世を肯定し、菩薩道の実践を通して、現世安穏後生善処の仏の加護を説く。↓加持・現世安穏後生善処・御符・息災延命

【顕本】 けんぽん

開迹顕本あるいは発迹顕本の略称で、人々の能力に応じて説かれたさまざまな方便の教え（迹門）を統一する根本的な教え（本門）を顕《あら》わすことをいう。とくに法華経の如来寿量品で仏の久遠本地（釈尊の真実の姿は永遠不滅の存在であること）が顕わされることをいう。↓開会・開迹顕本

【顕本法華宗】 けんぽんほっけしゅう

室町時代の玄妙阿闍梨日什《にちじゅう》（一三一四—九二）を派祖とし、京都妙満寺を総本山とする宗派。ふるくは日什門流・妙満寺派とも称した。日什は行動の人で、しばしば幕府や公家に諫暁した。門下も折伏《しゃくぶく》の精神を継承し、妙満寺第十世日遵は折伏伝道に専念し、その門に上総七里法華を開拓した日泰《にったい》があって、妙満寺十六世を継いだ。また、慶長法難で著名な常楽院日経《にちきょう》は慶長十三年（一六〇八）浄土宗源誉との宗論におよんだが、その前に暴漢に襲われて敗北を喫し、弟子五人も牢獄に入られて拷問をうけ、

翌年弟子とともに洛中引きまわしのうえ六条河原にて耳そぎ鼻そぎの刑に処せられている。教学の面では、一部修行・本迹勝劣が宗義で、室町時代には日存・日悦・日親《にっしん》などが輩出して教学の確立につとめた。さらに妙満寺三十世の日純は、元和八年（一六二二）上総に宮谷檀林を開創し、日信・日乗などが輩出した。近世にいたっては日達・日受の学僧があり、江戸末期の日鑑によって教学が大成された。明治九年（一八七六）には日蓮宗妙満寺派と公称するに至り、昭和十六年には日蓮宗・本門宗と合同して日蓮宗と称した。が、第二次世界大戦後、宗制の変革が行われ、昭和二十三年日蓮宗から分離し、再び妙満寺を総本山として顕本法華宗と称し、現在に至る。↓日什・日経・日泰・妙満寺

【顕密】 けんみつ

顕教と密教の略。真言宗では仏教全体をこの二つに分け、自宗を密教として優位性を主張し、他の諸宗派をすべて顕教とする。すなわち顕教が言葉と文字によって伝達される教法であるのにたいし、密教

とは大日如来の威神力にもとづき、修行によって仏と一体の境地に到達した人だけに感得される教えという。これにたいし日蓮は、法華経によってこそ、すべての仏法が統一されるとする立場を貫いた。

↓一乗

こ

【五一相対】 ごいちそうたい

日蓮滅後における高弟の六老僧《ろくろうそう》間で起った日興《にっこう》と他の五人の対立のこと。その原因は身延山久遠寺の大檀越、波木井《はきい》（南部）実長《さねなが》にたいする指導および身延後継問題をめぐって日向《にこう》と日興の対立したことによる。日興はこの対立により身延を去って富士に移り、さらには、日昭・日朗らとも訣別した。↓日向・日興・六老僧

【孝】 こう

父母を大切にし、子としての道をつくすこと。儒教では「孝は百行の本」といって、倫理道徳の根本とするが、日蓮は孝の源としての恩を説き、報恩こ

そが人間の守るべき道であることを強調した。日蓮は、父母にたいして成仏の法である妙法五字（妙法蓮華経）の受持を勧め、その功徳を回向することが孝の根本であり、報恩の実践であると説く。日蓮における孝の意識は、法華経の教主釈尊への絶対的帰依の信仰にもとづいている。釈尊はこの世のすべての人間にとって、主であり師であり親である三つの徳をそなえた唯一の仏であるから、この釈尊と、釈尊が説いた最高真実の経である法華経を信仰することが、まことの孝となるのである。したがって法華経と釈尊を信じないことは不孝の者となる。このように法華経と釈尊への絶対的な信仰を説くところに日蓮の孝意識の特色がある。↓恩・報恩

【講】こう

講は寺院のなかで仏典を研鑽する僧侶集団の名称から発生したもので、仏教が民間に広まるにつれ、信仰儀礼や修行を行う集団のことを指すようになり一般化した。江戸時代に入ると、富士講・稲荷講など、庶民の間に地名や守護神名などを冠した講がおびただしく結成され、各地の寺院や神社に参詣したり、その宗教行事に参加した。仏教的新興教団として近来に成立した霊友会《れいゆうかい》・立正佼成会《りっしょうこうせいかい》なども在来の講組織をモデルとして発達したものである。↓題目講

【庚申】こうしん

十干十二支の組み合わせの一つ。古来より庚申（かのえさる）にあたる日には特殊な禁忌や行事が行われた。庚申信仰は中国の道教から発生し、日本でも室町時代に僧侶によって『庚申縁起』がつくられてから仏教にも取り入れられるようになった。江戸時代には各地に庚申堂や庚申塔が建てられ、庚申講が組織されるようになり、庚申信仰は庶民のあいだに広まった。仏教では青面金剛を本尊とする場合が多いが、ときには他の神仏もまつられることもあった。日蓮宗では、柴又の帝釈天（東京都葛飾区題経寺）が

庚申

有名である。↓講

【荒神《こうじん》】

陰陽師が説いた民間信仰の神で、屋内の火所を守護し、火の神・火伏せ神・竈《かまど》の神として台所の棚にまつられる。日蓮宗では荒神信仰と法華経普賢菩薩勧発品に説く法華経の守護神としての普賢菩薩信仰が結合して普賢三宝荒神と称され、信仰された。年末に、「釜じめ」「荒神ばらい」と称し、かまどを清め、荒神札を納めてまつるところがある。↓現世利益

【降誕会《ごうたんえ》】

降誕とは仏菩薩が世に生れたまうことで、降誕会は誕生の当日に行う法要。日蓮宗では、年中行事として宗祖降誕会と釈尊降誕会が営まれる。①二月十六日=日蓮の生誕を祝して営まれる宗祖降誕会。日蓮は貞応元年（一二二二）二月十六日、安房（千葉県）小湊《こみなと》に誕生した。その時海上一面に蓮華が咲きほこり、浜辺に鯛の群が現れ、庭先から清水が湧き出したと伝えられる。日蓮自ら生誕の日について記したものは遺文にみられない。もっとも古い日蓮の伝記『御《ご》伝《でん》土《ど》代《だい》』（日道著）の「二月十六日」とする記述にもとづき、釈尊入滅の翌日に日蓮が世に出現した説が定着している。②四月八日=釈尊の誕生を祝して営まれる釈尊降誕会。灌仏会《かんぶつえ》・仏生会などとも称され、一般には「花まつり」として親しまれている。釈尊は紀元前五世紀中頃、インドの釈迦族の王子として誕生した。釈尊の誕生に歓喜した竜王が空中より甘露の香水を注いだとされるところから、降誕会には誕生仏を安置して甘茶を注ぐ。↓便覧編（年中行事）

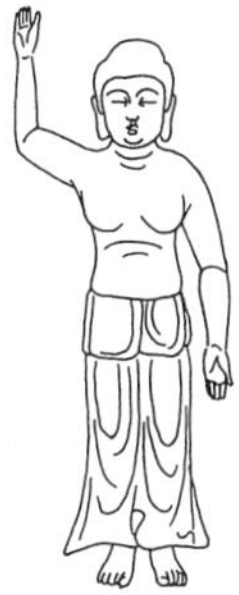

釈迦誕生仏

【五義《ごぎ》】

法華経が末法救済の教法であることを、教・機・時・国・序（師）の各方面から明らかにした日蓮独

自の教判（各種の教理を比較検討して立てた説）。「五綱判《ごこうはん》」「五知判《ごちはん》」ともいう。五義は日蓮が仏教のあらゆる教えのなかから法華経、法華経のなかから妙法蓮華経という題目（妙法五字）を選びとる理由を説明した教判であるとともに、その妙法五字を法華経の行者が広宣流布するときに必要な心構えの基準でもある。日蓮はこれを伊豆流罪の地で著述した『教機時国鈔』において初めて発表した。

教とは、教法の浅深を明かすことで、一切経のなかから法華経、法華経のなかでも本門の肝心である妙法五字の題目を最高の教法として選び取る。機とは、教法を受ける者の理解能力をいうが、日蓮は末法の衆生は謗法の逆機であると規定する。時とは法華経流布の時であり、今は末法の初めであるとする。国とは教法のひろまる国土のことで、日本こそは法華経有縁《うえん》の国であり、法華経流布の国であるとする。序とは教法流布の順序のことで小乗仏教から権大乗（法華経以前に示された大乗仏教＝方便の教え）、権大乗から実大乗（本当の大乗仏教＝釈尊が法華経で明かした真実の教え）の順序でなければならないとする。この序は、佐渡流罪以後は「師」と表現される。法華経流布の必然的使命をになう本化地涌の菩薩すなわち日蓮自身が師にあたる。↓教判

【五具足《ごぐそく》】

仏前の供養具である香炉・燭台・花瓶の一セットを三具足《みつぐそく》といい、香炉一個、燭台と花瓶各一対を五具足という。香・花・灯明を仏前に供えることはインド以来の伝統であるが、三具足として同じ卓上に並べるのは中国に始まったといわれる。この形式は、わが国では鎌倉時代にはみられ、室町時代には華道などと結びつき、次第に三具足から五具足へと発展したとみられている。なお、三具足の飾りかたは、向って右に燭台、左に花瓶、中央に香炉を置き、三足の香炉は一足が正面になるように置く。五具足は、中央に香炉、その左右に燭台を一対、さらにその外側に花瓶一対を供える。↓便覧編（仏具）

【国柱会《こくちゅうかい》】

田中智学（一八六一～一九三九）が創立した在家

日蓮主義教団。純正日蓮主義を標榜し、法華経および日蓮遺文を根本聖典とする。日蓮が佐渡ではじめて描き示した大曼荼羅を本尊とする。田中は当時の日蓮宗の宗風に失望して、明治十三年（一八八〇）「蓮華会」を結成し、同十八年に「立正安国会」と改称。日蓮主義による国体運動を進め、大正三年（一九一四）に「国柱会」を創設。会の名称は日蓮の三大誓願の「我れ日本の柱とならむ」にもとづく。王仏冥合（日蓮主義と国体との一体）を主張し、世界統一を唱えて神武天皇と日蓮をその実行者とし、天皇中心の国家主義的立場から独自の国立戒壇論を説いた。今日も盛んな運動を続けている。↓大曼荼羅・田中智学

【極楽】 ごくらく

阿弥陀仏《あみだぶつ》の住む浄土で安養浄土・安楽国ともいう。阿弥陀経によれば、西方十万億の仏土を過ぎたところにあり、この世界に生れる人々は、もろもろの苦なくさまざまな楽を受け、仏のような神通力をさずかり、悟りが開けるという。日蓮は「極楽百年の修行は穢土の一日の功に及ばず」とし、極楽での修行よりも、現実に生きているこの世界での修行を重視した。↓娑婆即寂光・霊山浄土

【居士】 こじ

家主、あるいは家に居る男性のこと。仏教では、在家の男性で仏教を篤く信仰し受戒した人をいうが、一般には、男性の法名・戒名の下につける称号として知られている。日蓮宗では、とくに信仰の篤い男性の法名の下に用いている。↓在家

【護持会】 ごじかい

日蓮宗における檀信徒の組織。昭和二十四年に六項目から成る「護持会規程」が定められ、全国に組織結成が促された。主な内容は、宗費の援助・堂宇保持の支援・宗門子弟教育の援助などである。なお各寺院・教会・結社にはそれぞれの護持会規則があり、会長が管区協議会を組織し、全国檀信徒協議会の母体となっている。↓信徒・檀家

【五時八教】ごじはっきょう

天台大師智顗が創唱したと伝えられる教判（種々の経典の優劣を述べたもの）。釈尊一代の説法時期を五段階に分け、また内容と説法の方法から八つに分類したもの。五時は①仏の悟った智慧を能力の勝れた者のみが理解できる華厳経として説いた華厳時《けごんじ》。②能力の劣った者のために小乗の阿含経典を説いた鹿苑時《ろくおんじ》。③維摩経・勝鬘経などを説いて小乗より大乗は勝ると説く方等時《ほうどうじ》。④般若経を説いて大乗と小乗を別なものとする偏執を取り去る般若時《はんにゃじ》。⑤能力の熟した者にたいし正しい真理の法たる法華経を説き、さらに、それにもれた者にたいし涅槃経を説いた法華涅槃時《ほっけねはんじ》をいう。八教とは、人々を導く方法のちがいによる四教（頓・漸・秘密・不定）、人々の能力に応じて異った内容で説いた四教（蔵・通・別・円）をいう。日蓮は『教機時国鈔』などに天台大師一人だけが教えを知る人であると述べているように、この五時八教を基として法華信仰を確立した。↓教判・智顗

【五重三段】ごじゅうさんだん

『観心本尊抄』に表された日蓮の独自な仏教受容を示す教判。仏教全体を五重（五段階）に分け、それぞれをさらに序分・正宗分・流通分の三段に分類し、妙法蓮華経という五字の受持こそが仏の教えの根本法であることを論証する。表で示せば以下のようになる。なお、五重三段の㈢と㈣を一括して二門六段（一経六段）とし、全体を四種三段とも称する。一切の法を末法の大法（妙法五字七字）に帰結した教判である。↓教判・法華三部経

一　一代三段《いちだい》（釈尊一代の説法の分類）

- 爾前諸経 ―― 序分
- 法華三部経（無量義経・妙法蓮華経・観普賢経） ―― 正宗分
- 涅槃経 ―― 流通分

二　十巻三段《じっかんさんだん》（法華三部経十巻の分類）

- 無量義経
- 法華経序品 ── 序分
- 方便品 ～ 分別功徳品 ── 正宗分
- 分別功徳品 ～ 普賢菩薩勧発品
- 観普賢経 ── 流通分

三　迹門《しゃくもん》三段（開経と法華経迹門の分類）

- 無量義経
- 法華経序品 ── 序分
- 方便品 ～ 授学無学人記品 ── 正宗分
- 法師品 ～ 安楽行品 ── 流通分

四　本門《ほんもん》三段（法華経本門と結経の分類）

- 法華経従地涌出品 ── 序分
- 法華経従地涌出品
- 如来寿量品
- 分別功徳品 ── 正宗分
- 分別功徳品 ～ 普賢菩薩勧発品
- 観普賢経 ── 流通分

五　本法《ほんぽう》三段（すべての法門を集約して分類）

- 十方三世諸仏微塵経々 ── 序分
- 寿量品（一品二半・妙法五字七字） ── 正宗分
- （南無妙法蓮華経） ── 流通分

【五重相対】 ごじゅうそうたい

『開目抄』に説き表された、日蓮の独自な法華経受容を示す教判。五重教相《ごじゅうきょうそう》・五段相対《ごだんそうたい》ともいう。あらゆる思想の相違を五つの見地から比較して、法華経如来寿量品に説かれる事一念三千《じのいちねんさんぜん》（南無妙法蓮華経）こそが末法の大法であることを論証したもの。

①内外相対《ないげそうたい》＝内道（仏教）と外道（仏教以外の教え）を比較して内道を選び取る。②大小相対《だいしょうそうたい》＝大乗と小乗を比較して一切衆生の得道を説く大乗を選び取る。③権実相対《ごんじつそうたい》＝大乗教のなかでも権大乗（法華経以外の諸大乗経）と実大乗（法華経）を比較して実大乗を選び取る。④本迹相対《ほんじゃくそうたい》＝法華経のなかでも迹門と本門を比較して本門を選び取る。⑤教観相対《きょうかんそうたい》＝本門のなかでも教相と観心を比較して、観心を選び取る。一切の法は妙法五字（妙法蓮華経）より出で妙法五字に帰結することを明らかにしたもの。→教判・妙法五字

【御書見聞】　ごしょけんもん

行学院日朝《にっちょう》著。四十四巻。日蓮遺文の注釈書で、その大半は文明八年（一四七六）から文明十三年に著されている。文明十三年が日蓮入滅二百年遠忌にあたることから日蓮への報恩のために著したとみられる。なお、本書は日蓮遺文注釈史上、嚆矢となるもの。延宝八年（一六八〇）には『立正安国論』『開目抄』『撰時抄』『報恩抄』『観心本尊抄』の五大部の注釈書十七巻が刊行されている。その著作態度は、文献学的・実証的で、日蓮の教学思想の探求よりも、遺文にみられる経典・論疏・書名・人名・地名・事跡などについて原典を引用することに中心をおいている。→五大部・日朝

【五大部】　ごだいぶ

日蓮の五大著作、また天台宗の五大重要著作のことをいう。天台宗の五大部は『法華玄義《ほっけげんぎ》』『法華文句《ほっけもんく》』『摩訶止観《まかしかん》』『涅槃経疏《ねはんぎょうしょ》』『浄名経疏《じょうみょうきょうしょ》』『維摩経玄疏』『維摩経文疏』をいう。日蓮の著作では、諫文である『立正安国論《りっしょうあんこくろん》』、流罪地佐渡での『開目抄《かいもくしょう》』『観心本尊抄《かんじんほんぞんしょう》』、法華経流布の時を明した『撰時抄《せんじしょう》』、旧師道善房の追悼を目的とした『報恩抄《ほうおんしょう》』をいう。→開目抄・観心本尊抄・撰時抄・三大部・報恩抄・立正安国論

【御符】ごふ

守護の霊符のことで、護符ともいう。仏菩薩などの姿や種子・真言・経文などを書いた札で、これをもつ者はそこに書かれている仏菩薩などに守護されるという。御符はインドにおいても行われたようで、とくに中国の道教の影響がみられる。日蓮宗ではこれらを札・守といい、服用するものを御符といって区別する。↓加持・現世利益

【小松原法難】こまつばらほうなん

文永元年（一二六四）十一月十一日の夕刻、安房国東条の郷松原大路（千葉県鴨川市広場付近）において、日蓮および弟子・信者十余名が、その地の地頭・東条景信《とうじょうかげのぶ》らの襲撃をうけた難をいう。東条法難ともいう。文永元年安房に帰郷した日蓮は、母の病の回復を祈り小康を得たため、蓮華寺を拠点として、再び安房における伝道活動を始めた。十一月十一日、天津《あまつ》の工藤吉隆の招きに応ずる途上、松原大路で東条景信の襲撃にあった。かつて東条景信が領家の土地を侵略したさい、日蓮は領家にたいする恩義もあってその不法を訴訟にもちこみ、領家側に勝訴をもたらした。さらに東条景信が信仰していた浄土教を前にもまして一層鋭く批判し、また当地にて門弟を創出していく状況をみて、東条景信は時をまたず、このさい一気に殺害せんとしたのである。この襲撃の約一か月後に檀越の南条兵衛七郎に送られた消息（手紙）によると、「弟子一人は当座にて打ち取られ、二人は大事のてにて候。自身も切られ、打たれ」（南条兵衛七郎殿御書）たという。殉死した弟子は鏡忍房・工藤吉隆、重傷を負った二人は乗観房・長英房と伝え、日蓮自身も眉間を切られ、左手を打ち折られながらもこの危難をまぬがれた。この受難の地に建てられたのが鏡忍寺である。↓鏡忍寺

【勤行】ごんぎょう

大乗仏教の菩薩が実践修行する六波羅蜜《ろくはらみつ》のなかの精進とおなじ意味。一般には仏前で読経・回向など

を行ういわゆる「おつとめ」のことをいう。古くは朝夕三回、あるいは六回行われたが、現在では朝夕二回が一般的。日蓮宗の勤行は法華経の読誦と唱題を中心に組み立てられている。↓便覧編（仏壇とおつとめ）

【権実】ごんじつ

権とは時と場所に応じて仮りに用いられる手だてを意味し、実は真実不変なるものをいう。仏の教えも人々の能力に応じて示されたということから仏法にも権実の別があり、権教・実教、権智・実智などと表現される。日蓮は釈尊の教えのなかでも法華経に説かれた教えを実教に、他の諸経を方便権教としている。仏の教えを受ける人々の能力（機根）は時代によって異なり、法華経以前の教えを受ける人々の機根を権機、法華経迹門の教えを受ける機根を実機とするが、末法の世に生きる人々は救われがたいゆえにかえって仏の功徳を受ける逆縁下種の機であり、法華経本門の直機《じっき》と定めている。↓開会・逆縁下種

【根本寺】（佐渡）こんぽんじ

新潟県佐渡郡新穂村にある日蓮宗の霊跡寺院（本山）。塚原山と号す。文永八年（一二七一）佐渡流罪となった日蓮は、翌年四月に一谷《いちのさわ》に移されるまで塚原の三昧堂と呼ばれる草堂に住した。この堂は、土地の墓地にあった堂である。当寺は日蓮の住した三昧堂を元として日蓮を開祖に仰ぎ、創立を文永八年十一月一日とする。その後、三昧堂は荒廃して同地はいつしか真言宗弘樹寺の管理するところとなった。当寺が再興されたのは戦国時代のことである。天正十八年（一五九〇）京都妙覚寺二十世日典《にってん》が霊跡の廃亡を嘆いて弘樹寺の境内地から独立して正教寺として一寺とした。十三世日衍《にちえん》の代には、大檀越味方但馬守の援助を受けて寺観が整えられた。そして、江戸時代初期には妙覚寺から独立し、正教寺を根本寺と改めて本山となり、さらに諸堂が整備されて現在に至る。↓佐渡流罪・日典

【在家】 ざいけ

職業をもち、家庭生活を営む人のこと。在家の人でとくに仏教を篤く信仰し、仏法僧の三宝に帰依し、五戒をたもつ男性を優婆塞《うばそく》、女性を優婆夷《うばい》と称し、仏教教団を構成する四衆のなかに数えている。在家信者で髪をきりおとした篤信の者を在家入道・在家沙弥《しゃみ》とよぶ。日蓮の門下に富木《とき》入道《にゅうどう》（日常）、曽谷《そや》入道《にゅうどう》、中興《なかおき》入道《にゅうどう》などがいる。↓居士・沙弥

【罪障】 ざいしょう

仏道修行を成就するうえで障害となる罪業。俗に現世における肉体的病いや生活上の不幸などの原因として理解されるが、これは本来の意味から逸脱する。日蓮宗の一部においても、単なる現世利益の俗信として「罪障消滅」ということがいわれるが、少なくとも日蓮は、そのような安易な発想はしていない。↓罪・煩悩

【最澄】 さいちょう 七六七〜八二二

伝教大師。近江（滋賀県）で生れ、十四歳で出家。延暦二十三年（八〇四）入唐して天台教学を学び、のち比叡山を開いて日本天台宗の開祖となる。その根本中堂は一乗止観院と名づけられたように天台大師智顗の法華一乗思想を根本精神としたが、他に密教・禅・律をとりいれ、比叡山は四宗兼学の道場として発展する。とりわけ最澄は律の面で南都（奈良）の小乗戒にたいして大乗戒壇の設立を主張し、奈良の諸大寺と激しく論争した。のち、日蓮の時代の比叡山は浄土教色および密教色が強まっていたが、日蓮は最澄を法華経の行者とみるとともに、智顗・最澄・日蓮という流れを法華経の正統な弘通の歴史とみなしている。↓外相承

【佐渡流罪】 さどるざい

文永八年（一二七一）九月十二日、日蓮は幕府の手によって鎌倉に捕われ、竜口《たつのくち》にて斬首されよう

としたが奇跡的に助かり、いったん相模国依智《えち》（神奈川県厚木市）の本間氏に預けられたあと、佐渡に配流されることになった。十月十日に依智を発ち、二十八日に佐渡の松ケ崎に到着。そして塚原の三昧堂に居を定めるが、そこは「上は板間あわず、四壁はあばらに、雪ふりつもりて消ゆる事なし」（種々御振舞御書）というありさまであった。佐渡は念仏信仰の盛んなところで、論争をいどむ者も多かった。そうしたなかで日蓮は、やはり念仏者であった阿仏房とその妻千日尼をはじめ多くを信服させている。松葉谷法難・伊豆法難・小松原法難・竜口法難と続いた迫害の歴史は、法華経の持経者は多くの災難に見舞われるという法華経の経説をみずからの体験を通して実証するものでもあった。日蓮は自身を法華経弘通を教主釈尊より直接に委ねられた本化地涌の菩薩という自覚をさらに深め、その信仰世界を大曼荼羅本尊という形で描き示した。また『開目抄』『観心本尊抄』を著したのも佐渡においてである。流罪は文永十一年（一二七四）に許され、同三月二十六日に鎌倉に帰るが、五月十七日には身延におもむく。↓開目抄・観心本尊抄・竜口法難

【三悪道】さんあくどう〈さんなくどう〉

三の悪しき世界。三悪趣《さんあくしゅ》ともいう。①地下にある牢獄という意で苦しみのきわまった世界である地獄、②つねに飢え・渇き・苦しみに悩まされる世界である餓鬼、③禽獣虫魚など性質が愚鈍で世人に畜養されるけだものに生を受ける世界である畜生の三種。日蓮は『四恩鈔』に「十悪・五逆・誹謗賢聖・不孝父母・不敬沙門等の科《とが》の衆生が三悪道に堕て」と述べている。↓四聖六道

【三界】さんがい

欲界《よっかい》・色界《しきかい》・無色界《むしきかい》の三種の迷いの世界。欲界とは種々の欲望を有する者の住む所で、このなかには地獄・餓鬼・畜生・修羅・人・天の六道《ろくどう》（六趣《ろくしゅ》）があり、欲界の天を六欲天という。色界とは欲のない者の住む清らかな世界であるが、いまだ物質の制約

を受ける境界。無色界とは純粋な精神のみが存在する世界をいう。↓四聖六道

【三学】 さんがく

もっとも基本的な修行の部類で、戒学・定学・慧学の三つをいう。戒とは、悪をとどめ善を修すること。定とは、精神統一を行い、雑念を払うこと。慧とは正しく真実の相《すがた》を見究めること。日蓮は法華経を信じればおのずから三学が具足されていると説く。↓行学二道・教相〈観心〉

【三箇の重宝】 さんかのじゅうほう

三箇の霊宝ともいう。日朗門流が主張する立像釈尊、伊豆・竜口・佐渡流罪の三通赦免状、日朗への譲状の三種をいう。しかしこの重宝のうち、当初は日朗への譲状ではなく、日蓮自筆『立正安国論』であった。室町時代に各門流がそれぞれ正統性を主張するとともに、富士門流では身延・池上相承が、日朗門流でも日朗譲状という付法状が偽作され、それ

が三種の重宝の一つに加えられた。↓日朗門流・二箇相承

【三軌】 さんき

仏法をひろめるうえでの三つの心がまえ。衣《え》・座《ざ》・室《しつ》をいう。法華経法師品の所説で、法華経を説こうとする者は如来の室（慈悲の心）に入り、如来の衣（温和な心）を著し、如来の座（すべては空であると悟る心）に坐して説くべきであるということ。日蓮の法華経弘通の実践行動がすなわち三軌にそった菩薩行であった。↓菩薩行

【三業】 さんごう

身に行うこと、口に言うこと、心に思うこと。身《しん》・口《く》・意《い》の三種で行う所為・言動・思慮のすべてをいう。あることをしようと意志するのが意業で、それが身体的行動に現れるのが身業、言語表現に現れるのが口業。この三業が互いに離れず、そむかず、合致することを三業相応という。日蓮は身口意の三

業に法華経に帰依していくことを説く。↓受持

【三光天子】さんこうてんじ

日天子・月天子・明星天子の三天子をいう。法華経では、それぞれ宝光天子・名月天子・普香天子といい、太陽・月・星を表す。智顗の『法華文句』には、宝光天子は宝意日天子と名づけ本地（本来の姿）は観世音菩薩、名月天子は宝吉祥月天子と名づけ本地は大勢至菩薩、普香天子は明星天子と名づけ本地は虚空蔵菩薩《こくうぞうぼさつ》とある。三天子とも法華経の守護神として人々を守護する。↓諸天善神

【三光無師会】さんこうむしえ

日蓮宗の近世教学・教育の原点とされる講会。永禄十一年（一五六八）より泉南（大阪府）堺の妙国寺で天台三大部の講義が行われた。仏心院日珖《ぶっしんいんにちこう》が主となり、山光院日詮《さんこういんにっせん》・常光院日諦《じょうこういんにったい》が助け、順次に講師となって続けられたところから、三人の名をとって三光無師会、三光勝会《さんこうしょうえ》とよぶ。この講会から近世日蓮教団の指導者である日重《にちじゅう》などを出した。↓三大部・日珖・日重

【三国四師】さんごくしし

三国とはインド・中国・日本。四師とは釈尊・智顗・最澄・日蓮のこと。日蓮の教義体系は法華経を根拠としており、釈尊・智顗・最澄の三師の法華教学の信仰系譜を相承したものである。この三国四師相承を外相承《げそうじょう》ともいう。『顕仏未来記』の結文の「安州の日蓮は恐らくは三師に相承し法華宗を助けて末法に流通す、三に一を加えて三国四師と号《なづ》く」による。↓外相承

【三五の二法】さんごのにほう

法華経化城喩品に説かれる三千塵点劫《さんぜんじんでんごう》と如来寿量品の五百億塵点劫の二法門をいう。前者は法華経には種・熟・脱の三益にわたる一貫した衆生教化があること、後者は釈尊の生命が永遠であることを示した法門である。天台大師智顗はこれによって法華経

と他の経典との相違を明らかにし、日蓮はこの法門を根底において、教相論・下種論・罪業観・釈尊の因位（久遠の仏となる前の段階）と果位（仏となった位）などの教義を展開している。↓開近顕遠・三益

【三災七難】 さんさいしちなん

世界が壊滅するときの「劫」に起るという三つの災害と、正法をそしることによって生じる七つの災難のこと。三災に大小の二種、七難に三種がある。仏教では世界が成劫《じょうこう》（成立期）・住劫《じゅうこう》（存続期）・壊劫《えこう》（破壊期）・空劫《くうこう》（空漠期）の四劫をくりかえすとするが、住劫に起るのが刀兵災・疾疫災・飢饉災（小の三災）で、壊劫に起こるのが火災・水災・風災（大の三災）である。七難は薬師経では人衆疾疫《にんしゅしっやく》難《なん》・他国侵逼《たこくしんぴつ》難《なん》・自界叛逆《じかいほんぎゃく》難《なん》・星宿変怪《せいしゅくへんげ》難《なん》・日月《にちがつ》薄蝕《はくしょく》難《なん》・非時風雨《ひじふうう》難《なん》・過時不雨《かじふう》難《なん》をいい、仁王経では日月失度《にちがつしつど》難《なん》・星宿変怪《せいしゅくへんげ》難《なん》・諸火焚焼《しょかふんしょう》難《なん》・諸水漂《しょすいひょう》没《もつ》難《なん》・大風数起《たいふうすうき》難《なん》・天地亢陽《てんちこうよう》難《なん》・四方賊来《しほうぞくらい》難《なん》をいい、天台大師智顗の『観音経疏』には火難・水難・羅刹難・王難・鬼難・枷鎖《かさ》難《なん》（牢獄につながれる難）・怨賊難をいう。日蓮は諫暁の書『立正安国論』において、信仰を改めて法華経に帰依しなければ、未起の自界叛逆難（内乱）と他国侵逼難（外国の侵略）がかならず起きるであろうと警告した。↓自界叛逆・他国侵逼

【三十番神】 さんじゅうばんじん

一か月三十日の間、毎日当番で国家と人々を守る三十の善神のこと。最澄が比叡山で日本諸国の神々を勧請して守護を請うたことに仏教における三十番神信仰が始まるとされる。日蓮宗に取り入れられたのは日蓮からという説もあるが、日像（一二六九～一三四二）のときからとみられている。神祇信仰の盛んな京都での布教に苦心していた日像は、日蓮の神天上法門をもって、当時比叡山で信仰されていた三十番神を取り入れることによって、布教の円滑化を図ったのであろう。以来三十番神の信仰は盛ん

になり、三十番神堂が建立され、現世利益の効験を祈って多くの人々が詣でるようになった。人々は毎日毎日をさまざまな効験を招来する神々が守護してくれるものと信じた。さらに寺の本堂などに置く過去帳には題目とともに、その日を守護する神名が記されるようになった。→諸天善神・神天上法門・日像

【三種教相】さんしゅきょうそう

法華経と法華経以前に説かれた教えとの勝劣を明らかにするために天台大師智顗が立てた根性の融不《ゆうふ》融《ゆう》の相・化導の始終不始終の相・師弟の遠近不《おんごんふ》遠近《おんごん》の相のこと。こうした視点から法華経が釈尊の説法のなかでもっとも優位にあることを明かす。根性の融不融の相とはそれまでの説法によって衆生の機根が調《ととの》えられたのちに、はじめて一乗《いちじょう》真実の法華経が説かれたとすること。化導の始終不始終の相は法華経においてはじめて化導（教化）のはじまりが大《だい》通智《つうち》勝仏《しょうぶつ》の法華経会座にあり、このとき下された

成仏の種が熟して得道することが明かされたということ。師弟の遠近不遠近の相とは、法華経において釈尊が五百億塵点劫《じんでんごう》のはるか昔に成道していたことが説かれたことによって、三世十方の諸仏菩薩が久遠の釈尊の分身・弟子として統合されたこと。日蓮は「日蓮が法門は第三の法門」と語り、師弟の遠近不遠近の相をもっとも重視し独自の法門を形成していった。→久遠実成

【三証】さんしょう

文証《もんしょう》・理証《りしょう》・現証《げんしょう》のこと。教えの真実性や優劣を判定する三つの基準。文証とは仏の証文によることで、仏説に依るか否かを判定の基準とする。理証とは道理にかない普遍妥当性を有していることをもって、真実性を証明すること。現証とは現実社会において教えの内容が具現化されることをもって真実の証明とすることである。日蓮は、これら三証が具備することをもって教えの真実性を立証し、なかでも現証を重視した。→現証

【三途の川】　さんずのかわ

三瀬《みつせ》川ともいう。冥土への途中にある川で人が死んで七日目にかならず渡るという。死者の生前の行いによって渡りかたが違い、三通りあるといわれる。川のほとりには鬼がいて死者は衣服をぬがされ、その衣服を衣《え》領樹《りょうじゅ》にかけ、枝のたれかたによって生前の罪の軽重が判定されるという。十王経などに説かれる。↓地獄

【三世】　さんぜ

過去・現在・未来の三つの世界。仏教では時間を実在するものとみないので、変化する存在のうえに仮りに三世を立てる。法華経如来寿量品には久《く》遠実《おんじつ》成《じょう》の本仏釈尊が三世にわたって常に衆生を教化し利益することを説く。↓久遠実成

【三大誓願】　さんだいせいがん

法華経世界を実現するために生涯を捧げた日蓮の三つの誓願。日蓮著『開目抄』の「本《もと》願を立つ。（中略）我日本の柱とならむ、我日本の眼目とならむ、我日本の大船とならむ、等とちかいし願、やぶるべからず」の文による。柱・眼目・大船は教主釈尊の三徳（主・師・親）を意味し、三大誓願は、地《じ》涌《ゆ》の菩薩《ぼさつ》の自覚に立った日蓮が、釈尊の使いとして、釈尊の衆生済度の悲願を実現せんとの決意を述べたものである。↓三徳

【三大秘法】　さんだいひほう

日蓮が末法の修行の目標として示した三つの重要な法門で、本門の本尊・本門の戒壇・本門の題目をいう。日蓮はたびかさなる法難にあった自身の半生が法華経に説かれる行者のありさまとよく一致するという認識から、佐渡流罪を機に自身が本化上行菩薩（法華経弘通のためにこの世に出現した菩薩）で

あるとの自覚に達し、この三大秘法を開示した。本門の本尊とは、法華経本門の中心である如来寿量品ではじめて明らかにされた久遠実成の本仏釈尊（永遠不滅の仏）であり、一切の諸仏を統一する仏である。本門の戒壇とは、南無妙法蓮華経と唱えることは仏道修行者としての戒を受けることであり、この妙法五字を受持する道場が本門の戒壇である。本門の題目とは、本門の教主釈尊の因行果徳（久遠の過去からつづけられた衆生救済の菩薩行とその功徳）をそなえた妙法蓮華経の五字また南無妙法蓮華経の七字のことである。久遠の過去からわれらを救済しつつある本仏釈尊を仰いで本尊とし、本仏が救済の原理とした一念三千を要約して末法のわれらに授与された妙法五字（題目）を信じて唱題行を実践し、仏我一如の世界を体験実証する境地を戒壇という。これが日蓮の示した信仰の三法である。↓本門の戒壇・本門の題目・本門の本尊

【三大部】 さんだいぶ

三大主要著作のことで、天台宗・日蓮宗それぞれに三大部がある。天台三大部とは天台大師智顗の『法華《ほっけ》玄義《げんぎ》』『法華《ほっけ》文句《もんぐ》』『摩訶止観《まかしかん》』をいう。日蓮宗の三大部は、日蓮の著作の五大部からどれを取るかで諸説あるが、ここでは、文応元年（一二六〇）の幕府に法華経への帰依を勧めた諫文である『立正安国論』、文永九年（一二七二）流罪地佐渡において、仏教および思想大系全般における法華経の位置づけを明らかにし、末法の弘教のあり方について述べた『開目抄』、同じく佐渡で智顗の一念三千の法門をさらに深めて、末法における法華経の救済の世界を明示した『観心本尊抄』をあげる。現在も多くの日蓮の著作・書簡が伝存されているが、なかでもこの三大部は日蓮の宗教を知るうえでもっとも重要な著作である。↓開目抄・観心本尊抄・五大部・立正安国論

【三転読文】 さんてんどくもん

法華経方便品に説かれる十如是《じゅうにょぜ》の文「所謂諸法・如是相・如是性・如是体・如是力・如是作・如是因・如是縁・如是果・如是報・如是本末究竟等」を三度繰りかえして読むこと。中国の天台大師智顗は『法華玄義』に十如是の文を空《くう》・仮《け》・中《ちゅう》の三諦《さんだい》の義にあてて読むことをすすめ、十如是に一切の法が集約され、その真実のすがたが三諦円融にあるとした。→十如是

【三徳】 さんとく

仏や涅槃にそなわる三つの徳をいう。①恩徳（衆生に恩を施すこと）・断徳（煩悩を除き去ること）・智徳（智慧をもってありのままに見ること）。②法身（仏の本体である法性）・般若（仏の智慧）・解脱（煩悩を離れ自在を得ること）。③主徳（衆生を守護する徳）・師徳（衆生を導き教化する徳）・親徳（衆生を慈愛する徳）。日蓮がとくに強調したのは、主師親の三徳で、これをそなえていることが衆生救済の仏の条件とし、釈尊だけが三徳具備の仏であると説く。この三徳は末法の法華経の行者にもそなわるとし、自らが日本の柱（主）眼目（師）大船（親）であることを述べている。→三大誓願

【三毒】 さんどく

人の心をむしばみ、仏道精進を妨げる煩悩のことで、貪瞋痴《とんじんち》（貪欲《とんよく》・瞋恚《しんに》・愚痴《ぐち》）の三をさす。貪とはむさぼり求めること、瞋とはいかり憎むこと、痴とは道理がわからない愚かさをいう。人間のもつ煩悩のなかでも、とくにこの三毒は迷いの根源とされる。→三惑・煩悩

【三衣一鉢】 さんねいっぱつ

インドの僧団で個人の所有を許された三種の衣と一つの鉢（食器）。三衣とは、正式の儀式に参列するときに着る僧伽梨《そうぎゃり》（大衣）、法座に着る鬱多羅僧《うったらそう》（七条）、堂の作務などのときに着る安陀会《あんだえ》（五条）

をいう。日蓮は、末法社会において仏教本来の戒律を守っているかのように見せかける偽善的な僧侶が存在することを批判し、そのような持斎者を象徴するものとして三衣一鉢を例示する。↓袈裟

【三仏】 さんぶつ

法華経見宝塔品に登場する釈迦仏・多宝仏・十方分身《ふんじん》諸仏をいう。仏教の諸仏を統括した呼称である。見宝塔品では、分身諸仏の来集と多宝仏の証明《しょうみょう》をもって、釈尊の説く法華経の真実性が立証される。日蓮はこの教説に着目して、三仏の本願が法華経を永久に世に存続させ、なかでも末法の人々を救うことを目的としていると受けとめた。↓釈尊・多宝如来

【三宝】 さんぼう

仏・法・僧をいう。悟りを開いた教えの主である仏、その教えの法、その教えを受けて修行する僧の三つを宝にたとえた語。これらは仏教を構成する根本的要素であり、三宝に帰依することが仏教徒としての基本条件とされる。日蓮宗では久遠実成の釈尊を仏宝、法華経を法宝、宗祖日蓮を僧宝として仰ぐ。↓釈尊・法華経

【三品経】 さんぼんぎょう

法華経二十八品中、重要な部分を選び挙げたもの。方便品・如来寿量品・如来神力品をいう。方便品は開三顕一《かいさんけんいつ》（仏教は法華経に帰結すること）が説かれ、迹門《しゃくもん》の中心。如来寿量品は開近顕遠《かいごんけんのん》（仏は永遠であること）が説かれ、本門の中心。如来神力品は如来滅後の弘経（法華経受持をひろめること）が上《じょう》行菩薩《ぎょうぼさつ》などに付嘱《ふぞく》（衆生の教化を託されること）されるもので、日蓮に末法の師としての宗教的自覚をうながした重要な教説が説かれている。↓開近顕遠・開三顕一・付嘱

【三昧】 さんまい

心が静かに統一されて安らかになっている状態、

心を一つの対象に集中させて平安の境地に入ること。禅定《ぜんじょう》と同義。三摩地《さんまじ》・三摩提《さんまだい》ともいい、定《じょう》・正受《しょうじゅ》・等持《とうじ》などと訳される。この状態に入るとき、正しい智慧が起こり、対象が正しくとらえられるとする。すなわち宗教的瞑想の世界をいう。日蓮宗では唱題三昧の語があるように、一心に仏祖に向って唱題専念、その題目に乗じて法界と融けあい、法楽の境地に至るのが三昧の極意である。↓唱題行

【三益】 さんやく

法華経で釈尊が衆生を教化していくうえでの三段階をいう。下種益《げしゅやく》・熟益《じゅくやく》・脱益《だっちゃく》の三つのこと。日蓮はこの考えかたを天台教学から継承して、さらに進めた法華経観を展開している。すなわち過去に釈尊が修行していたときに、衆生に成仏の種子を下したことを下種益、これが機根が調《ととの》えられて次第に成熟していくのが熟益、そして最後に釈尊の法華経の説法によってすべての衆生に成仏が与えられたことを脱益とみる。↓下種

【三類の怨敵】 さんるいのおんてき

俗衆増上慢《ぞくしゅうぞうじょうまん》・道門増上慢《どうもんぞうじょうまん》・僭聖増上慢《せんしょうぞうじょうまん》の三つのこと。増上慢とはうぬぼれの心が強いこと。法華経勧持品では、菩薩が釈尊の入滅後の悪世において法華経をひろめるときはかならずこの三類の怨敵にあうだろうと述べられる。俗衆増上慢とは無知のため仏法の正邪をわきまえられない在家の人々、道門増上慢とは出家の身でありながらうぬぼれの強い者をいう。そして僭聖増上慢とは世間から生き仏のように尊敬されてはいるが、内実は世俗に執着している比丘のことをいう。日蓮に迫害を加えたのは、まさに三類の怨敵といえる人々であった。↓四箇格言・謗法

【参籠】 さんろう

神社・仏閣などにあらかじめ定めた日数の間とじこもって心身を浄め、祈願し修行すること。俗に「おこもり」といい、日蓮宗（鬼子母神《きしもじん》）・真言宗

（不《ふ》動明王《どうみょうおう》）の参籠は盛ん。寺院に参詣する人々が一夜以上寺院や宿坊に宿泊し、宗教的生活を送ることも参籠ともいい、身延山・七面山・能勢妙見山はその場所として有名。↓鬼子母神・七面山・身延山

【三惑】 さんわく〈さんなく〉

天台宗で一切の煩悩をいう見思《けんじ》惑・塵沙《じんじゃ》惑・無《む》明《みょう》惑の総称。見思惑は見惑と思惑の併称で、見惑とはかたよった見解に固執する煩悩、思惑とは本能的な迷い・妄想のこと。塵沙惑とは菩薩化導障ともいい、菩薩が人々を教化するには塵沙のごとき無数の法門に通じていなければならないのに、それができないこと。無明惑とは真実の見えない煩悩のこと。天台教学ではこの三惑を次第に断じて悟りに近づいていく段階を詳細に設定するが、日蓮は題目の受持こそ末法（今日の現実世界）の正法とした。↓信心為本・煩悩

し

【寺院】 じいん

仏寺・寺刹・精舎ともいう。院とは、寺のなかの別舎であり、僧職が住む家屋をも含めたものを寺院と総称する。歴史的には、インドでは釈迦存命中の雨《う》安居《あんご》の場（竹林精舎・祇園精舎など）にはじまり、中国では後漢の明帝の代に洛陽に白馬寺を建立したことにはじまるといわれる。わが国における寺院建築は、蘇我稲目が百済から請来した仏像を安置した向原寺《むくはらでら》（豊浦寺）が最初であるという。現在、日本には約八万千五百（昭和六十年の『宗教年鑑』の統計。教会・結社なども含む）の仏教寺院がある。↓菩提寺・本末制度

【四依】 しえ

依りどころとなる「法」と「人」に四種あることをいう。涅槃経《ねはんぎょう》などによれば、法の四依とは、①法に依って人に依らざれ、②義に依って語に依らざれ、

③智に依って識に依らざれ、④了義経に依って不了義経に依らざれであり、人の四依とは三賢四善根、須陀洹《しゅだおん》・斯陀含《しだごん》・阿那含《あなごん》・阿羅漢《あらかん》の四種の人をいう。日蓮は依るべき法となる了義経とは法華経であるとうけとめ、また人の四依に小乗・大乗・迹門・本門の四種を立て、末法の四依は本化《ほんげ》の大菩薩であるとし、妙法をひろめる日蓮自身がそれにあたると自覚した。↓上行菩薩

【自界叛逆】じかいほんぎゃく

反逆者がでて内乱となること。日蓮は『立正安国論』で、当時頻発していた災害は、正法である法華経に日本国中が背いているからだとし、信仰を改めなければやがて自界叛逆難・他国侵逼難《たこくしんぴつなん》が起るであろうと警告した。やがて元の軍が来襲し、また北条時輔らによる謀叛が起り、日蓮の警告は現実のものとなった。↓三災七難・他国侵逼・

【四箇格言】しかかくげん

「念仏無間・禅天魔・真言亡国・律国賊」の四句をいう。日蓮の諸宗批判を、いわばスローガン的に表現した成句。ただし日蓮自らの命名ではない。このような成句は、文永五年（一二六八）『与建長寺道隆書』の「念仏は無間の業、禅宗は天魔の所為、真言は亡国の悪法、律宗は国賊の妄説」、弘安三年（一二八〇）の『諫暁八幡抄』に「真言は国を亡ぼす、念仏は無間地獄、禅は天魔の所為、律僧は国賊との給うなり」などにみられる。四箇格言の思想的背景は爾前無得道論《にぜんむとくどうろん》にある。爾前無得道とは法華以前の大乗の諸経典は方便の教えであるから、それによっては得道は不可能で、法華によらなければ得道できないという教義である。↓摂受〈折伏〉

【自我偈】じがげ

釈尊の寿命が永遠なること（久遠実成《くおんじつじょう》）を説く法華経如来寿量品の偈文。日蓮宗の法要ではかならず

といってよいほど読誦される。「自我得仏来」から「速成就仏身」に至るまでの文のことで、初めの「自我」の二字をとって自我偈という。法華経のもっとも肝要というべき部分。法華経以前の経典ではインドで釈尊が菩提樹の下で悟りを開いたとされるが、法華経寿量品にいたってはじめて釈尊が五百億塵点劫という久遠の寿命をもった無始無終の本仏《ほんぶつ》であることが明かされる。自我偈ではさらに仏身の常住に加えて、我々の住む娑婆世界もそのまま常住の寂光土《じゃっこうど》であることが説かれる。また「毎自作是念」以下には、衆生すべてを救済せんとする釈尊の大慈悲が表明されている。日蓮は自我偈を法華経寿量品の精髄が示されるものとみて、仏教全体の最高位を占めるものとして重要視した。↓久遠実成・娑婆即寂光

【止暇断眠】 しかだんみん

暇《いとま》を止めて眠りを断つこと。この術語は『富木殿御書』の結文「我門家は夜は眠りを断ち、昼は暇を止め之を案ぜよ。一生空《むな》しく過ごして万歳悔ゆること勿《なか》れ」に出る。門下にたいして、努力を重ね、謗《ほう》法《ぼう》（法華経をそしること）の用心と糾明を述べている。↓謗法

【色読】 しきどく

身体をもって法華経を読むこと。法華経の教説を実践することの意。釈尊が末法救済のために留め置かれた仏の勅《みことのり》として法華経を受容した日蓮は、末法救済のために不惜身命の仏法弘通者たることを念願し、諸宗の折伏・法華経弘通に専念した。その結果「小々の難は数しらず。大事の難四度なり」（開目抄）という法難にあった。法華経には法師品・見宝塔品・勧持品・常不軽菩薩品などに法華受持の困難さ、受持する者が忍受せねばならぬ迫害の熾烈さについて詳細な説明がある。日蓮はこれらの経文を『開目抄』『顕仏未来記』などに縦横に引用して、自身が法華経の行者であることを確認するための文証としている。法華経の行者としての実践が、

色読法華である。↓受持・法華経の行者

【自行化他】 じぎょうけた

自行とは自己に法の利益を受けるために修行すること。化他とは他者に法の利益を受けさせるために導くこと。菩薩の行には自行と化他が同時にそなわっており、このため「上求菩提《じょうぐぼだい》・下化衆生《げけしゅじょう》」という。日蓮の生涯はまさしく法華経の行者として自行化他を実践したものといえる。↓上求菩提下化衆生

【持経者】 じきょうしゃ

一般に、法華経を持《たも》つ行者のことをいう。平安仏教から鎌倉仏教への推移の段階での宗教生活者の新しい形態として捉えられ、法華経読誦を中心とした行によって現世利益的な霊験を得る修行者のことを指す。日蓮は法華経を主体的に実践していくうえで持経者の概念をさらに進め、法華経の精神を身に体現していく法華経の行者としての意識を深めていった。↓法華経の行者

【四弘誓願】 しぐせいがん

四弘願行ともいう。すべての菩薩がはじめて発心したときにかならずおこす四つの大願で、総願ともいう。四種の誓願とは、①衆生無辺誓願度＝生きとし生けるものすべてを救おうとする誓い。②煩悩無数誓願断＝衆生の煩悩をすべて断じつくそうとする誓い。③法門無尽誓願知＝仏の教えをすべて知りつくそうとする誓い。④仏道無上誓願成＝仏道を徹底的に行い成就しようとする誓い。ただし、この四弘誓願の文は、経論や宗派によって字句に違いがある。法華経薬草喩品には「いまだ度せざる者は度せしめ、いまだ解《げ》せざる者は解せしめ、いまだ安《あん》ぜざる者は安ぜしめ、いまだ涅槃せざる者は涅槃を得せしめん」という仏の四誓願が説かれている。↓菩提心

【四苦八苦】 しくはっく

生・老・病・死の四苦と、これに怨憎会苦《おんぞうえく》・愛別《あいべつ》離苦《りく》・所求不得苦《しょくふとくく》・五陰盛苦《ごおんじょうく》の四苦を加えた八苦の

こと。怨憎会苦とは憎んでいる人と会う苦痛、愛別離苦とは愛するものと別れなければならない苦痛、所求不得苦とは望んだ物を得られない苦痛、五陰盛苦とは有情（衆生）を形成する色・受・想・行・識の五陰から生じる身心の苦悩のこと。↓三毒

【地獄】　じごく

地下にある牢獄の意。十界・六道・三悪道のなかの最低の世界。仏教の経論には各種の地獄が説かれるが、代表的なのは八熱地獄で、等活《とうかつ》（惨殺と蘇生をくり返す）・黒縄《こくじょう》（熱鉄で切りきざむ）・衆合《しゅごう》（多くの苦が集合して身に迫る）・叫喚（悲叫のうず）・大叫喚・焦熱（猛火が焼く）・大焦熱・無間《むけん》（絶え間なく苦痛を受ける）という八大地獄があって、それぞれの大地獄の四方の門の外に各四つずつの小地獄があり、罪の大小によって赴く所が異なるという。わが国で地獄が強く意識されるようになったのは平安時代中期で、源信の『往生要集《おうじょうようしゅう》』に地獄がなまなましく紹介されてからである。日蓮は『顕謗法《けんほうぼう》鈔《しょう》』の冒頭にこの『往生要集』の記述にもとづいて地獄の様相をリアルに描き、また遺文の随所で地獄にたいする実感的な恐れを説いている。↓無間地獄・輪廻

【四悉檀】　ししつだん

悉檀とは「あまねく施す」という意味で、四つの方法であまねく衆生に法を施すこと。仏の説法を四種に分けたもので、世界悉檀・為人悉檀・対治悉檀・第一義悉檀の四をいう。世界悉檀とは世間一般の願いや望みに従って法を説くこと、為人悉檀とは個人個人の機に応じて化導すること、対治悉檀とは邪見を打破して善業を増長させること、第一義悉檀とは直接に仏法の第一義を説いて帰信させることである。日蓮は四悉檀をよくわきまえ、時にかなった方法で法華経をひろめねばならないとする。↓化導

【四十九日】　しじゅうくにち

人の死後、霊魂が中有《ちゅうう》（中陰《ちゅういん》）に迷っていまだ

転生しない期間が四十九日といわれ、死後第四十九日目に当たる日のことを中陰の満つる日、すなわち満中陰という。七七日・尽七日・忌明けともいわれる。この日には法事を行うのが通例。そのさい、霊前に供える「四十九日の餅」をつくる習慣がある地域もある。↓中陰・追善供養

【四条金吾】 しじょうきんご　?〜一二九六

四条金吾頼基は北条氏一門の江馬光時・親時の二代に仕えた至誠な性格の武人であった。妻日眼女ともども早くから日蓮に帰依し、竜口法難では殉死の覚悟で随従している。日蓮もまたたいへんその人となりを愛して、その子の月満御前《つきまろ》の名をも命名している。日蓮の遺文中、四条氏へのものは約四十篇にもおよび、代表的著作である『開目抄』をも託されている。建治三年（一二七七）頼基が讒言によって主君の勘気をこうむったさい、日蓮は頼基のために陳状一通を起草して江馬氏に提示させ、事態の好転を図った。頼基は医術にも明るく、晩年病気がちとなった身延の日蓮にしばしば薬を送っている。日蓮の葬送には幡を捧げ、晩年は内船（山梨県）の領地に隠棲し、身延に端場坊《はばのぼう》を創して日蓮の廟に服喪給仕した。永仁四年（一二九六）六十七歳で歿した。収玄院日頼と号す。↓竜口法難

【四帖抄】 しじょうしょう

慶林坊日隆《にちりゅう》著。四巻。永享元年（一四二九）の撰述と伝えられてきたが、現存の直筆本は永享六、七年以降の成立と考えられる。正式には、『法華天台両宗勝劣抄』という。本書は題名の示すとおり、天台教学と日蓮教学とのちがいを明らかにし、日蓮教学の独自性を主張したもの。全八章からなり、五十五項目をたてて、天台宗と日蓮宗の教義の相違を論じ、その結論において、題目受持（法華経に帰依し題目の功徳を信じること）によってのみ末代凡夫の成仏が可能であることを示す。↓日隆

【始成正覚】 しじょうしょうがく

「始めて正覚を成《じょう》ず」とよみ、インドに出現した生身の釈尊が菩提樹のもとではじめて悟りを開いたことをいう。これにたいし法華経の如来寿量品では、「我実に成仏してより已来《このかた》、無量無辺百千万億那由佗劫なり」と、実は無限の過去にすでに仏となっていたことを明らかにする。日蓮はこの久遠の釈尊を最勝の仏と定めて本尊と仰ぎ、法華経以前の教主、迹門の教主、涅槃経の教主などを始成正覚とみなした。↓久遠実成・本覚

【四条門流】 しじょうもんりゅう

肥後阿闍梨日像《にちぞう》（一二六九〜一三四二）の開創した京都妙顕寺《みょうけんじ》を本寺とし、これを中心として形成された門流。妙顕寺が当初所在した場所（四条櫛笥《しじょうくしげ》西頰《にしつら》）によりこの名がある。妙顕寺は新興勢力としての商工人層の帰依を集めて発展するいっぽう、公家武家の間にもその地位を確立していった。日像の晩年にあたる建武元年（一三三四）には日蓮宗最初の勅願寺となり、妙顕寺（四条門流）は南北朝期にはすでに洛中日蓮宗を二分する勢力の一方となった。教線も日像・大覚妙実《だいがくみょうじつ》の時代を中心として、洛中・近畿・北陸・西国へと拡張し、四条門流は妙顕寺を洛中の拠点として西国各地におよぶ一大法系となった。しかし、門流の本寺である妙顕寺が肥大するにつれて内部対立もたかまり分裂も起した。四条門流から分裂した門流・寺院には、妙覚寺《みょうがくじ》・本能寺《ほんのうじ》（日《にち》隆《りゅう》門流）・立本寺《りゅうほんじ》・本隆寺《ほんりゅうじ》（日真《にっしん》門流）などがある。↓大覚妙実・日像・日隆・日真・妙顕寺・妙覚寺・門流

【四聖六道】 ししょうろくどう

四聖六凡ともいう。あわせて十界のこと。四聖は仏・菩薩・縁覚・声聞をいい、六道は天上・人間・修羅・畜生・餓鬼・地獄をいう。六道は迷いの世界に属し、善悪の業に応じて輪廻転生する。いっぽう四聖は悟りの世界に属し、輪廻転生を超越した存在

である。しかし究極的な悟りは仏界だけであるから他の九界をすべて迷いの世界とすることもある。日蓮は十界を重んじ、十界のおのおのに十界を有する（十界互具《じっかいごぐ》）という天台教学の原理にもとづいて、題目受持による末法衆生の成仏の論理をうち出した。
→三悪道・十界互具・輪廻

【四信五品】ししんごほん

法華経を修行する行者の段階で、釈尊在世の弟子について四信（四つの体得段階）、滅後の弟子について五品（五種の品類）が説かれている。四信とは、①一念信解《いちねんしんげ》＝法華経如来寿量品の教えを聞いてわずかでも信心を起す位。②略解言趣《りゃくげごんしゅ》＝説かれた経意をほぼ理解する位。③広為他説《こういたせつ》＝自ら深く会得し進んで広く他人のために法を説き教示する位。④深信《じんしん》観成《かんじょう》＝深い信心に達し真理を観じて体得する位。五品は、①随喜品《ずいきほん》＝寿量品を聞いて喜びの心を起す位。②読誦品《どくじゅほん》＝さらに法華経を読誦し受持し、その経意を理解する位。③説法品《せっぽうぼん》＝さらに法華経を自ら

受持しその領解を他人のために説法する位。④兼《けん》行六度品《ぎょうろくどほん》＝法華経の信行を兼ねて六波羅蜜《ろくはらみつ》（大乗の菩薩が実践修行しなくてはならない六種の行）を実践する位。⑤正行六度品《しょうぎょうろくどほん》＝六波羅蜜を実践し寿量品の深い意味を体験する位をいう。→以信代慧

【自誓受戒】じせいじゅかい

自ら誓って戒を受けること。小乗仏教では師の前で受戒を誓う作法であったが、大乗仏教にいたると、仏前において仏を戒師として自ら誓願して菩薩戒を受けるようになった。最澄が比叡山に大乗戒壇建立を要請し、この自誓受戒の作法を記している。日蓮もまた本門法華の自誓受戒者であるが、本門戒壇建立を悲願とした。→戒・本門の戒壇

【四諦】したい

四つの聖なる真理。四《し》聖諦《しょうたい》ともいう。苦諦《くたい》・集《じっ》諦《たい》・滅諦《めったい》・道諦《どうたい》の四つ。苦諦とは、この世は苦であるという真理。集諦とは、苦は世の無常と人間の執

着によって生じるという真理。滅諦とは、執着を断つことが苦のない悟りの世界であるということ。道諦とは、滅諦にいたるためには、八つの正しい修行方法（八正道）によるべきだということ。↓行学二道

【四大菩薩】しだいぼさつ

法華経従地涌出品において、大地より出現した地《じ》涌《ゆ》の菩薩たちの上首である上行《じょうぎょう》・無辺行《むへんぎょう》・浄行《じょうぎょう》・安立行《あんりゅうぎょう》の四菩薩をいう。末法の濁悪の世に出現して法華経を流通すべき使命をもった菩薩で、本化《ほんげ》の四菩薩ともいう。法華経見宝塔品で釈尊は仏滅後の法華経布教を聴衆に勧募し、勧持品で聴衆は此土・他土での弘経を誓う。しかし涌出品で釈尊はこれらの願いを謝絶し、末法の弘経の使命をになった本化地涌の菩薩があることを明かし、そのとき大地より数多くの徳の高い菩薩が出現した。これらの菩薩はみな釈尊が教化してきた菩薩たちである。法華経弘経によって伊豆流罪・佐渡流罪などの迫害にあった日蓮は、次第に四大菩薩の上首の上行菩薩の再誕としての末法の法華経の行者の自覚を深めた。↓上行菩薩・本化〈迹化〉

【七面山】しちめんざん

山梨県南巨摩郡にあり、身延山の西方にあたる山。標高一九八二メートル。山腹一帯は早川町に属するが、山上は身延町の飛び地で、堂宇とともに久遠寺の所有。久遠寺からは、徒歩で約二〇キロメートルほどの道程である。頂上部に大崩崖があるところから日蓮は「なないた（七面）がれのたけ」とも言い表している。堂は敬慎院と称し、身延山の守護神七面天女をまつる。永仁五年（一二九七）九月十九日南部実長と日朗によってまつられたと伝え、この日をもって開創の日として大祭を行う。法華経修行者の守護神として信仰され、徳川家康の側室お万の方が女人禁制を解いたことは有名。山頂には池があって、そこには「池大神」「七つ池」などの伝説が伝えられている。山上の眺望はすばらしく、ご来光・雲海・富士山などの

景観は見事である。↓久遠寺・七面天女・養珠院お万の方

【七面天女《しちめんてんにょ》】

七面大明神、つぶさには末法惣鎮守七面大明神という。伝承によれば、身延の草庵からすこし登ったところに大きな石があり、日蓮がいつものようにそこで法を説いていると、妙齢の美女が熱心に聴聞していた。南部実長ら弟子・信徒がそれを不審に思うのを知った日蓮は、その女人を本来の竜の姿に身を変えさせた。ややあってまた人間の姿にかえった女人は「わたくしは七面山に住む七面天女です。身延山の鬼門をおさえてお山を守る法華経の護法神として、人々に心のやすらぎと満足とを与えましょう」と誓って、七面山へ飛び去っていった。実長らは不審をとき、のちに七面山に登り、七面天女をまつったという。その本地（本来の姿）については、吉祥天・法華経提婆達多品の竜女・普賢菩薩・八幡大菩薩・天照大神などの諸説がある。↓七面山・竜女成仏

【十界互具《じっかいごぐ》】

十界とは、迷いと悟りの世界を十に分けたもので、地獄界・餓鬼界・畜生界・修羅界・人界・天界（六道＝輪廻《りんね》転生《てんしょう》する迷いの世界）と、声聞界・縁覚界・菩薩界・仏界（四聖界＝悟りの世界）をいい、六道四聖とも六凡《ろくぼん》四《し》聖《しょう》ともいう。そして、地獄のなかにも仏があるというように、これらの十界のそれぞれに、他の九界がそなわっている。天台大師智顗がはじめて説いたもので、一念三千論の基本となる教理である。十界が互いに十界をそなえて百界、これに十如是を相乗して千如、これに三種世間（五陰・衆生・国土）を相乗して三千世間となり、この三千世間がわれらの一念にそなわっているとする。日蓮もこの一念三千論を智顗から受けついだが、智顗が十如是（ものごとはさまざまな姿・作用などをもつが結局は等しいということ）を中心としたのにたいし、日蓮は十界互具を一念三千論の根本におい

て成仏の原理とした。日蓮は、凡夫（人間）が仏界に至ることができるのは、人界に仏界がそなわっていてはじめて可能なことであると説く。↓一念三千・十如是

【実乗之一善】 じつじょうのいちぜん

実乗とは真実の一仏乗（あらゆる立場の人を救済する究極の仏法）を説く法華経のこと。一善とは、その法華経に帰依することである。実乗の一善に帰依する境界を日蓮は次のようにいう。「汝早く信仰の寸心を改めて、速に実乗の一善に帰せよ。然らば則ち三界は皆仏国也。仏国其れ衰えんや。十方は悉く宝土也。宝土何ぞ壊《やぶ》れんや。国に衰微なく、土に破壊《はえ》なくんば、身は是れ安全にして心は是れ禅定ならん。此の詞此の言信ずべく崇むべし」（立正安国論）。これはのちに『観心本尊抄』の四十五字法体として示される。↓一乗・娑婆即寂光

【実相寺】（岩本）じっそうじ

静岡県富士市岩本にある日蓮宗霊跡寺院（大本山）。岩本山と号し、もとは天台宗の寺院。久安年中（一一四五〜五〇）ころ、僧智印《ちいん》によって開創。比叡山五代座主智証大師《ちしょうだいし》円珍《えんちん》が唐より請来した一切経を所蔵する寺として日蓮の在世中著名であったという。日蓮は正嘉・正元年間（一二五七〜六〇）に続出した天変地夭の原因と対策を究明するため実相寺の経蔵に入り、『立正安国論』の構想をねったという。永禄年中（一五五八〜七〇）に武田信玄の兵火により諸堂を全焼したが、慶長年間（一五九六〜一六一五）に再興、また文久年間（一八六一〜六四）にも諸堂が整備された。現在は本堂・祖師堂・経蔵・方丈・庫裡・二王門などの伽藍を有する。↓立正安国論

【四天王】 してんのう

東西南北を守る仏教守護神。四大天王・護世四天

王ともいう。東に持国天王《じこくてんのう》、南に増長天王《ぞうちょうてんのう》、西に広目天王《こうもくてんのう》、北に毘沙門天王《びしゃもんてんのう》（多聞天）がそれぞれ須弥山の四面の中腹に住して守護している。法華経では序品や陀羅尼品にみえ、法華経守護の善神とされる。日蓮は四天王を法華経を守護する神として尊崇していた。このため日蓮の大曼荼羅本尊の四隅には必ず四天王の名が書かれている。↓諸天善神・大曼荼羅・毘沙門天

【自然譲与】 じねんじょうよ

妙法五字（妙法蓮華経）を受持すれば、釈尊の功徳がその人に自然に譲り与えられることをいう。日蓮著『観心本尊抄』に「釈尊の因行果徳《いんぎょうかとく》の二法（久遠の過去から積み重ねられた衆生救済の行いと仏としての徳）は妙法蓮華経の五字に具足す。我らこの五字を受持すれば、自然に彼の因果の功徳を譲り与えたまう」とある。自然とは「自《おのずか》ら然《しか》しむ」の意で、法華経を受持することがそのまま仏からの仏果の譲与であることを意味する。釈尊の因果の功徳を譲り与えられることにより受持者は釈尊と同じ功徳を有することになる。すなわち受持者と釈尊が同体となることで、これを成仏という。修行者は妙法五字を受持することによって、そのまま釈尊の功徳を受けて成仏するのである。これを受持即譲与という。↓因行果徳・受持・成仏

【慈悲】 じひ

仏・菩薩が衆生をあわれみ、苦を除き楽を与えようとする仏法の根本の心。法華経には慈悲・大慈悲の語句および慈愛・慈念・大悲など類似表現が多数あり、法華経全体が仏の慈悲の説法といえる。日蓮は自己の生涯を『諫暁八幡抄』に「只妙法蓮華経の七字五字を日本国の一切衆生の口に入れんとはげむ計り也。これ即ち母の赤子の口に乳を入れんとはげむ慈悲也」と慈悲の実践であったと述べている。

↓自行化他・菩薩行

【四仏知見】しぶっちけん

法華経方便品に「諸仏世尊は衆生をして仏知見を開かしめ、仏知見を示し、仏知見を悟らしめ、仏知見の道に入らしめんがために、世に出現した」と説かれる開示悟入《かいじごにゅう》の四仏知見のこと。仏知見とは仏の智慧。開は開発、示は顕示、悟は覚悟、入は証入の意。すなわち仏がこの世に出現されたのは一切衆生に仏の知慧を開き示すことによって、成仏させるためである。↓開会・成仏

【写経】しゃきょう

経典を筆写すること、あるいは筆写した経典のことをいう。大乗経典では写経の功徳を説き、とくに法華経では五つの修行法（五種法師《ごしゅほっし》）のなかに経典を書写する修行があげられている。わが国でも古くから追善や除災招福の利益があるなどとして写経が行われた。↓経力

【釈尊】しゃくそん

釈迦牟尼世尊《しゃかむにせそん》の略で、仏教の教祖釈迦牟尼仏のこと。釈迦は種族の名、牟尼は聖者の意、仏は仏陀の略で、真理を覚った者、すなわち釈迦族出身の聖者のこと。父は浄飯王《じょうぼんおう》、母は摩耶《まや》。姓は瞿曇《くどん》（ゴータマ）、名は悉達多《しっだった》。母が出産のため帰国する途中、ルンビニ園で誕生。ある日、城門から郊外に出て老人・病人・死者に会って人生には苦しみが満ちていることを認識し、ついで沙門（出家修行者）を見て自らも出家を決意し、十九歳（一説では二十九歳）の十二月、従者車匿《しゃのく》を伴って夜半ひそかに城を出た。沙門となった釈尊は解脱（苦しみの世界を脱して悟りに到達すること）の道を求めて賢者たちを尋ね、六年間の苦行生活を送ったが、苦行は心身の衰弱をもたらしたのみで解脱は得られなかった。釈尊は苦行を中止し、村娘スジャータの乳粥で体力を回復し、ついに伽耶《がや》城の近くの菩提樹の下に端坐思惟し、十二月八日未明に大悟した。成道後二十一日の間、解

脱の境地を楽しみ、この時の心境が天台大師智顗の五時八教説では華厳経に示されるとする。ついで梵天（インドの神）の請いによって悟りの法を衆生に説くべきことを決意し、鹿野園《ろくやおん》に赴いて、苦行をともにした五人の比丘に四諦《したい》・八正道《はっしょうどう》を説き、愛欲と苦行の二辺を離れて中道を行ずべきことを示した。これが小乗経典の阿含経であり、釈尊の初転法輪（初めて説いた法）である。その後、釈尊はインド各地に遊行し、説法したが、その行跡はつまびらかでない。竹林精舎《ちくりんしょうじゃ》や祇園《ぎおん》精舎を拠点として中インド地方を中心に布教したようである。釈尊は八十歳の年、病を感じて三月後に入寂すると告げ、クシナガラの城外で二本の沙羅樹のあいだに身を横たえ、夜半、弟子たちに最後の教えを示して入滅した。遺骸は荼毘《だび》に付され、八分されて各地に埋骨され塔が建てられた。仏の入滅は紀元前四八五年とする（前三八六年、前三八三年説もある）。日蓮は『周書異記』によって、紀元前一〇二九年四月八日誕生、前九四九年二月十五日入滅とし、自身の時代を仏滅後二千二百二十余年と記している。

　釈尊の教えは、滅後四月目に王舎城で結集され、阿難が経（教義）を、優波離が律（戒）を誦し、ここに経と律が制定された。五十年にわたって釈尊が実際に説法した教えは今日、小乗経典のなかのごく限られたものから類推しうるだけであるが、のちに成立した大乗の諸経典も釈尊の説法を伝えたものとされ、一口に八万法蔵といわれる多きに至った。そのなかから代表的な経典を選んで釈尊の説法を体系化したのが、智顗の五時八教説である。日蓮もこれを受けついで、釈尊一代の説法は、最終的には法華経によって完成されると見た。その法華経において、釈尊は歴史上実在した人物というだけでなく、永遠の過去から人々を救済しつづけてきた久遠実成の本仏であると示され、あらゆる仏菩薩はその分身であることが明かされる。

　日蓮が歴史上の釈尊の生涯で重視したのは、布教中に受けた迫害とその克服である。法華経の行者として第一に釈尊、次に智顗・最澄、それに自らを加えて三国四師《さんごくしし》と称した。そうして日蓮は歴史上の釈尊の生涯を追体験するいっぽう、法華経の教主久遠実成の本仏釈尊を本尊として仰ぎ、この本仏釈尊の慈悲によって、末法のわれら凡夫の成仏が可能になると示した。↓久遠実成・三国四師・本仏

【迹門】しゃくもん

法華経二十八品のうち、前半の十四品（序品から安楽行品まで）をいう。一切の法門は仏が衆生のために種々に身を現じて説いたものであるが、法華経はそれらすべてを統一する一仏乗の法門であること（開三顕一《かいさんけんいつ》）、どんな人でも仏になれること（二乗作仏）などを説く。日蓮は、この迹門の教えは後半十四品の本門で明かされる真実の教えによって迹門の成仏論も現実性をもつことになるとし、本門に立脚して法華経を受容したが、本門・迹門ともに釈尊の金言として受けとめた。↓開三顕一・二乗作仏・本門

【娑婆即寂光】しゃばそくじゃっこう

この世（娑婆世界）がすなわち浄土（常寂光土）であること。法華経の如来寿量品には、「衆生劫尽きて大火に焼かるると見る時も、我が此土は安穏にして、天人常に充満せり」とある。すなわち衆生にとってこの娑婆世界は火宅の三界ではあるが、仏から見れば天人の暮らす安穏な世界であるという。この経文に即して天台大師智顗は仏のあるところすなわち妙所とし、妙楽湛然《たんねん》は「娑婆即寂光」を明言する。日蓮は、当時流行していた法然浄土教の「厭離《おんり》穢土《えど》欣求《ごんぐ》浄土《じょうど》（この娑婆の穢土を厭い捨て、西方浄土に往生を願うこと）」のいわば娑婆無視の教えを真向から否定し、現実（娑婆）重視の立正安国を主張する。『立正安国論』末尾の「信仰の寸心を改めれば仏国となる」とあるのがそれである。死後よりも現実の娑婆に生きるわれわれの生き方の支柱となる理念である。↓霊山往詣

【沙弥】しゃみ

具足戒を受けず一人前になっていない七歳以上の男性の出家者をいう。釈迦が沙弥を設けた理由は、童子が具足戒を受けて僧団に入ったが、一日一食の戒に耐えられず夜泣きをしたので、二十歳以下の童子に具足戒を授けるべきでないと制したのによるという。女性は沙弥尼という。↓戒・出家

【舎利】しゃり

遺骨。特に仏や聖者の遺骨をいう。古代インドでは聖者の遺骨を埋葬し、塔を築いて供養する風習があり、歴史上の仏（釈尊）の舎利は八か国に分割されたという。真の仏舎利《ぶっしゃり》は形が丸く、きわめて固いものとされ、それがないときには、金・銀・瑠璃《るり》・瑪瑙《めのう》・水晶あるいは清浄な砂石をもって代用にすることが古くから認められていた。転じて、米粒が仏舎利に似ていることから、俗にそれを「舎利」と称する。また今日、死者の霊前に供える飯を丸く盛るのは、舎利の塔を築くことに通じる。↓塔婆

【宗学】しゅうがく

一宗における教義学。日蓮宗においては、宗祖日蓮の教義を研究すること。あるいは広く一宗の歴史的研究などをも含めていう場合もある。たんに客観的な考証ではなく、信仰に裏づけられた学問研究で、つねに信仰的主体性が必要とされる。客観性を付与するためには文献学的研究・歴史学的研究などの研究成果に立脚し、歴史的事実にもとづいて研究が進められるが、問題意識と課題の追究はあくまで信仰者の主体性によるもので、信のない仏教研究は宗学とはならない。仏教は信仰的アプローチによってはじめて生命の息吹をもつ。信仰的仏教研究は宗派の特殊な信仰意識を通して可能となり、宗派におけるそのような信仰の特殊性が宗学の基盤となるのである。その特殊性の普遍化が宗学を学として位置づけるのであり、それは主観的信仰世界を主体性を保持しながら客観化せしめることを意味している。↓行

【充洽園】じゅうごうえん

幕末の宗学者優陀那《うだな》院日輝《にちき》（一八〇〇～五九）が天保四年（一八三三）、加賀（石川県）金沢の立像寺《りゅうぞうじ》内に次代の教団を担う人材育成を目的として、全国から彼の学徳を慕って集まる若き学徒のために設立した学舎。法華経薬草喩品から名を取る。日輝の膝下にあった学徒が、のちの明治維新動乱期に活躍して、近代日蓮宗の基をつくった。↓新居日薩・日輝

【宗旨】しゅうし

一宗建立の趣旨。一宗の根本教義。日蓮宗では法華経による末法悪世の衆生救済の必然性を説いた五義《ごぎ》、信仰の対象と仏道実践のありかたを示した三秘《さんぴ》が基本。五義とは教（妙法五字）・機（謗法逆機）・時（末法の初）・国（日本国）・師（本化地涌の菩薩）をいい、三秘とは三大秘法の略称で、本門の本尊・本門の題目・本門の戒壇をいう。↓五義・三大秘法・宗学

【修徒】しゅうと

修行中の人・弟子・門下生。寺に寄住している修行者をいう。日蓮宗の宗規宗制では、僧階（僧侶の位）に叙任された者を教師といい、教師のなかで寺院の住職・教会の担任、結社の教導でない者を修徒と呼称する。修徒は師僧の寺院に僧籍をおき、布教にたずさわると定められ、一般には非住職教師がこれにあたる。↓僧階

【十二因縁】じゅうにいんねん

生存のありさまを十二項の因果の関係で説くもの。釈尊は人間の苦しみ、悩みがいかにして成立するかということを考察し、その原因を追求してこの十二項を立てたという。①無明（無知）、②行（潜在的形成力）、③識（識別作用）、④名色（名称と形態・精神と物質・心身）、⑤六処（心作用の成立する六つ

の場＝眼・耳・鼻・舌・身・意)、⑥触(感覚器官と対象の接触)、⑦受(感受作用)、⑧愛(盲目的衝動・妄執・渇きにとらえられるもの)、⑨取(執着)、⑩有(生存)、⑪生(生れること)、⑫老死(無常なすがた)の十二で①から②へ生じた順にたどって生死輪廻の相を見るのを順観といい、老死がなければ生もないと見るのを逆観という。この十二因縁は四諦《したい》・六波羅蜜《ろくはらみつ》などとともに仏教教義の根本であるが、法華経序品・常不軽菩薩品では四諦を声聞《しょうもん》、六波羅蜜を菩薩にたいする説法とするにたいし、十二因縁は自分ひとりで修行する縁覚にたいする説としている。↓縁起

【十如是】じゅうにょぜ

法華経方便品に「唯仏と仏とのみすなわち能《よ》く諸法の実相を究尽したまえり。所謂、諸法の如是相・如是性・如是体・如是力・如是作・如是因・如是縁・如是果・如是報・如是本末究竟等なり」と説かれる法華経の特色ある法門の一つを天台大師智顗が十如是、または略して十如と称した。すべての存在(諸法)のありのままのすがた(実相)には十種の範疇があるということである。相とは外面の形相、性とは内面の本性、体とは相や性を統一する主体、力とは体が備える潜在的能力、作は力が外界に現れて動作となったもの、因とは原因、縁とは因を補助する間接原因、果とは因と縁から生じた結果、報とは因果によって生じる報果、本末究竟等とは相から報までの原理は一貫しており、その帰結するところは同一であるということ。天台大師智顗はこの十如是を基として十界互具《じっかいごぐ》・百界千如《ひゃっかいせんにょ》・一念三千《いちねんさんぜん》の教理を立て、これを究極の説とした。↓一念三千・十界互具・諸法実相

【十羅刹女】じゅうらせつにょ

法華経陀羅尼品に出てくる羅刹女(鬼神)のこと。藍婆《らんば》・毘藍婆《びらんば》・曲歯《こくし》・華歯《けし》・黒歯《こくし》・多髪《たほつ》・無厭足《むえんぞく》・持瓔珞《じようらく》・皐諦《こうたい》・奪一切衆生精気《だついっさいしゅじょうしょうけ》の十種をいう。これらの鬼神は、鬼子母神《きしもじん》とその子および眷属ととも

に、法華経守護の善神である。十羅刹女に対する信仰は鎌倉時代には流布しなかったが、日蓮はこれを鬼子母神とあわせ、法華経守護の善神として尊崇した。↓鬼子母神・諸天善神

【宗論】 しゅうろん

教義上の優劣・真偽についての宗派対宗派の論争。日蓮は『立正安国論』を鎌倉幕府に提出して以来、公の場において他宗派と対決し、いっきに法華仏教をひろめようとした。以後、宗論は日蓮宗の宗風として門下に受けつがれ、宗論の勝利によって教団の勢力を倍増したが、逆に宗論が原因となり権力者によって、しばしば危機的状況に追いこまれた。↓安土宗論・永享法難

【受持】 じゅじ

仏の教えを受け持《たも》つこと。竜樹の『大智度論』には「信力の故に受け念力の故に持つ」とある。日蓮は『観心本尊抄』に「(釈尊の因行と果徳は)妙法蓮華経の五字に具足す。我らこの五字を受持すれば自然に彼の因果の功徳を譲り与えたまう」と述べ、妙法五字を受持すれば釈尊の功徳が自然《じねん》に譲与されるとして、唱題の意義を明かしている。妙法五字の受持は身口意の三業にわたる。身業《しんごう》受持は法華経の色読、口業《くごう》受持は題目の口唱、意業《いごう》受持は法華経の信心である。心に信を堅く持ち、口に題目を唱え、釈尊世界(立正安国)の実現に努めるという三つが一つとなったところに妙法五字の受持がある。↓三業・持経者・自然譲与・唱題

【数珠】 じゅず

仏法僧の三宝を念じるための法具。普通は百八個が基本。日蓮宗では母珠《ぼじゅ》の所に二本、緒止《おどめ》の所に三本、珠と房のついた形状のものを用いる。持ちかたは勧請・唱題・回向のさいは右中指に母珠を左中指に緒止をかけ、ひとよりして輪

が十文字となるようにし、その他のときは二連輪状にして左手親指と人差指の間にかける。↓勤行

【首題】 しゅだい

一般には経典や論著などの題名のことで題目ともいうが、日蓮宗では南無妙法蓮華経の五字七字を指す。妙法五字（妙法蓮華経）はたんなる経典名ではなく、久遠実成の釈尊の徳がそなわったもの、妙法七字（南無妙法蓮華経）は妙法五字受持の唱題をいい、久遠釈尊への絶対帰依を意味する。教法の五字と信行の七字は相即するゆえに妙法五字七字と表現する。↓唱題・題目

【出家】 しゅっけ

捨家ともいう。僧侶の通称として用いることもある。家を捨てて在俗の生活から離れ、専心に仏道を修行することをいうが、日蓮は仏法によって仏となることをめざす者が出家であると、より精神的なものとして規定している。↓在家・僧侶

【修法】 しゅほう

祈禱の法を修すること。仏の加護を祈る加持と同意。日蓮宗では「如来秘密神通之力《にょらいひみつじんずうしりき》」の法華経の祈禱法を修し、一天四海皆帰妙法（世界中に法華経が広まること）の大願を祈り、法華経の経力によって現世《げんぜ》安穏《あんのん》・後生《ごしょう》善処《ぜんしょ》の所願満足を念じる。加行所でこの修法を相伝している。↓荒行・加持・現世利益

【順縁・逆縁】 じゅんえん・ぎゃくえん

仏道に入る二種の縁のありかたをいう。順縁とは、教えに触れることによって素直に感受し、信順すること。逆縁とは、悪事あるいは仏に反抗し、仏法をそしることがかえって仏道に入る因縁となること。日蓮は法華経をすなおに受持する者を順縁とし、弘経活動を妨げたり謗法《ほうぼう》行為を行う者を逆縁とみなし、逆縁の者を法華経によって救済するところに日蓮の宗教の特質がある。↓逆縁下種

【正行・助行】しょうぎょう・じょぎょう

正行とは成仏の大因となる中心的な行、助行とはそれを助ける行のこと。日蓮宗では唱題《しょうだい》を正行、読経・誦経・解説《げせつ》・書写などを助行とする。日蓮は、釈尊は末代の幼稚で機根のおとった衆生に「南無妙法蓮華経」の題目のなかに仏のすべての功徳を込めて与えたとみる。このため日蓮宗では題目を唱えることを正行とする。↓唱題行・成仏

【上行菩薩】じょうぎょうぼさつ

法華経従地涌出品に、末法《まっぽう》の濁悪《じょくあく》の世に法華経を弘通すべき使命を受けて地涌《じゅ》の菩薩《ぼさつ》たちが出現するとあり、上行菩薩はその最上首にあたる。日蓮はとりわけ上行菩薩を尊重し、自身の宗教体験と経文の説示とが符合することから、上行菩薩の再誕としての自覚を深めていった。↓四大菩薩・法華経の行者・菩薩・本化〈迹化〉

【上求菩提下化衆生】じょうぐぼだいげけしゅじょう

上求菩提とは、上に向って菩提（仏になること）を求めること。下化衆生とは、下に向って衆生を成仏の道に導くこと。つまり、菩薩（大乗仏教の修行者）の大道心の内容が、この上求菩提下化衆生の語に代表される。しかし、原始仏教の菩薩には化他（他者の教化）の精神は見られず、中国・日本で大乗仏教の菩薩に自行化他の大道心の内容が定着した。日蓮の衆生救済と仏国土実現をめざしての題目弘通の実践は上求下化の菩薩行であった。↓自行化他・四弘誓願

【摂受・折伏】しょうじゅ・しゃくぶく

摂受とは摂引容受のことで、緩やかに他者の長所を育成して行おうとする教化の方法。折伏とは破折調伏のことで、厳しく仏教信受のありようを追求して、それに相違する信受のしかたについて激しく論難して、正義をあらわそうとする教化の方法。日蓮

は摂受と折伏の布教方法が時代・機根などに立脚することを強く主張し、正法が正しく伝えられる時代や世俗的な悪にたいしては摂受でもよいが、正法をそしる悪に満ちあふれた末法には折伏にかぎるのであり、摂受ではかえってその効果は期待できないとし、法華経の行者として多くの迫害にもひるむことなく、厳しい弘経態度を貫いた。しかし日蓮の折伏は、単に相手の非をせめることではなく、念仏・禅などの信者をも含めたすべての人々を正法法華経の正しい信仰に導き入れようとする慈悲の行動である。

↓化導・布教

【常修院本尊聖教事《じょうしゅういんほんぞんしょうぎょうのこと》】

富木日常《ときにちじょう》が、永仁七年（一二九九）三月六日付で作成した、法華経寺に後世永く伝えるべき本尊・経典・仏教書・日蓮遺文（真筆・写本）などを記録した目録。日蓮滅後まもないころの日蓮宗寺院のようす、また真筆を中心とした日蓮遺文がどのように伝えられてきたのかを明らかにする貴重な資料。↓富木日常・法華経寺

【唱題《しょうだい》】

「南無妙法蓮華経」と唱えること。日蓮著『観心本尊抄』に「釈尊の因行果徳の二法（釈尊の修行と仏としての徳）は妙法蓮華経の五字に具足す。我等この五字を受持すれば自然に彼の因果の功徳を譲り与えたまう」とあり、日蓮は唱題を「事行《じぎょう》の南無妙法蓮華経」「事一念三千《じいちねんさんぜん》」と表現した。「事行」とは釈尊世界の実現、「事一念三千」とは釈尊による救いの成就を意味し、唱題は釈尊の全体を信心受領し、釈尊世界に生きることである。したがって、たんに題目を口唱することではなく、題目を心から信じ、題目を身に行ずることがなければ真の唱題とはならない。題目受持は全身全霊をかけて法華経の信に生きることを意味し、日蓮が生涯を捧げた立正安国も唱題と同意といえる。「南無妙法蓮華経」は釈尊因果の受持であるゆえに、受持者は釈尊の功徳を自然に譲り受ける。釈尊功徳の受得は受持者が釈尊と同

体となることで、ここに成仏が実現する。↓唱題・題目

【唱題行《しょうだいぎょう》】

「南無妙法蓮華経」の唱題を専ら修する行法を唱題行というが、近年では題目を唱え続ける修行法が提唱され、一般に定着した。日蓮宗の修行の一つとして提唱されている唱題行の作法は次の通りである。①礼拝（伏拝して仏の御足を頂戴する）、②道場観（如来神力品の即是道場の文を唱える）、③本門三帰（「南無久遠実成本師釈迦牟尼仏、南無平等大慧一乗妙法蓮華経、南無本化上行高祖日蓮大菩薩」と三宝帰依の文を唱える）、④浄心行（法界定印を結び心を統一する）、⑤正唱行（合掌して題目を信唱する）、⑥深信行（法界定印を結び心を調え妙益を念ずる）、⑦祈願行（一切衆生の利益を祈る）、⑧四弘誓願（衆生利益のために仏道を成ずという誓いの文を唱える）、⑨受持（「今身より仏身にいたるまで、よく持《たも》ち奉る。南無妙法蓮華経」と生々世々にわたる題目受持を誓う）、⑩礼拝（静かに伏拝して唱題行を結ぶ）。↓唱題・題目

【祥月命日《しょうつきめいにち》】

人の死後、その死亡した月日をいう。年ごとにめぐるこの日には、仏壇を浄めて精進料理や故人の好物などを供え、墓参りをする人が多い。なお「祥月」は「征月」とも書くが、征は「行く」「旅立つ」の意。よって征月命日を「立ち日」という地域もある。↓忌日・年回忌・命日

【成仏《じょうぶつ》】

仏に成ること。迷いを離れ真理を悟ること。仏教の究極目的である。釈尊は一切衆生を自分と同じく真理を悟った仏とするためにこの世に出現した。法華経如来寿量品には「毎《つね》に自ら是の念を作《な》す。何を以てか衆生をして無上道に入り、速かに仏身を成就することを得せしめんと」と、衆生成仏が仏の悲願であると説かれている。日蓮は、釈尊の全功徳は妙

法五字（妙法蓮華経）にそなわっているゆえに、妙法五字を受持すれば釈尊の功徳を自然に譲与されるとして、五字受持による成仏を論じた。法華経の信心を堅持し、法華経を身に体し、釈尊の功徳が集約された妙法五字を唱えることによって、修行者はもとより全世界の成仏が実現するのである。五字受持者の成仏は、即身成仏（現世安穏《げんぜあんのん》）・霊山往詣《りょうぜんおうけい》（後《ご》生善処《しょうぜんしょ》）であり、全世界の成仏（国土成仏）は日蓮がその実現に生涯を捧げた立正安国である。↓現世安穏後生善処・即身成仏・仏種・霊山往詣

【正法】　しょうぼう

①正しい法。真実の教え。日蓮の教義においては、釈尊の出世の本懐（この世に出現した本当の目的）である法華経をいう。日蓮は、釈尊の経説はすべて真実であり、その真実の言葉をすなおに拝すれば法華経こそ釈尊の最勝の教えであるとした。そして正法である法華経の世界を実現することが本師釈尊の本懐であるとし、日蓮は生涯を法華経の弘通に努めた。②正法時。仏教における仏滅後の時代区分。仏滅後の法の流布を正法時・像法時・末法時の三時に区分するなかの最初の時代をいう。正法時は仏滅後千年間で、初めの五百年間を解脱堅固《げだつけんご》、後の五百年間を禅定堅固《ぜんじょうけんご》とする。釈尊の教えが正しく行われる時代とされる。↓本門・末法

【声明】　しょうみょう

本来の意味はインドのバラモン僧が修する実践的学問の一つである音韻学のこと。転じて仏教の儀式音楽のことを指すようになった。日蓮宗の声明は天台宗の音律の流れをくむものといわれ、道場偈《どうじょうげ》・三《さん》宝礼《ぼうらい》・切散華《きりさんげ》・呪讃《しゅさん》・対揚《たいよう》・三帰《さんき》・奉送《ぶそう》の七種の唄を通常の儀式で用いる。このうち呪讃はサンスクリット語、他の六種は漢文に音律を付して誦するもの。↓勤行

【精霊】　しょうりょう

人間のたましい、ものの精のこと。また、死者の

霊魂をいう。盂蘭盆会《うらぼんえ》に精霊棚《しょうりょうだな》をまつってむかえ、精霊流《しょうりょうながし》などによって送り帰す精霊は、特定の個人の霊魂ではなく、それらを含むその家の先祖の霊魂である。↓盂蘭盆会・先祖供養

【昭和定本日蓮聖人遺文】《しょうわていほんにちれんしょうにんいぶん》

立正大学宗学研究所（日蓮教学研究所）が開宗七百年記念事業として編纂し、身延久遠寺より昭和二十七～三十四年に刊行された。全四巻。明治三十七年（一九〇四）刊行の『日蓮聖人御遺文』（縮遺）を底本に、新発見遺文を加えた七百八十篇を真筆・古写本と対照校合し、著作年代・真偽を考証して編年体に配列している。『日蓮聖人御遺文』にかわり、日蓮研究の基本的遺文集になっている。↓遺文

【諸天善神】《しょてんぜんじん》

仏法を守護する天上界の神々のこと。一般的には「守護神」と呼ばれる。法華経には、法華経を信じ、これを世にひろめようとすると、いろいろな障害があるが、諸天善神がかならず法華経の弘教者を守護するであろうと説く。したがって日蓮宗では、とくに法華経の行者を守護する善神をいう。日蓮は遺文のなかで十羅刹女・鬼子母神・梵天・帝釈天・日天・月天・四天王・天照大神・八幡大菩薩など多くの神名を挙げる。そしてそのことごとくの本地（本来の姿）は教主釈尊であるとする。↓鬼子母神・三十番神・七面天女・四天王・十羅刹女・神天上法門・帝釈天・毘沙門天

【諸法実相】《しょほうじっそう》

諸法とはすべての存在、実相とは真実のすがたのこと。法華経方便品では諸法が十如是《じゅうにょぜ》（相・性・体・力・作・因・縁・果・報・本末究竟等）の仕組みで働いているものとする。すべての存在を空《くう》の思想に立った考え方でうけとり、にもかかわらず仮のものとして現実をうけとめ、さらにそれらを中道つまり偏りのない認識でみることである。こうした思想は天台大師智顗によって提唱された円融三諦論《えんゆうさんだいろん》と

してまとめられたが、さらに日蓮によって一念三千即妙法五字の法門へと高められていった。↓一念三千・十如是

【信心】 しんじん

疑念なく仏の教えを受け容れ、仏の御意《みこころ》に随順する心。法華経譬喩品には「以信得入」（信を以て入ることを得たり）とあるように仏の教えに入る根本である。日蓮は『法華題目鈔』に「夫《そ》れ仏道に入る根本は信をもて本とす。五十二位の中には十信を本とす。十信の位には信心初也」と述べるなど、信心を仏道修行の根本とした。日蓮にとって信心とは、釈尊が法華経に示された信心をすなおに受領することである。法華経の要請する信に生きるには、法華経の説示にしたがい釈尊の意思を実現していかねばならない。日蓮は、釈尊の意思を信心受領することは妙法五字（妙法蓮華経）受持の唱題であり、それはすなわち立正安国の実現にほかならないとした。↓信心為本

【信心為本】 しんじんいほん

仏道修行の根本は信心にあることを示す語。日蓮述『法華題目鈔』に「仏道に入る根本は信をもて本とす」とある。日蓮は仏教の根本は信心にあるとし、われわれが成仏するかしないかはただ信心によって決まるとした。とくに末法悪世の衆生は劣悪幼稚のため、もっぱら信心によって仏の功徳を受けることが肝要であるとした。↓自然譲与・信心

【身池対論】 しんちたいろん

法華経末信者である国主の供養をめぐって、受不《じゅふ》施《せ》を主張する身延久遠寺と不受不施《ふじゅふせ》を主張する池上本門寺とが対立し、寛永七年（一六三〇）二月二十一日、幕府は身延・池上の両者を江戸城に召喚し対論させた。身延側は日蓮在世の不受不施形成途上からあるいは制し、あるいは猶予されている点を重視し、池上側は不受不施は確定したものと主張したが、不受不施を国主なるがゆえに除外するという身延側

の立場は不利であった。しかし同年四月二日、幕府はこの対論を決裁し、先年家康が不受不施を禁止した裁きに違背したという政治的理由から池上側を敗者とし、池上側の六名は流罪となった。また、不受不施派の指導者として大きな影響を与えた日奥《にちおう》も、死後にもかかわらず再度の対馬流罪となった。身延側は不受不施派の拠点であった池上本門寺・京都妙覚寺などを支配下におさめ、これ以後不受不施派にたいする幕府の弾圧が強化されていった。↓日奥・日蓮宗不受不施派・不受不施

【真迢】 しんちょう　一五九六～一六五九

日蓮宗を脱宗した近世前期の天台僧。京都の人で妙蓮寺で出家。関東の飯高・中村檀林、さらに勝劣派の沼田・宮谷《みやさく》檀林に学ぶ。円韓のち日迢《にっちょう》と称した。三十七歳で京都本山妙蓮寺の貫主となったが、寛永十二年（一六三五）天台宗に転じ、真迢と改めて『破邪顕正記』『禁断日蓮義』を述作、刊行し、日蓮宗義を批判、罵倒した。脱宗後は坂本西教寺に入寺し、のち醍醐に隠栖した。↓妙蓮寺

【神天上法門】 しんてんじょうほうもん

禅・念仏などの諸宗および真言の邪法が法華の正法を覆い隠したので、諸天善神は天にのぼって国の守護を放棄するという善神捨国思想のこと。神法門ともいう。典拠は『立正安国論』の「世皆正に背き、人悉く悪に帰す。故に善神国を捨て相去り、聖人所を辞して還らず」の文。↓諸天善神

【信徒】 しんと

信者の意。日蓮宗では「本宗の教義を信行し、本宗及び帰仰する寺院、教会または結社の維持を助け、信徒名簿に記載された者を信徒という」と信徒を規定している。↓檀家

【真読・訓読】 しんどく・くんどく

真読とは、経文の読誦において漢文を棒読み（音読）すること。訓読とは、それを読み下して読むこ

と。経文の読誦には、各宗とも音読を用いているが、日蓮宗では幕末のころ優陀那院日輝《うだないんにちき》が訓読を首唱し、明治十三年（一八八〇）新居日薩《あらいにっさつ》が訓点つきの大教院版『妙法蓮華経』八巻を刊行し、訓読の普及につとめた結果、各種の法要において訓読による読誦が盛んとなった。↓新居日薩・経・日輝

【信力】しんりき

　仏道修行者の信ずる力をいう。法力《ほうりき》（経力《きょうりき》）・仏力《ぶつりき》とともに「三力《さんりき》」の一つ。日蓮が主張した「信」とは、久遠の釈尊による衆生救済の悲願と、そのことを説き示した法華経にたいし主体的に絶対随順すること。つまり法華経の大きな救済力を信じ、久遠の釈尊の無辺なる大慈悲の力にすがって、妙法五字《みょうほうごじ》（題目）を受持信行していく力をいう。↓経力・信心為本・仏力

す

【随自意・随他意】ずいじい・ずいたい

　仏の教えは大きく分けて随自意と随他意とがある。仏が自らの意のままに真実の悟りの内容を説くことを随自意といい、相手の能力にしたがって説く方便の教えを随他意という。日蓮は法華経以外の華厳経・大日経・阿弥陀経などの諸大乗経を、すべて随他意、方便の教えとし、法華経だけが釈尊の出世の本懐を説き尽くした随自意、真実の教えとする。また久遠実成を説かない法華経迹門も随他意とされる。↓権実

せ

【清澄寺】（小湊）せいちょうじ

　千葉県天津小湊町にある日蓮宗霊跡寺院（大本山）。日蓮が出家、立教開宗した寺。宝亀二年（七七一）不思議法師の創建と伝え、円仁《えんにん》（七九四〜八六四）が再興した。日蓮在世のころは比叡山横川《よかわ》系

の流れをくむ天台宗の寺院。日蓮は十二歳で同寺に登り、十六歳で出家し、師道善房《どうぜんぼう》に浄土教を学ぶなど、若き日を同寺にあって修学した。鎌倉・京畿遊学ののち、建長五年（一二五三）四月二十八日には、同寺で法華信仰の弘通を開始する。ために日蓮は追放され、文永三年（一二六六）ここで『法華題目抄』を著すが、その後、同寺には足をふみいれていない。清澄寺は日蓮の滅後七十年ごろ、天台宗から真言宗に転じ、さらに近世に入って新義真言宗智山派に所属した。しかし、同寺は日蓮が出家し、立教開宗するなど日蓮との深い関係から、昭和二十四年新義真言宗から日蓮宗に帰属した。四月二十七・八日には、立教開宗法要が盛大に営まれる。↓道善房・立教開宗

【施餓鬼会】 せがきえ

盆行事の一つとして行われる法会で、餓鬼道に堕ちて飢渇に苦しむ者に飯食を施すという意味をもつ。その典拠は焔口餓鬼陀羅尼経の説による。すなわち餓鬼のなかに生れることより逃れるにはどうしたらよいかという阿難《あなん》の問いにたいして、焔口餓鬼は無数の餓鬼や多くの婆羅門仙らに飲食の施しをすることだといい、これを聞いた阿難は、釈尊に教えを乞うたところ、釈尊は施餓鬼の法を説いたという。施餓鬼会は、普通、棚経《たなぎょう》が終ったころに寺院で行われる。寺の本堂に施餓鬼壇をつくり、壇の中央には、飯を鉢にうず高く盛り、その前に浄水をたたえた鉢を配し、生花をたむける。また「水向供養」と記した塔婆供養も行われる。これらは悪所に堕ちて、飢えと渇きに苦しんでいる精霊にたいし、施し供養するという意味をもつ。↓盂蘭盆会

【節分追儺式】 せつぶんついなしき

立春の前日に行われる「鬼はらい」の行事。節分会ともいい、一般には豆まきと称される。追儺とは「鬼やらい」つまり人々を苦しめる悪鬼を追い払うことであり、福の神など幸せをもたらすものを招き入れる儀式でもある。豆を投げて悪鬼を追うのは、

室町時代に始まったといわれる。豆は魔目・魔滅と音が似ていることから、豆を投げつけて鬼の目をつぶし、魔を滅することができると考えられたからともいわれている。↓加持・息災延命

【善悪】ぜんあく

善悪には一般世間的で道徳的な善悪と、宗教的(出世間的《しゅっせけんてき》)善悪とがあるが、日蓮においては結局は法華経の教えに信順することが最高の善であり、法華経に違背することが最大の悪とされる。日蓮は『開目抄』に「善につけ悪につけ法華経の教えを捨棄してしまうことは地獄の業となる」と述べており、法華経に信順するか違背するかによって生じる善悪が、一般的な善悪の概念を超越していることがわかる。さらに仏法においても『千日尼御前御返事』に「弥陀念仏を唱える小善にふけって、かえって法華経信仰の大善を失ってしまう」と述べ、他仏他経を信仰することは善ではあるが、釈尊の本意である法華経信仰の大善を失うこととなるから、それは世間

的悪よりいっそう重い大悪となるといましめている。日蓮は道徳上の善を勧め悪を懲《こ》らしたことはいうまでもないが、法華経に帰依し題目を唱えることが唯一絶対の善であり、それに背くこと(謗法《ほうぼう》)こそが最大の悪とみたのである。↓謗法

【撰時抄】せんじしょう

日蓮が身延入山の翌年に著した書物で、日蓮遺文の五大部の一。「撰時」とは、仏法を修行して成仏をめざすには、まず自分がいかなる時代に生きているかという「時」を認識する必要を説くもの。仏教的時代認識では、今の時代は人間の気質・能力が極端に衰える末法に入ったとされるが、この時代にこそ法華経を信じることによって真実の救いがもたらされる「撰《えら》ばれた時」とも解釈される。本書は日蓮の晩年の著述であるだけに、たびかさなる法難にあった半生を振りかえり、自らを釈尊直系の弟子と認識するに至った経緯が記されており、「釈子日蓮」と明確に署名されている。↓五大部・末法

【先祖供養】せんぞくよう

初代以後、現存の人に至るまでの霊を弔うこと。葬式や年回法要またお盆・彼岸には各家の先祖の精霊の供養が行われる。先祖は家の守護者であり、またわが国は家を機軸とした社会形態から先祖にたいする信仰があつい。寺院では祖先崇拝を中核とした盂蘭盆会《うらぼんえ》・施餓鬼会《せがきえ》・春秋の彼岸会《ひがんえ》の行事が行われる。→盂蘭盆会・施餓鬼会・追善供養・彼岸会

【千部会】せんぶえ

祈願・追善・報恩などのために一千部の経典を読誦する法会。法華経を読誦する法華千部会がその代表的なもの。日蓮宗では日蓮百五十遠忌の永享三年（一四三一）に京都本圀（国）寺で修したのが初見。近世に入り、身延久遠寺・池上本門寺・中山法華経寺などの諸寺において厳修され、年中行事となって、「永代千部《えいたいせんぶ》」と呼ばれるようになった。→追善供養

そ

【増円妙道】ぞうえんみょうどう

天台大師智顗の『法華玄義』のなかの言葉で、「円妙の道を増す」と読む。円妙の道とは仏になる道で法華経のこと。智顗は、法華経は「仏の境界を極め、法界の信を起し、円妙の道を増す」という。日蓮は『三世諸仏総勘文教相廃立』に「増円妙道とは自行（自分の修行）と化他（他人の教化）の二は相即円融の法なれば……一生の中に仏に成るべしと慶喜の念を増すなり」と説き、法華修行の功徳は円妙の道、成仏の大道であることを強調している。→自行化他・成仏

【僧階】そうかい

僧侶の位階のこと。古くは徳の高い僧に対して朝廷が与え、近代以前においては官位に等しいものとされたが、明治時代には神仏各宗派内で称号僧階を認定することが許された。日蓮宗では明治二十九年

（一八九六）「日蓮宗宗規」が内務大臣より許可され、教師および教師試補の称号等級が規定された。これは大正九年（一九二〇）、昭和八年の改正をへて昭和二十年まで引きつがれた。戦後は何度かの制度改正をへて現在にいたっている。現行の僧階は、大僧正・権大僧正・僧正・権僧正・大僧都・権大僧都・僧都・権僧都・大講師・権大講師・講師・准講師の十二級である。日蓮宗僧侶の場合、出家得度したのち度牒《どちょう》の交附をうけて僧籍に登録されて沙弥《しゃみ》となり、所定の修行（身延山における三十五日間の修行）を修了し、学歴に準じて相当の僧階が授けられる。僧階を授けられた僧を教師と称する。↓沙弥・僧侶・度牒

【創価学会】 そうかがっかい

日蓮の直弟である日興《にっこう》を開祖とする日蓮正宗の信徒組織の一つであるが、単立の宗教法人として存在する在家教団。昭和五年、牧口常三郎《まきぐちつねさぶろう》と戸田城聖《とだじょうせい》によって設立された「創価教育学会」を母体とする。

人生の目的は価値の創造と幸福の追求にあるという牧口の唱えた価値論と、日蓮正宗教学とを結びつけ広まった。昭和二十一年に「創価学会」と名を改め、戸田が第二代会長に就任した二十六年より折伏大《しゃくぶくだい》行進《こうしん》と称する活動により教勢を拡大した。三十五年に池田大作が第三代会長に就任し、日蓮が説いた「王仏冥合《おうぶつみょうごう》」を世法（政治その他）と仏法の一体化であると解釈して政界へ進出し、さらに文化・教育・経済の各面に組織的に進出していった。日蓮が図顕したという板曼荼羅《いたまんだら》を本尊とし、これを安置する場所を国立戒壇《こくりつかいだん》とするが、四十七年に完成した富士大石寺《たいせきじ》の正本堂をこれにあてている。↓日蓮正宗

【草山集】 そうざんしゅう

江戸時代初期の日蓮宗の代表的学僧である草山元政（一六二三〜六八）の著。全三十巻。元政は京都深草で法華律（法華経行者としての規範）を定めて宗風を刷新したが、いっぽう、文人・詩人として知られ、『草山集』には教学諸論のほかに多くの詩

文・随筆が収録されている。『草山集』は宗学史研究の資料としてだけでなく、文学史上の価値も高い。
↓元政

【葬式】そうしき

死者をほうむる儀式で、葬儀・葬儀式・葬斂《れん》式ともいう。今日、日本では土葬にかわって火葬が主流だが、インドでは水葬・火葬・土葬・鳥葬が行われていたことが、『釈氏要覧』（宋・道誠集）の記述よりうかがえる。また仏教経典よりみると、浄飯王般若涅槃経に「同族の人集り香汁にて王身を洗浴し、布帛を身に纏い棺に収め、別に師子座を設けて之を安置し、散華・焼香をなす。（中略）仏は手に香炉を執って喪前に進み出で、葬所に引導せられ、仏、大衆と共に香薪を積み、棺をその上に置き、火を放ってこれを焚き、後、収骨して之を金函に盛り、塔を起てて供養をなした」と釈尊の父・浄飯王の葬儀のようすが描かれている。また釈尊入滅の情景を涅槃経には「その時、世尊、右脇にして臥す。頭を北方に枕し、足は南方を指す。面は西方に向い、後背は東方なり」と記す。後日これより、いわゆる「北枕」の発想が生れたのであり、現在の葬式の基本的な原型は、こうした経説によるものともいえよう。

今日のように、僧が死者の冥福を祈り、葬列に参加するようになったのは、奈良時代からといわれている。そして、葬儀における法要儀礼の体系を比較的早い時期につくりあげたのは、葬送の儀式を重要視する中国で発展した禅宗である。中国禅宗の葬法が、わが国の禅宗にも取り入れられ、葬式の儀礼化をみたのである。なお、中世日蓮宗の葬儀法式については明確でない。日蓮在世当時も追善供養のために法華経の読誦と唱題を行っていたことは遺文によってわかるが、どのような形で葬儀が取り行われていたかは不明。日蓮の葬送も日興の『宗祖御遷化記録』によって、荼毘《だび》（火葬）されたことと葬列のことは記されているが、法式については記されていない。現行の葬儀法式の基礎ができたのは、優陀那院《うだないん》日輝《にちき》（一八〇〇—五九）の『充洽園礼誦儀記』などによってである。日蓮宗の葬式は「妙法蓮華経の題目を受持するものは、必ず霊山浄土に往詣することができる」という教えを基本にして営なまれる厳粛な式であることを考えれば、生前より法華経・題目を受持していくことが、何よりも肝要であり、また日蓮宗葬儀の意義もここにある。↓追善供養・枕経・霊山往詣・臨終

【草木成仏】そうもくじょうぶつ

心のない草木も成仏するということ。日蓮は『四条金吾釈迦仏供養事』に「絵木に魂魄と申す神《たましい》を入るる事は法華経の力なり。天台大師のさとり也。この法門は草木成仏と申す」と述べている。草木である木像や絵像を法華経の力をもって開眼すれば全体が生身の仏となる。この草木成仏があって初めて「木画の像を本尊に恃《たの》み奉る」ということができるのである。↓開眼・成仏

【僧侶】そうりょ

僧とは、僧伽《さんが》の略で和合衆と訳す。侶とは、つれまたは同類という意。一か所に集まってともに仏道修行をする比丘仲間のこと。一般には、仏道を修行する出家者、あるいは僧職についている人のことをいう。日蓮宗では、僧籍にある者を教師・教師補・沙弥《しゃみ》に分ける。日蓮宗の僧侶を志す者は師僧について徒弟となり、教育を受けて得度する。度牒《どちょう》を交付されて沙弥となり、満二十歳以上で信行道場を終了した者に教師資格が与えられ、相当する僧階に叙される。↓僧階・比丘〈比丘尼〉

【息災延命】そくさいえんめい

加持祈禱の目的。加持とは仏の加護を得ることで、神仏に祈り災厄を払いとどめ、病いを平癒して寿命の長久を得ようとすること。日蓮も教化の一助としてこの祈禱を行っている。富木氏夫人や南条時光のために祈った事例があり、『祈禱経送状《きとうきょうそうじょう》』には法華

経の信心堅固な伝道の実践者は息災延命の守護があると説く。↓加持・現世利益

【即身成仏】そくしんじょうぶつ

生身のままに、この世で仏となることをいう。成仏とは修行して如来（仏）の位に入ることをいうが、法華教学上の即身成仏の名づけ親は中国の湛然（七一一〜八二）といわれ、伝教大師最澄によって即身成仏の法門が形成された。この成仏にも諸段階があるが、天台大師智顗・伝教大師最澄と法門が受けつがれるにしたがって、この成仏の位をいかに低く下げるか、つまりどれだけ幅広く一般の人を救済することができるかが教学上の問題として努力が払われてきた。日蓮の場合は、さらに成仏の位を下げて名字即成仏を主張した。『四信五品鈔』で南無妙法蓮華経と題目を唱える人の功徳の位を名字即の位と定め、題目を唱えている人の姿に成仏ありという名字即成仏を説いたのである。しかも佐渡以前の日蓮は唱題の功徳によっても有信有解の人でなければ成仏できないとしたが、その後の『観心本尊抄』では「釈尊の因行果徳の二法は妙法蓮華経の五字に具足す。我等この五字を受持すれば、自然に彼の因果の功徳を譲り与えたまう」とされ、以後、唱題によって、だれでも即身成仏することが可能となった。↓成仏・霊山往詣

【即是道場】そくぜどうじょう

法華経如来神力品の経文で「（是の処は）即ち是れ道場なり」と読む。即是とはそのままにという意味である。法華経の経文には仏の功徳、仏そのものが宿っているので、この法華経を信じる所、説かれる所がそのまま尊い道場であるということ。日蓮は『法華宗内証仏法血脈』に「即是道場とは常寂光土の宝処」と述べ、法華経を修行する人々の住している所がそのまま寂光土（浄土）であることを示している。↓娑婆即寂光・即身成仏

【祖師】 そし

一宗一派を開いた人。日蓮宗では日蓮のことを指す。日蓮宗の年中行事をみても祖師の報恩儀礼にもとづく行事（降誕会《ごうたんえ》・お会式《えしき》・立教開宗会・四大法難会）が大きな比重を占め、また祖師入滅五十年ごとに遠忌の報恩行事が執り行われる。日本仏教の宗派は、祖師の生涯や信仰体験を通じ、それが体系化されるなかで生れたもので、祖師にたいする信仰は時代を経るにつれて高揚し、「お祖師さま」信仰を生んだ。↓開帳

【祖書綱要】 そしょこうよう

天台教学にたいする日蓮教学の独自性を確立するために一妙院日導《にちどう》が著した書物。天明五年（一七八五）に完成。二十三巻。本書は日蓮宗学の組織化をめざし教学の全般にわたって言及している。六十四章からなり、学問研究態度について、妙法五字（題目）と末法の関わり、法華経の真理、日蓮遺文中心の仏教観、佐渡流罪以前と以後の法門のちがい、さらに相承論・顕本論・本仏論・本迹論・成仏論・本門の本尊・本門の題目・本門の戒壇などについて論じている。なお、日導の思想は一般人の成仏に主眼をおいたものであり、その教学は本妙院日臨《にちりん》・優陀《うだ》那《な》院《いん》日輝《にちき》に継承され、近世の宗学に大きな影響をおよぼした。↓日導・妙法五字

【祖廟輪番】 そびょうりんばん

六老僧を中心とし輪番で身延久遠寺の祖廟を護持した守塔の精神を制度化したもの。昭和三十三年制定された。同年四月二十八日施行の『宗制』には、「住職又は担任である僧侶は六老僧の芳躅に遵い祖廟に輪番給仕する」（第四十九条）、「檀信徒は祖師直檀の芳躅に遵い、祖廟に参拝奉仕する」（第五十三条）と規定されている。現在行われている祖廟輪番給仕は住職に引率される特定寺院の檀信徒が中心である。したがって内容も参拝給仕を主眼とするもので、檀信徒が祖廟に輪番給仕し、参拝奉仕する信

仰心の高揚を目指したもの。祖山久遠寺には祖廟輪番本部が設置され、管長が任命する本部長・事務長その他の役職員が置かれている。↓久遠寺・六老僧

【曽谷氏】 そやし

日蓮の有力な信者。蘇谷とも書く。千葉氏の一族で下総国（千葉県）八幡荘曽谷郷に在住した武士。曽谷次（二）郎入道法蓮（一二二四～一二九一）は、早くから日蓮に帰依し、日蓮から漢文体の高度な内容の書状を送られていることから、かなり学問・教養の深い人物であったと思われる。大田乗明・金原《かなはら》法橋と親しい関係にあり、大田乗明とともに越中（富山県）に所領をもっていた。静岡県玉沢妙法華寺蔵「日蓮説法図」（重要文化財）には、日蓮の説法を聴聞する曽谷次郎入道夫妻が描かれており、これによれば妻女は蓮華比丘尼と呼ばれている。曽谷の館に安国寺を、近傍の大野に法華寺を創したという。また葛飾郡平賀郷（千葉県松戸市）の地蔵堂を改めて日朗を招いて本土寺とする。曽谷次郎入道の嫡子は四郎左衛門直秀、入道して道崇と称し、やはり日蓮の信者となり下総（千葉県）野呂妙興寺を創している。曽谷氏はその後代々続いたが、室町時代末期の康正二年（一四五六）に滅亡している。↓大田乗明・本土寺

た

【大覚妙実】 だいがくみょうじつ　一二九七～一三六四

京都妙顕寺第二世。公武との交渉を密にして洛中における妙顕寺の地位を増大させ、山陽方面ではのちの備前法華の基礎をつくった。延文三年（一三五八）には三千万部法華経読誦の巻数を捧げて「四海唱導」の称を後光厳天皇より賜り、同年夏の祈雨の効験によって日蓮に大菩薩号、日朗《にちろう》・日像《にちぞう》に菩薩号が贈官され、大覚自身は大僧正に任ぜられる。↓備前法華・妙顕寺

【太鼓】 たいこ

始まりは軍事通信用であるといわれる打楽器。仏

教では太鼓のことを法鼓《ほっく》ともいう。用途によって種類も多いが、主な用途は奏楽・時報・読誦唱題の調音などである。日蓮宗では両側を張った太鼓とともに団扇太鼓《うちわだいこ》も用いる。団扇太鼓は唱題行脚《しょうだいあんぎゃ》などのさいに携帯して打ちながら唱題をする。なお、唱題時の太鼓の打ち方には次のようなものがある（・印は打点）。

団扇太鼓

(ア)　南・無　妙─法・─蓮・─華・─経・（一本桴）

(イ)　左右　南・　・無　妙・─・法─蓮・─・華─経・（二本桴）

(ウ)　左右　南　・無　・妙─法・─蓮・─・華─・経（二本桴）

(エ)　南　無　妙・法・蓮・華・経・（一本桴）

日蓮宗の宗定法要式では(イ)の打法をとっているが、(ウ)の打法も各地に流布している。団扇太鼓で唱題行脚をするときは(エ)の打ち方を用いる→唱題行

【大黒天】だいこくてん

仏教の守護神。黒色であることからマハーカーラ、訳して大黒という。忿怒の相を示すが、日本では室町時代に大国主命と結びつき、江戸時代には大きな袋に打出の小槌をもち米俵の上に乗る現在の姿となっている。福徳をもたらす七福神の一として日蓮宗においても、とくに室町時代以降盛んに信仰されている。→現世利益

【帝釈天】たいしゃくてん

インドのヴェーダ神話中の有力な神で、神々の支配者とされるが、仏教にとり入れられ梵天王《ぼんてんおう》とともに仏法の守護神となる。須弥山《しゅみせん》頂の善見城に住む。法華経序品では二万の眷属をひきいて会座に連なる。日蓮宗では、江戸時代中期の庚

帝釈天

申の日に江戸柴又《しばまた》題経寺《だいきょうじ》に帝釈天の板本尊が出現したことから、庚申信仰と結びつき信仰を集めている。↓庚申

【代受苦】だいじゅく

他人の苦しみを代って受けること。仏菩薩が一切衆生の苦を自己に集めて代って受けとめてくれること。涅槃経《ねはんぎょう》の「一切衆生の異苦を受くるは悉く是れ如来一人の苦なり」の文による。釈尊の本意である法華経を布教することに生涯を捧げた日蓮は、代受苦をも自分自身で実践して、末法の一切衆生の苦を「日蓮一人の苦」とうけとめた。↓法華経の行者

【大乗・小乗】だいじょう・しょうじょう

乗とは人を乗せて悟りに到らしめる教法を乗り物にたとえていう。大乗とは大きなすぐれた乗り物の意で、小乗とは小さな乗り物の意。すなわち他の人々に利益を施す利他行を主として、多くの衆生を救う教えが大乗であり、自己を利する自利を主として個人の解脱《げだつ》を目的とする教えが小乗である。菩薩が自己の解脱のみならず利他行にも努めるため、大乗を菩薩乗ともいう。天台大師智顗は阿含部の諸経を小乗とし、華厳《けごん》・方等《ほうどう》・般若《はんにゃ》・法華を大乗とみる。日蓮は天台大師の説を踏襲して、一般には阿含部の諸経が小乗、華厳・方等・般若・法華・涅槃などを大乗とみるが、法華経にたいすれば法華以前の諸経はみな小乗であるとみ、さらに真の大乗は法華経の本門に限ることを説く。↓開三顕一・本門

【大石寺】（富士）たいせきじ

静岡県富士宮市にある日蓮正宗の総本山。開山は日蓮の弟子の日興《にっこう》（一二四六―一三三三）。日蓮滅後、六老僧を中心に輪番で身延久遠寺を守る制度は、日蓮の三回忌ころには挫折し、日興が院主、日向《にこう》が学頭として運営された。しかし、身延の大檀越波木《はき》井《い》（南部）実長《さねなが》・日向と対立した日興は、正応元年（一二八八）身延を離れて駿河（静岡県）に移り、富士上野の地頭、南条時光の援助をえて同三年十月、

大石ケ原に大石寺を創建した。そして、永仁六年（一二九八）さらに近くの重須《おもす》に本門寺を開創し、そこに移るまで同寺に住した。大石寺は本門寺とともに日興門下の教育や弘教活動の拠点として、日興門流の中心寺院の一つとして展開した。明治九年（一八七六）、興門派八本山の一つとなったが、同三十三年独立して富士派と称し、さらに同四十五年日蓮正宗と改めた。信徒団体に創価学会がある。↓創価学会・日興・日蓮正宗・富士五山

【提婆達多】だいばだった

釈尊の従弟にあたり、八万法蔵を暗誦するほどの頭脳明晰な人物でありながら、世俗的名利への強い執着心によって釈尊に敵対し、「五逆罪」のなかの「殺阿羅漢・出仏身血・破和合僧」を犯して無間地獄に堕ちたと伝える。日蓮は、この提婆達多が法華経において成仏の保証を受けたことに着目し、謗法者であっても救われると提唱した。↓悪人成仏

【大曼荼羅】だいまんだら

日蓮が体得した法華経の教主釈尊の救済の世界を、一幅の紙面に表現したもの。日蓮は文永十年（一二七三）四月、『観心本尊抄』に本門の本尊の原理と相貌を説示した。同年七月八日、その原理にもとづいて初めて大曼荼羅が描き示され（「佐渡始顕の本尊」という）、その後晩年までに多くの大曼荼羅が図顕された。それらは諸尊や脇書などに多少の異同がみられるが、完成整備されたものとしては、中央に南無妙法蓮華経を独持の筆法（ひげ題目・はね題目）で書き、その左右の上段には教主釈尊と法華経証明の多宝如来、その外側に上行《じょうぎょう》・無辺行《むへんぎょう》・浄行《じょうぎょう》・安立行《あんりゅうぎょう》の本化地涌の四大菩薩を配する。中段には文殊《もんじゅ》・普賢《ふげん》などの迹化の菩薩、舎利弗《しゃりほつ》・迦葉《かしょう》などの声聞《しょうもん》や梵天《ぼんてん》・帝釈天《たいしゃくてん》などの天部の諸尊、下段には鬼子母神《きしもじん》・十羅刹女《じゅうらせつにょ》、日本守護の天照大神《てんしょうだいじん》・八幡《はちまん》大菩薩《だいぼさつ》などを配する。最外側の四隅に持国《じこく》（東）・広《こう》目《もく》（西）・増長《ぞうちょう》（南）・毘沙門《びしゃもん》（北）の仏法守護の四

天王、左右に種字をもって表した不動《ふどう》・愛染《あいぜん》の二明《みょう》王《おう》を配し、最下部に日蓮の署名と花押《かおう》を図している。日蓮は、弟子檀越にたいし多くの大曼荼羅本尊を授与しているが、そのうち、百二十余幅の真筆が現存している。↓本門の本尊・便覧編（仏壇）

【題目】だいもく

法華経に帰依するという意味の南無妙法蓮華経のこと。妙法蓮華経は単なる経典の題名ではなく、この五字に釈尊が修行によって得られた功徳、仏としての徳（因果の功徳）が集約されており、修行者は南無妙法蓮華経と唱えることによって、その功徳を受けるとされる。妙法蓮華経と南無妙法蓮華経は一体のものであり、あわせて妙法五字七字という。日蓮は末法という仏教的時代認識に立脚して法華経をみ、この題目こそ末法救済の一大法門であるとした。↓自然譲与・唱題・妙法五字

【題目講】だいもくこう

日蓮宗の講の総称。「南無妙法蓮華経」の題目を唱える。檀家制度とは異なる組織であり、日蓮宗の僧侶が干与することはまれで、その多くは信徒によって組織・構成された。日蓮宗寺院は講との結びつきが強く、講はお会式をはじめとする寺院の年中行事に積極的に参加した。また、堂宇の建立などにたいし助成を行い、特定の檀家をもたない本山格の寺院や霊蹟寺院は、これらの講を経済的なよりどころとした。↓講

【逮夜】たいや

大夜・宿夜ともいう。逮は先立つ、直前の意で、夜通しで荼毘の時におよぶということ。現在は命日の前夜という意味で使われる場合が多い。日蓮宗の寺院では、日蓮の命日（十月十三日）の前夜に檀信徒が集まり、万灯供養や日蓮聖人御一代記の劇や通夜説教など日蓮を偲ぶ行事が行われる。↓お会式・

命日

【高山樗牛】たかやまちょぎゅう 一八七一～一九〇二

明治時代の文芸評論家。山形県鶴岡に生れ、明治二十八年（一八九五）東京帝国大学在学中、上田敏・姉崎正治らと『帝国文学』を創刊。のち文芸雑誌『太陽』を主宰。はじめ「日本主義」を主張したが、結核を患って個人主義に転じ、晩年は日蓮を鑽仰しその研究に専念した。樗牛の日蓮論は当時の国家主義的傾向に反し、世俗の権威を超越した聖なる宗教の世界に心の支えを求めるものであった。

【他国侵逼】たこくしんぴっ

薬師経にみえる七難の一で、外国からの侵略のことをいう。日蓮は『立正安国論』において、正法である法華経に帰依しなければ、他国侵逼難がかならず起るであろうと警告した。その後、文永五年（一二六八）の蒙古国書到来、文永十一年の蒙古軍来襲により他国侵逼難が現実化した。日蓮はこれをむしろ法華経が流布すべき瑞相《ずいそう》（よい兆し）であるともみている。↓三災七難・立正安国論

【田中智学】たなかちがく 一八六一～一九三九

明治・大正・昭和初期にかけて活躍した日蓮系の在家仏教運動者。国柱会の創始者。熱心な法華経信者の医師を父として東京日本橋に生れる。十歳のとき得度して日蓮宗僧侶となり、智学と改名。明治四年（一八七一）飯高檀林（日蓮宗の僧侶養成機関）に入り、さらに日蓮宗大檀林に学んだが、天台教学中心の教育方針や妥協的な宗風にあきたらず、また病を得たこともあり、還俗脱宗した。これ以後在家仏教運動を開始し、明治十三年横浜で蓮華会を結成し、同十八年東京で立正安国会を設立。同二十四年『宗門之維新』を発表し、三十六年から『本化妙宗式目』を発表して、智学の教学は組織大成された。大正三年（一九一四）国柱会を創立し、天下国家のための宗門であることを標榜し（本化妙宗《ほんげみょうしゅう》）、法華経と国体との冥合（一致）を強調した。昭和六年に

は「立正」の勅額降賜に主要な働きをした。独自の時代観にもとづく王仏冥合論による国体開顕の主張は、国家主義者と誤解された点もあるが、その多方面にわたる活躍は近代日蓮宗に多くの影響をおよぼした。↓国柱会

【棚経】 たなぎょう

盂蘭盆会《うらぼんえ》に僧侶が檀家を訪れて精霊に読経を行い、回向をすること。宅回向ともいう。棚経の起源は江戸時代の寺請制度に端を発するといわれる。幕府は庶民の移動をなくし、キリスト教の流布を防ぐために家ごとに寺に属させる檀家制度を設けたが、この一環として僧侶がお盆に檀家を廻る風習が成立し一般化した。↓盂蘭盆会・檀家・菩提寺

【多宝如来】 たほうにょらい

法華経宝塔品において七宝の塔とともに出現して法華経の真実を証明した東方宝浄世界の仏。釈尊の法華経の説法について「善哉善哉《よいかなよいかな》」とほめたたえ、釈尊の所説はすべて真実であると証明したように、法華経の証明を誓願とする。釈尊は虚空にある多宝塔のなかに入り多宝如来と並んで坐り、この時から説法の場が霊鷲山《りょうじゅせん》から虚空へと移って、法華経の中心思想が説き示される。↓二処三会・二仏並座

多宝如来

【陀羅尼】 だらに

サンスクリット語のダーラニーの音訳。一語のなかに無量の徳を備え、治病・護法・滅罪・降伏の力をもつ呪文のこと。本来は善き法をたもって忘れず悪法を起さしめない能力をいうが、密教では陀羅尼《だらに》呪《しゅ》として真言をさす。法華経では陀羅尼品と普賢菩薩勧発品に行者守護の陀羅尼呪が載せられている。法華信仰では鬼子母神《きしもじん》などの陀羅尼呪を唱えて諸仏諸神に現世《げんぜ》安穏《あんのん》の祈念をするのが盛んである。↓加

持・鬼子母神

【檀家】だんか

檀那《だんな》の家。檀那とは教えを説く僧に帰依し、財施をして外護する在家者のこと。檀越《だんのつ》ともいう。この檀那を制度化して一定寺院に家として布施を義務づけたのが江戸幕府の寺請による檀家制度である。明治維新後、寺請が廃止され、第二次大戦後、信仰の自由が保障されたが、檀家制度の習俗は社会的に定着している。→信徒・菩提寺

【誕生寺】（小湊）たんじょうじ

千葉県安房郡天津小湊町にある日蓮宗霊跡寺院（大本山）。寂日房日《じゃくにちぼうに》家《け》が建治二年（一二七六）日蓮誕生の地に開創した。明応七年（一四九八）地震と津波により諸堂を流失、さらに元禄十六年（一七〇三）にも再び津波により流失した。二十六世の日《にち》孝《こう》は水戸光圀の外護をえて、寺地を現在地に移し再興した。現在の十八間四面の偉観を誇る祖師堂は、

十年の歳月を費し天保十三年（一八四二）に建立されたもの。誕生寺は近世前期、不受不施派の拠点寺院の一つとして重きをなしたが、のち受不施派に転じ支配の末寺百五十八か寺を有する身延久遠寺触下支配本寺の一つとなった。なお、日蓮誕生のとき海上に青蓮華の花が咲き、浜辺に多くの鯛が群れ、庭先から泉が湧き出したといわれ、その遺跡が現在の蓮華ケ淵・妙の浦・境内の誕生井戸として残っている。→日蓮宗不受不施派・水戸光圀

【檀林】だんりん

僧侶の教育機関の名称。日蓮宗では、檀林という名称は近世に入ってから一般化し、中世では談所・学室などと称した。天正年間から元禄年間にかけて関東に八檀林、関西に六檀林が開設された。このほか日蓮系各門流の檀林も開設された。現在の千葉県八日市場市・香取郡に所在した飯高《いいだか》・中村両檀林は、その代表的大檀林。→飯高檀林・中村檀林・門流

【智顗】 ちぎ　五三八〜五九七

天台大師。中国の南北朝から隋にかけての僧。中国に伝わったおびただしい仏教経典を分類・整理し、法華経こそ釈尊の真実の教えとする五時八教説を立て、また実践面では心を静めて仏を観じる止観の行を説いて天台宗を開いた。法華経については、『法華玄義』で「妙法蓮華経」という題目の意味を説き、さらに『法華文句』で経典の内容を細かく解釈している。智顗の法華経解釈は日本天台宗の祖・最澄にひきつがれ、日蓮にいたって信心を第一とする独自な題目信仰に発展した。↓外相承・五時八教

【中陰】 ちゅういん

中有《ちゅうう》ともいう。人の死後四十九日間のこと。この間、喪家では物忌の期間として忌の生活を営み、七日ごとの忌日に追善供養を行うが、なかでも初七日・三十五日（五七日忌）・四十九日（七七日忌）に法要を行う遺族が多い。↓四十九日・追善供養

【注法華経】 ちゅうほけきょう

日蓮注記『私集最要文注法華経』の略称。真蹟は三島市玉沢妙法華寺蔵。日蓮滅後六老僧の一人、日《にっ》昭《しょう》に賜与された。日蓮所持の春日版系の巻子本の法華経開結十巻に、日蓮自ら渉猟した諸経論疏の要文を注記したもので、その記入は経文の行間・余白・裏面にわたって施されている。成立は、従来の所説では立教開宗前後、最近の研究では佐渡以後・身延期とする。本書中の日蓮書き入れの章数は二千百章、すべて経論疏からの引文で、日蓮の言辞はほとんどない。また経論疏の大半は天台法華宗関係で、当然のごとく天台三大部からの引文が目立つ。その他華厳・三論・法相・真言などの経論疏の書き入れもあり、各宗の主張やその論拠を示している。なお本書の日蓮直弟子・孫弟子などに与えた影響は大で、特に日《に》向《こう》の『金綱集《きんこうしゅう》』は『注法華経』に負うところ多とする。↓日昭・日向

【中老僧】ちゅうろうそう

日蓮の定めた本弟子六人（六老僧《ろくろうそう》）に準ずる直弟子をいう。人数は資料によって異り、十人・十二人・十五人・十七人・十八人説があるが一般に中老と称されるのは次の十六人である。一乗阿闍梨日《にち》門《もん》・大輔公日祐《にちゆう》・越後房日弁《にちべん》・下野公日忍《にちにん》・和泉房日法《にっぽう》・浄法房天目《てんもく》・日源《にちげん》・肥前房日伝《にちでん》・治部公日位《にちい》・淡路公日賢《にちけん》・下野公日秀《にっしゅう》・寂日房日家《にけ》・卿公日保《にほ》・筑前公日合《にちごう》・但馬公日実《にちじつ》・阿仏房日得《にっとく》。↓阿仏房・日祐・日法・六老僧

【勅願寺】ちょくがんじ

天皇が祈願のために建立した寺院、また特別に帰依のあった寺院。御願寺《ぎょがんじ》ともいう。日蓮宗では、建武元年（一三三四）京都の妙顕寺が後醍醐天皇より勅願寺の綸旨を賜わり、教団初の勅願寺となった。このことは、京都布教を認められたばかりでなく、法華一宗の公認を得たことを意味する。その後、京都本国（圀）寺・身延久遠寺など数多くの寺院が勅願寺に指定されていった。↓妙顕寺

【鎮護国家】ちんごこっか

教法によって国家の乱れを鎮め、外敵・災難から守ること。法華経・仁王経・金光明経の三経を「鎮護国家の三部経」と呼ぶ。仏教が日本に伝わって、朝廷や貴族は鎮護国家の法として期待し、熱烈に信仰した。とくに比叡山は都の鬼門に当ったので、国家鎮護の道場として尊ばれた。日蓮の立正安国の思想はこれらの教えと異なり、仏法を根本とするところに特色がある。↓立正安国論

つ

【追善供養】ついぜんくよう

追って善根を修すること。すなわち先に逝《い》った死者の功徳を増進するために生きている者が法要を行い、その福徳を故霊に回向すること。追福・追薦・追修、あるいは追福修善・追福作善ともいう。日蓮

遺文によれば、四十九日（七七日忌）・百か日・三回忌などに追善供養を行っている。この供養の具体的な法要儀式としては「墓前供養」と「塔婆供養」などがみられる。このうち塔婆供養については、「後々の御そとばにも法華経の題目を顕し給え」（中興入道御消息）といい、さらに故霊のみならず造立者の功徳も説かれている。↓回向・先祖供養・塔婆

【塚原問答】つかはらもんどう

佐渡流罪中の日蓮が諸宗の僧侶と行った法論のこと。日蓮は佐渡流罪の当初の半年間、塚原の草堂に居住しており、日蓮が佐渡に流罪されたことを知った念仏者ら数百人が日蓮を論伏しようとして文永九年（一二七二）正月十六、十七日に塚原の草堂に押し寄せて本間重連の立ち合いのもとに法論を挑んだ。しかし、日蓮にことごとく論破された。↓佐渡流罪

【辻説法】つじせっぽう

道ばたに立って往来の人々に説法すること。所伝によれば、日蓮は鎌倉弘通にさいし、鎌倉でも人通りの多かった小町の辻などに立ち、諸宗を折伏《しゃくぶく》したという。現在、鎌倉の小町の一角に垣をめぐらした場所があり、石碑や日蓮腰掛け石などが置かれ、日蓮辻説法の跡と伝えている。↓化導

【罪】つみ

法律的・道徳的次元の罪は社会生活上の規範に背反することであるが、宗教的次元の罪は、各宗教によってとらえかたが異なっていても、いずれにしても本質的には人間存在の根底に結びつくものである。仏教一般では、「罪」とは法にそむく行為、あるいは戒律に反する行為で、未来に苦をまねく悪行をいう。とくに浄土教では、人間を煩悩にまみれた罪ぶかい存在と規定し、阿弥陀仏の本願力に随順することによって宗教的救いがもたらされると説く。日蓮は、自己を含む末法の日本国のあらゆる衆生は過去世以来、法華経・釈尊にたいする違背という同一の宗教的根本の罪＝謗法罪に陥っているとみなす。そ

してこの罪の状態からの脱却、すなわち宗教的救いは、法華経にたいして絶対随順の信を捧げること以外にはないと主張する。↓罪障・謗法

【通夜】つや

葬式の前夜に親族や縁のあった知人が集まり、故人を見守り、最後の一夜を過ごすことをいう。通夜の式は、以前は夜を通して死者の枕辺で読誦唱題して追善回向したが、近ごろは、おおむね午後七時ごろにはじめて三十分ないし一時間ほどの法要をする例が多い。しかし弔問客が帰っても、近親者だけは、夜が明けるまで遺体のそばにあって、「枕飾り」のローソク・線香の灯は一晩中消さないように心すべきである。↓葬式・枕経

て

【天正の盟約】てんしょうのめいやく

天正三年（一五七五）八月に締結された京都日蓮宗諸本山間の盟約。織田信長の対仏教政策を鑑み、

教団として無用の弾圧を回避するため、先に結ばれた永禄《えいろく》の規約の厳守を確認したもの。各個自儘な宗論の禁止、諸本山の会合の持続など五か条からなる。

↓永禄の規約

【転読】てんどく

広い意味では経典を読誦することであるが、一つの経典全体を通読する真読にたいし、単に経題と本文の初・中・後段のなかから数行ずつを略読することをいう。巻数の多い経典は、ぱらぱらと紙を繰ることで読経に擬せられ、大般若経六百巻の転読はその代表的なものである。日蓮宗では読誦の速度を早めて巻数を多くすることを意味し、たとえば寿量品転読といえば、如来寿量品を五回なり、十回なり、繰り返して読誦することをいう。↓真読〈訓読〉

【天文法難】てんもんほうなん

天文五年（一五三六）、延暦寺およびこれに加担する諸勢力により京都日蓮教団が徹底的に破却され、

堺などに避難した事件のこと。京都日蓮教団は室町時代の中ごろ、公武商工人など諸階層の信徒をえて飛躍的な発展をした。また、応仁・文明の乱後の社会不安から自衛武装化し、しだいに軍勢を組織化するようになった。これが法華《ほっけ》一揆《いっき》である。天文五年三月十一日比叡山華王房と日蓮宗信徒松本新左衛門《まつもとしんざえもん》久吉《ひさよし》が洛中で問答し、松本が華王房を論伏した（松本問答）。問答の敗北が比叡山徒の間で醸成されていた反日蓮教団感情を刺激し、同年七月二十三日、洛中の日蓮宗を襲撃した。比叡山側は、粉河寺・根来寺・平泉寺・日光山の徒をはじめ、六角義賢・三雲資胤・蒲生定秀らの武将が助勢した。戦闘ははじめ日蓮教団側が優勢であったが、二十八日には洛中の拠点寺院はすべて陥落した。京都を追放された僧俗は堺にのがれ、帰洛が許されたのは天文十一年（一五四二）十一月十四日である。↓法華一揆

と

【導師】 どうし

仏の教えを説いて人々を悟りの道へ導く師の意で、仏菩薩の通称。また、一般に法会の時、僧たちの中心となって願文・表白・回向などを述べる唱導の師をいう。また葬儀の主座となり、引導をわたす僧のこと。日蓮は、釈尊を「一切衆生の大導師」と規定し、みずからを末法における「導師」と称した。↓五義

【道善房】 どうぜんぼう ?～一二七六

鎌倉時代の天台宗の僧。日蓮が出家したときの師で、安房（千葉県）清澄寺《せいちょうじ》に住み、天台系の念仏を信奉した。建長五年（一二五三）日蓮が立教開宗を宣言したおりには念仏者である地頭東条《とうじょう》景信《かげのぶ》の圧力により、日蓮の身の安全を考えて破門した。道善房は日蓮のすすめにもかかわらず浄土教を奉じて他界するが、師の訃報を聞いた日蓮は『報恩抄』を

著して墓前に捧げ、師の霊に回向した。→清澄寺・報恩抄

【塔婆】とうば

語源はストゥーパ（卒塔婆）。釈尊の舎利《しゃり》（遺骨）を奉安した塔を意味する。この塔が仏教とともに中国経由で日本に伝来し三重・五重塔になったという。現在では卒塔婆は板塔婆・角塔婆をさし、建て物は塔と呼ばれる。すでに日蓮在世中に題目七字を書した塔婆を建立し故人の冥福を祈った例がある。→供養・舎利

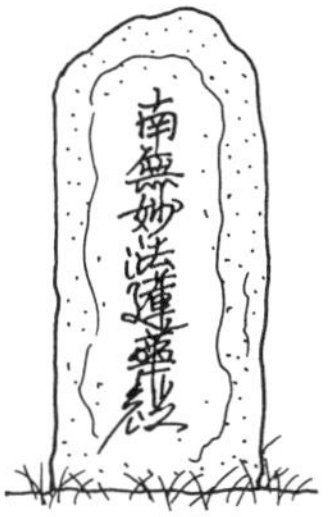
題目塔

【富木日常】ときにちじょう　一二一六～一二九九

日蓮のもっとも初期からの檀越（在家信者）で、のち僧となる。中山門流の開祖。富木（土木・富城とも）五郎常忍《つねのぶ》といい、建長三年（一二五一）二月ごろから同五年十一月ごろの間に入道して常忍《じょうにん》といい、日蓮滅後に出家して日常と称した。因幡国（鳥取県）富城郡の出身で、下総国（千葉県）守護千葉氏の有力被官（事務官僚）となり、同国八幡庄若宮（千葉県市川市）に住した。日常は千葉氏の被官として下総と鎌倉を往来したが、このとき鎌倉にいた日蓮に帰依したと思われる。日蓮のもっとも重要な著作『観心本尊抄』を送られ、その閲読と保管を求められたように、日蓮がもっとも重きを置いた人であり、かつ日蓮教義の理解にもすぐれた人物であった。曽谷《そや》教信《きょうしん》・大田《おおた》乗明《じょうみょう》・金原法橋《かなはらほっきょう》などの武士を中心とする下総の檀越の指導者として日蓮の教説を伝達した。日蓮滅後、在地への定着を志向する日常は、本弟子《ほんでし》六人（六老僧）の一人に指定され教線の拡張を意図する日頂《にっちょう》との間に阻隔を生じ、日常は日頂を追放し自邸の持仏堂を改めて法華寺とした。その時期は正応五年（一二九二）から永仁二年（一二九四）とされるが、この時期はまた日常が出家し、日頂にかわって下総日蓮教団を指導していくことを決意したときでもあった。歿する直前の永仁七年三

月には蒐集した日蓮遺文を中心とする目録『常修院本尊聖教事』（常師目録）を作成し、置文を制定して第二世日高《にちこう》に譲った。↓常修院本尊聖教事・日頂・中山門流・法華経寺

【得度】 とくど

出家して僧侶となること。現在の日蓮宗では、師僧は弟子を得度させたのち、宗務総長宛に、履歴書・戸籍抄本・誓約書・写真をそえて得度届を提出する。期限は得度日後一か月以内。得度届が受理されると、得度者は度牒《どちょう》籍に入り、度牒が交付される。昭和四十一年七月よりは千葉県の清澄寺《せいちょうじ》（日蓮出家得度の霊跡）で、度牒交付式が実施される。↓清澄寺・僧階・度牒

【度牒】 どちょう

得度して僧尼になったことを証明する文書。現在の日蓮宗では師僧について得度したのち、師僧が宗務総長に届け、受理されると度牒が交付される。なお、昭和四十一年七月以来、度牒の交付は千葉県の清澄寺（日蓮出家得度の霊跡）で実施されている。↓清澄寺・僧階・得度

な

【内相承】 ないそうじょう

日蓮独自の信仰上の系譜を示す言葉。法華経には、久遠実成の釈尊（久遠の昔に悟りをえて永遠に存在する仏）が末法の衆生救済のために特別な秘法を上行《じょうぎょう》菩薩《ぼさつ》に付嘱（相承）したと説かれるが、日蓮は法華経信仰の色読（体験）を重ねていくうちに、自身が上行菩薩であると自覚し、本仏釈尊と直結した法華信仰の教学を樹立した。日蓮は最初、釈尊・天台大師智顗・伝教大師最澄を系譜とする正統法華教学の伝統（外《げ》相承《そうじょう》）の復興に努力したが、法華経行者はさまざまな困難にあうと説かれることから佐渡流罪の前後より自身を釈尊と直結した法華経の行者であると自覚するにいたる。そして、法華経本門を中心とする独自の「五重相対」「五重三段」など

の教判を発表した。この教判の根拠は『新尼御前御返事』の「起顕竟」の法門にもとづいている。末法の初（すなわち今）に、地涌の上行菩薩が出現して本門の三大秘法をひろめるという法門は天台・伝教大師にはなく、内相承は日蓮自身の信仰と体験にもとづいた独自の見解である。↓外相承・上行菩薩

【中村檀林】 なかむらだんりん

千葉県香取郡多古町にあった日蓮宗の檀林。飯高《いいだか》檀林《だんりん》・小西《こにし》檀林《だんりん》と並ぶ関東三大檀林の一つ。檀林とは僧侶が参集して学ぶようすを栴檀《せんだん》の林になぞらえた呼称で、僧侶の教育機関。中村檀林は、慶長四年（一五九九）、飯高檀林第四代化主《けしゅ》（檀林の校長）慧《え》雲院日円《うんいんにちえん》が瑞光寺《ずいこうじ》に学室を開いたことに始まる。瑞光寺は永仁年中（一二九三～九九）の開創といわれ、開檀と同時に日本寺《にちほんじ》と改称された。飯高檀林とともに多くの人材を育成し、有力な指導者のもとで学系（のちの法縁の原型）を形成。中村檀林・飯高檀林内の各学系が大寺への入寺ルートを掌握するまでになった。江戸期の中山法華経寺の貫主《かんじゅ》のほぼ半数は中村檀林の出身者である。明治に入って廃檀された。

↓檀林・法縁・法華経寺

【中山門流】 なかやまもんりゅう

中山法華経寺を中心とする一門の僧侶・信者によって形成された門流。中山門流の基盤が築かれたのは、十四世紀にあたる法華経寺三世日祐《にちゆう》のとき。下総（千葉県）の豪族千葉《ちば》胤貞《たねさだ》をはじめ千葉一族の積極的な外護のもと、広大な寺領の寄進を受け、その勢力範囲に沿って各地に多くの末寺が建てられるなど、下総をはじめ南関東一円に急速な教線の伸長をみせ、遠くは肥前（佐賀県）にまで及んでいる。中世この門流からは、七十六もの末寺を建立したと伝えられる妙宣寺日英《にちえい》をはじめ、「なべかむりの法難《ほうなん》」で知られる本法寺日親《にっしん》、京都に頂妙寺を創建した日《にっ》祝《しゅく》らの優れた人材が輩出し、行動的な伝道布教によって大いに教勢をふるった。また、顕本法華宗の開祖日什《にちじゅう》も中山門流で修学した僧である。寛永年間

（一六二四〜一六四四）には百三十二か寺の末寺を擁した。↓日什・日祐・日親・法華経寺

【南無妙法蓮華経】《なむみょうほうれんげきょう》

妙法蓮華経（法華経）に信心帰依すること。南無とは帰命《きみょう》の意で、妙法蓮華経を信じ、その説くところにしたがって生きる決意の表明である。日蓮は『観心本尊抄』に「釈尊の因行果徳の二法（衆生済度の行と仏の功徳）は妙法蓮華経の五字に具足す。我らこの五字を受持すれば自然に彼の因果の功徳を譲り与えたまう」と述べ、妙法蓮華経を受持することによって、釈尊の久遠の因果（仏種《よっしゅ》）を自然に譲り与えられるとした。これを受持の成仏といい、このような関係を表示すれば次のとおりで、これを五字七字五字という。

最初の五字は釈尊の普遍的な価値（因果・宝珠・仏種）、七字は受持者の信行（身口意の三業受持）、後の五字は受持者に自然譲与された功徳である。したがって南無妙法蓮華経は釈尊の全体を受領することであり、釈尊と同体（成仏）となることである。南無妙法蓮華経の三業受持とは、身口意にわたって釈尊を信受することである。身業受持は法華経の実践、口業受持は口唱題目、意業受持は法華経の信心を堅持することである。南無妙法蓮華経はたんに題目を口唱することではなく、信心を堅くたもち、法華経世界（立正安国）の実現に挺身することである。日蓮はこれを「事行の南無妙法蓮華経」（観心本尊抄）と称した。↓受持・妙法五字

教（釈尊因果・仏種）	行（受持）	証（自然譲与）
妙法蓮華経（五字）	南無妙法蓮華経（七字）	妙法蓮華経（五字）
釈尊	衆生	同体

【南条氏】《なんじょうし》

駿河（静岡県）における日蓮の有力な檀越。はじめ伊豆の南条に住したが、のち駿河国上野郷に移り、

日蓮から「上野殿」とも呼ばれた。日蓮の遺文中、南条氏にあてたものは五十篇をこえ、兵衛七郎夫妻・その子時光夫妻・七郎五郎らにおよんでいる。兵衛七郎が早く世を去ったので、時光は若くして家督を継ぎ、母とともに篤く日蓮に帰依し、しばしば供養の品々を身延に届けて日蓮の生活をささえた。熱原法難のおりには日興の弟子日秀の教化をうけた熱原の神主たちを、日蓮の指示によってかくまったこともあった。日蓮の葬送には散華の役を勤め、日興が身延を離山するやこれを迎えて、大石が原に大石寺を創建した。さらに重須《おもす》に本門寺を建立するさいには施主の一人となっている。時光は元弘二年（一三三二）に歿したと伝えられるが、その甥日目、外孫の日道・日行は大石寺を継承、内孫の日伝は安房保田の妙本寺を受け継いでいる。→熱原法難・大石寺・日目・本門寺（北山）

【南部氏】なんぶし

日蓮が身延へ入山した当時の領主である南部六郎実長を中心とする一族。甲斐源氏新羅三郎義光の曽孫、加賀美次郎遠光の三男光行が、南部（山梨県南部町）に住して南部氏と称したのに始まる。実長は光行の三男で、波木井に居を構えたので波木井氏ともいう。身延山はこの波木井郷の北西隅に位置している。日蓮が身延に入山したのは実長の熱心なすすめがあったと考えられるが、入寂に先だって日蓮は池上（東京都大田区）から「九年まで御きえ候ぬる御心ざし申すばかりなく候えば、いずくにて死に候とも、はか（墓）をばみのぶさわ（沢）にせさせ候べく候」と、実長に感謝の気持を申し送っている。南部氏は甲斐・奥州の両地方で栄え、身延山の開基檀越として重きをなしたが、甲斐では戦国時代に衰退した。いっぽう奥州の南部氏は岩手南部藩主として栄え、明治に至り伯爵となった。→久遠寺

に

【日向】にこう 一二五三～一三一四

六老僧の一人。佐渡公また佐渡阿闍梨・民部阿闍

梨という。上総国藻原（千葉県茂原市）に生まれ、十三歳で日蓮の弟子となり、行学に励んで論議第一といわれた。日蓮の佐渡流罪中もこれにしたがって給仕の誠をつくしたという。建治二年（一二七六）、日蓮は旧師道善房の死にさいして『報恩抄』を著し、日向を使者として墓前にこれを読誦させている。日蓮の滅後、日向は藻原法華堂（今の藻原寺）を根拠地として上総一帯の教化にあたったが、ほどなくして身延に登り、学頭として日興とともに廟所を守り、身延の経営・門下の育成にあたった。正応元年（一二八八）、領主の南部実長と対立して日興が身延を離山すると、実長は寛容な日向に帰依し、日向は二世として身延に常住し、その経営教化にあたった。日向は南部一族の外護を得て身延久遠寺の基礎を固め、身延に在ること二十六年、正和二年（一三一三）後事を弟子の日進に託して藻原に隠棲し、翌三年九月三日六十二歳で寂した。身延ではこの日を記念して長く三日講を営んできた。著書に日向が日蓮より聴聞し、また自身の見聞するところにしたがって諸宗破立の大綱を記述した『金綱集』がある。この日向の流れを身延門流という。↓久遠寺・報恩抄・身延門流・六老僧

【二箇相承】《にこそうじょう》

日興門流《にっこうもんりゅう》において、日蓮が入滅にあたり日興に一切を付嘱したと主張する身延相承と池上相承のこと。身延相承は弘安五年（一二八二）九月、日蓮一期の弘法を日興一人に授与することを、池上相承は同年十月十三日、日興に身延久遠寺を付嘱したことをのべる。しかし、二箇相承は日蓮の直筆が存在せず、日蓮滅後百五十年ころ、日興門流の関係者が自分の門流の正統性を強調するために作成した偽書。二箇相承の最古の文献は延徳二年（一四九〇）の左京《さきょう》阿闍梨《あじゃり》日教《にっきょう》著『六人立義破立抄私記』所載のものであり、かつ本書所載の二箇相承の内容は現在日蓮正宗でいう身延相承と池上相承が反対になっている。また字句の相異もはなはだしく文献的にも信を置きがたい。さらに弘安五年十月八日、日蓮入滅の直前

に制定した本弟子六人（六老僧）の「定《さだめ》」に、本弟子六人は序列なく「不次第」とする内容とも相異するなど、多くの矛盾点を露呈し後世の偽書であることが明らかとなる。↓日興

【二十八宿】にじゅうはっしゅく

天球上の星座を二十八に区分したもの。宿とは星宿のことで星座の意。中国ではこれを東西南北に分け七分している。東は角《かく》・亢《こう》・氐《てい》・房《ぼう》・心《しん》・尾《び》・箕《き》、北は斗《と》・牛《ぎゅう》・女《じょ》・虚《きょ》・危《き》・室《しつ》・壁《へき》、西は奎《けい》・婁《ろう》・胃《い》・昴《ぼう》・畢《ひつ》・觜《し》・参《じん》、南は井《せい》・鬼《き》・柳《りゅう》・星《せい》・張《ちょう》・翼《よく》・軫《しん》。古代の天文学に属し、二十八宿（実際は牛宿を除いて二十七宿）を月日にあてて吉凶を占う占星法として広まった。日蓮は二十八宿を法華経の行者守護の二十八善神とみて「二十八宿来りて、二十八将となり」（開目抄）と述べているが、日蓮宗では祈禱にこの二十八宿を用いることが多い。↓諸天善神

【二乗作仏】にじょうさぶつ

大乗諸経典では仏になることができないとされる声聞《しょうもん》・縁覚《えんがく》の二乗（いずれも自己の解脱のみをめざす小乗の立場）でも成仏できるとし、ひいてはすべての衆生の救済を意味する法華経の言葉。この法華経の立場を一仏乗という。↓一乗・開三顕一

【二処三会】にしょさんね

法華経が二つの場所と三つの場面で説かれたことをいう。二処とは霊鷲山《りょうじゅせん》と虚空《こくう》、三会とは前霊山《ぜんりょうぜん》会《え》・虚空会《こくうえ》・後霊山会《ごりょうぜんえ》。法華経は序品から法師品までは霊鷲山で説かれたのでこれを前霊山会とし、見宝塔品から嘱累品までは虚空で説かれたのでこれを虚空会とし、薬王菩薩本事品から普賢菩薩勧発品までは再び霊鷲山で説かれたのでこれを後霊山会とする。前霊山会は方便品を中心とする諸法実相《しょほうじっそう》・二乗《にじょう》作仏《さぶつ》などの開三顕一《かいさんけんいっ》（全仏教を法華経で統一すること）の法門、虚空会は如来寿量品を中心とする久遠《くおん》

実成《じつじょう》・娑婆《しゃば》即寂光《そくじゃっこう》などの開近顕遠《かいごんけんのん》（釈尊は永遠の存在であること）の法門、後霊山会は諸菩薩が中心となって法華経の讃嘆・行者の守護などが説かれている。日蓮は末法という時代認識から法華経全体をみ、とくに虚空会の法門を重視した。↓開近顕遠・開三顕一・霊鷲山

【爾前経】 にぜんきょう

爾前とは「その前」という意味で、釈尊一代五十年の説法のうち法華経が説かれる以前の四十二年間をいい、その間に説かれた諸教を爾前経という。天台大師智顗の五時教判では、華厳・阿含・方等・般若の教えを指し、これらは釈尊が真実の教えである法華経を説くまでの方便教（仮りの教え）とみなされる。日蓮はこの天台教学に立脚して法華経のすぐれていることを力説し、釈尊の真実の教えに随順することによってのみ、末法の人々の宗教的救いがあると主張した。↓五時八教・方便

【二尊四士】 にそんしし

本尊の一形態。釈尊と多宝仏の二仏が並び坐し、その左右の脇士《きょうじ》（補佐役）に上行《じょうぎょう》菩薩・無《む》辺行《へんぎょう》菩薩・浄行《じょうぎょう》菩薩・安立行《あんりゅうぎょう》菩薩の本化地涌の四大菩薩を配する本尊。法華経見宝塔品において多宝仏が現れ、釈尊と多宝仏がその宝塔中に並び坐して、嘱累品までの十二品が説かれた。法華経の教主釈尊の永遠性と衆生教化を象徴する諸菩薩を形像化したものが二尊四士であり、日蓮の描き示した大曼荼羅の上部を造像によって表現したものである。↓大曼荼羅・本尊

【日印】 にちいん　一二六四～一三二八

摩訶一坊と号する。越後の人。はじめは天台宗に学んだが、後に日朗に入門し、各地を巡歴して教えをひろめ、寺院を建立した。新潟三条の本成寺はその代表。日朗没後は鎌倉に本勝寺を開き、そこに住んだ。日朗の跡は日輪が継承したが、日朗入滅にさ

いし日印を含む日朗門下の主だった八人は、本所（日朗門流の拠点寺院である比企谷妙本寺・池上本門寺と貫主日輪）に違背せぬ旨を約し、分裂を防ごうとした。しかし日印は元亨元年（一三二一）の日蓮の忌日法要を独自に執行し、日朗門流と袂を分かつことになった。分裂後、日印は本勝寺を弟子日静《にちじょう》に譲って新潟本成寺に帰り、さらに本成寺を自身の門下の本拠と定めてこれを日静に譲ったのち会津妙蓮寺に隠居し、同所で歿した。弟子日静は京都に本国（圀）寺（六条門流の拠点）を開創し、日静から本成寺を譲られた日陣はやがて別の門流を形成するに至った。↓日朗門流・日静・本成寺

【日奥《にちおう》】 一五六五～一六三〇

安土桃山時代の日蓮宗の僧。日蓮宗不受不施派《ふじゅふせは》の開祖。安国院・仏性院と号す。妙覚寺十九世。豊臣秀吉の営んだ大仏殿千僧供養会の出仕をめぐって宗内が混乱したとき、国主供養は例外であるとする受不施論の立場にたいしあくまで不受不施を堅持して妙覚寺を退出。ここに宗内は受不施・不受不施の二派にわかれ、この対立は、慶長四年（一五九九）の徳川家康による大阪城中における対論にまで発展した（大阪対論）。ここでも日奥は、その厳格な主張を貫き通したため、翌年対馬流罪となった。十三年の配所生活ののち許され、不受不施弘通も認められたが、日奥の主張にくみする勢力の拡大を憂慮した身延山の日乾《にちけん》・日遠《にちおん》ら日重《にちじゅう》の法弟の訴えにより、寛永七年（一六三〇）江戸城で再度討論することとなった（身池対論《しんちたいろん》）。対論の結果、日奥は再び対馬配流を言い渡されたが、このときすでに死去しており、これを「死後の流罪」という。↓身池対論・日蓮宗不受不施派

【日遠《にちおん》】 一五七二～一六四二

字《あざな》は堯順、心性院と号す。京都に生れる。六歳で本満寺日重の門に入る。二十八歳で日重にかわり飯高檀林におもむいて講義をし、三十三歳にして法兄日乾《にちけん》のあとをうけて身延山二十二世となり、西谷に

檀林（僧侶の修学道場）を創設した。浄土宗と論争して政略的に破れた慶長法難のさい、幕府裁断を非法として再度の宗論を申請して徳川家康の怒りをかったが、かねてから日遠に帰依していた家康の側室養珠院お万の方の命乞いによって許された。しかし自ら身延を退き、養珠院の外護をえて大野に本遠寺を創して隠棲した。元和元年（一六一五）幕命で再び身延に住したが一年にして大野に隠れた。寛永七年（一六三〇）の身池対論には日乾・日暹とともに受不施派を代表して論陣をはり、のち、幕命をうけて本門寺に歴住したが、一年にしてひそかに弟子に譲り、鎌倉経ケ谷に隠棲した。病をえて日蓮入滅の地を慕い、池上に帰って七十一歳で寂した。↓慶長法難・身池対論・日重・養珠院お万の方

【日輝】 にちき　一八〇〇～一八五九

江戸時代末期の日蓮宗の宗学者。優陀那《うだな》院と号す。加賀（石川県）の人で、九歳で出家し、のちに金沢立像寺《りゅうぞうじ》を継ぎ、学塾「充洽園《じゅうこうえん》」を設立して、著作と子弟教育に専念した。日輝は幕末の排仏論横行の時代に実学を主張して時代に適応した日蓮宗学の確立と教団の覚醒をめざした。その結果、「優陀那宗学」とよばれる近代日蓮教学が組織され、充洽園の出身者によって明治維新の動乱期に日蓮教団が再興された。↓充洽園

【日経】 にちきょう〈にっきょう〉　一五六〇～一六二〇

常楽院と号す。日什《にちじゅう》門流の流れをくみ、のち京都妙満寺第二十七世貫主となる。その学識、弁舌ともに秀で、諸国を巡錫し諸宗を折伏。生涯に五十余か寺を開創したと伝える。また浄土宗と論争した慶長法難の当事者として有名。慶長十三年（一六〇八）十一月十五日、宗論当日の朝、多数の暴徒が日経を襲い、瀕死の重傷を負わせた。しかし江戸城中より再三の出頭命令によって戸板にのせられて出仕、弟子たちは問答の延期を言上するが聞きいれられず開始され、問答は日経がまったく悶絶の状態のため一語も答えることもかなわず、かねての筋書どおり

浄土宗の勝ちと決した。かくて日経は袈裟を剝ぎ取られ、投獄された。翌十四年日経は京都において弟子五人（日顕・日寿・日玄・日秀・日堯）とともに洛中引きまわしのうえ、六条河原にて刵劓刑（耳と鼻をそぐ刑）に処せられ追放となった。その後、一所に安住することを許されず、元和六年（一六二〇）十一月二十二日富山在の外輪野で歿す。ときに六十一歳。↓慶長法難

【日乾《にちけん》】 一五六〇～一六三五

字《あざな》は孝順、寂照院と号す。若狭国（福井県）小浜に生れた。十二歳で本満寺日重の門に入り、二十六歳の若さで本国（圀）寺の学道求法講院に講じ、二十九歳のとき日重の譲りをうけて本満寺十三世の法灯を継承した。慶長五年（一六〇〇）摂津国（大阪府）能勢頼次の帰依をえて覚樹庵を結び、これがのち発展して真如寺となった。同七年には後陽成天皇に『宗門綱格』を上書し教学体系を明らかにしている。同八年四十三歳で日重に代って身延山二十一世となるが、一年にして辞して京都に帰り、さらに日遠隠退のあとをうけて再住し、立正会などの論議を復活して五十五歳で西谷に隠棲した。元和三年（一六一七）覚樹庵に遊び、同四年徳川家康の側室養珠院の外護により駿河に貞松蓮永寺を興し、寛永四年（一六二七）には本阿弥光悦ら一門の屈請をうけて京都鷹ケ峰に学室を開いた。不受不施派との身池対論（身延・池上の論争）には受派を代表する一人としてこれに勝利を得、同七年幕命をうけて京都妙覚寺を董すること一年、能勢に帰り、七十六歳をもって寂した。↓身池対論・養珠院お万の方・妙覚寺

【日賢《にちけん》】 一五八三～一六四四

江戸時代初期の日蓮宗の僧。寂静院と号し、記録によれば「本国（圀）寺門徒にて俗姓は妙顕寺の檀那の子也」とあるから、京都辺の人と思われる。本国寺日禛《にっしん》について出家し、のち関東の多くの学堂に学んだ。学徳が高く、飯高《いいだか》・中村《なかむら》・松崎《まつざき》の三檀林の能化を歴任し、慶長十八年（一六一三）中山法華経

寺の十九世として迎えられる。寛永年間の受不受論争では関東系不受不施派の重鎮として活躍し、寛永七年（一六三〇）の身池《しんち》対論《たいろん》では不受不施派の代表の一人として出席。対論の結果は敗北となり、遠州（静岡県）横須賀に流されたが、ここに領主の帰依を得て本源寺を開創した。また、配所において『諭《ゆ》迷復宗決《めいふくしゅうけつ》』『諭迷復宗決別記』を著している。これは日蓮宗を離脱し天台宗に改宗した真迢《しんちょう》が日蓮の説を邪見とし、これを説破して正法を顕揚するために著した『破邪顕正記《はじゃけんしょうき》』にたいする反駁書。↓身池対論・真迢

【日護】にちご　一五八〇～一六四九

江戸時代初期の日蓮宗の僧。丹波（京都府）の人で十五歳で出家し中正院と号す。下総（千葉県）飯《いい》高檀林《だかだんりん》に学んだのち、諸国を巡歴した。四十一歳の時播磨（兵庫県）明石に草庵を結んだころより仏像彫刻を始め、造像の名手として有名。日護が開創した京都鳴滝三宝寺の釈迦千体仏をはじめ、六十五歳までに造像七千余という。また法華経の摺写・読誦にも努め、戒律厳守の人であった。↓飯高檀林

【日好】にちこう　一六五五～一七三四

江戸時代中期の日蓮宗の学僧。禅智院と号し、京都の人で、水戸檀林（茨城県）・六条檀林（京都）・中村檀林（千葉県）の各化主を勤め、玉沢妙法華寺（静岡県）の二十七世を継いだ。晩年は江戸の本通庵に隠退し著述に没頭した。とくに日蓮の遺文の解説に尽力し、『録内拾遺《ろくないしゅうい》』『録外微考《ろくげびこう》』『録内扶老《ろくないふろう》』を著した。学風は日重《にちじゅう》の教系に連なる。↓日重

【日珖】にちこう　一五三二～一五九八

戦国時代の日蓮宗の学僧。仏心院と号す。学識徳行の深さは各宗に響き、関西日蓮教団の指導者として活躍した。堺（大阪府）に妙国寺を創し境内に学問所を設け、日詮《にっせん》・日諦《にったい》と三人で講義した天台学の講会は三光無師会《さんこうむしえ》とよばれ、近世日蓮宗教学の源流と称されている。天正七年（一五七九）に織田信長

の命による安土宗論を行い、謀略によって弾圧されてから日蓮教団の修正を計った。↓安土宗論・三光無師会

【日高】《にちこう》 一二五七〜一三一四

鎌倉末期の日蓮宗の僧。日蓮の有力な信者であった大田乗明の子息で、身延の日蓮のもとで修学に励んだ。帥公《そっこう》という。日常（富木常忍《ときじょうにん》）の譲りをうけて下総（千葉県）中山法華経寺の二世となる。下総の豪族千葉胤貞《ちばたねさだ》を法華経寺の俗別当にむかえ、寺領の寄進を受けるなどして同寺発展の基礎を築いた。

↓大田乗明・法華経寺

【日講】《にちこう》 一六二六〜一六九八

江戸時代の初期に法華経信者以外からは施しを受けず、施さないとする不受不施義を主張した学僧。日蓮宗不受不施講門派の祖。安国院と号す。日蓮遺文の注釈書『録内啓蒙』三十六巻が著名なことから啓蒙講師ともいう。京都の人で欲賀氏の生れ。十歳のとき妙覚寺日習の門に入り、のちに関東の諸檀林（僧侶の修学施設）で勉学した。江戸幕府は不受不施義の弾圧をつよめ、日講は寛文六年日向《ひゅうが》（宮崎県）へ流罪となり、島津氏の外護を得て『録内啓蒙』を著した。↓日蓮宗不受不施派・不受不施

【日持】《にちじ》 一二五〇〜？

日蓮の本弟子六老僧の一人。蓮華阿闍梨と号す。静岡貞松《みまつ》蓮永寺開山。わが国海外伝道の始祖として名高い。駿河国（静岡県）庵原郡の松野六郎左衛門の子。はじめ天台教学を学び、のち日興《にっこう》に導かれて日蓮の門に投じた。駿河に活躍し松野氏の外護によって松野の地に蓮永寺を創した。この松野の蓮永寺は、のちに徳川家康の側室養珠院（お万の方）が静岡の沓谷《くつのや》の地に移し、日持の遺徳を顕彰した。日持は正応元年（一二八八）日蓮の第七回忌を迎えるにあたり、日蓮の木像造立を発願し、侍従公日浄とともに願主となってこれを成就し、池上本門寺に納めた。現在重要文化財に指定されている池上の御影像

がこれである。永仁二年（一二九四）には日蓮の第十三回忌を修し、翌三年正月朔日、日蓮の宿願であった本化の妙法（法華信仰）を漢土（中国）・月氏（インド）へ帰す使命にあたらんと門下を集め決意を表明し、後事を弟子日教に委ね、単身北をめざして故郷をあとにした。道を奥州にとり蝦夷（北海道）に渡り、さらに大陸にまで渡ったと伝えられる。青森県には黒石の法嶺院と青森市の蓮華寺に足跡が残り、北海道には函館石崎の妙応寺・椴法華《とどほっけ》村妙顕寺・松前法華寺など各地に日持の遺跡が伝えられている。さらに中国東北部・モンゴルにもその遺跡があるといわれるが、その詳細、歿年などは未詳。宗門では松野を出発した永仁三年元日を命日として、その勲功をたたえている。↓六老僧

【日樹】《にちじゅ》 一五七四〜一六三一

江戸時代初期の日蓮宗の僧。備中（岡山県）黒崎の生れ。長遠院と号し、比企谷妙本寺・池上本門寺十六世（のち除歴）。不受不施を主張し、受不施を唱える身延派と対抗した。寛永七年（一六三〇）の身池対論《しんちたいろん》では、不受不施《ふじゅふせ》派の代表の一人として出席し、受不施派と激しく法論を行ったが、幕府の裁決によって敗れ、信州（長野県）飯田に流罪された。↓身池対論

【日住】《にちじゅう》 一四〇六〜八六

室町時代の日蓮宗の僧。真如院と号し、京都本覚寺の住職で、のち同妙覚寺十三世。二十一歳のとき比叡山に学び、日蓮遺文の蒐集に努めるなど十五世紀の代表的学僧。師日延の遺志を継いで諸本山間の対立の調停にあたった。寛正六年（一四六五）、足利義政への宗義の直訴が原因となり、京都日蓮宗に比叡山から圧力がかけられたが、京都諸本山の盟約締結の中心人物として活躍した。↓寛正の盟約

【日重】《にちじゅう》 一五四九〜一六二三

一如院と号す。若狭国（福井県）小浜の生れで、幼くして本国（圀）寺に入り、やや長じて近世日蓮

宗学の出発点ともなった三光無師会に参じ、さらに奈良に学を修め、京都本満寺十二世となる。天正十九年（一五九一）本国寺学道求法講院が開設されるや、請われて多くの学徒を養成した。文禄四年（一五九五）豊臣秀吉の千僧会への出・不出問題では、宗門護持の立場から出仕を主張し、不出仕を主張する不受不施義の妙覚寺日奥《にちおう》と争って勝ちをおさめた。三光無師会の仏心日珖は折伏主義を排して温和に説得する摂受主義の教学にたったが、日重はこの系譜を受けつぎ、法華経本門と迹門には本質的なちがいはないとする一致派教学の原点ともみなされている。日重の門からは学匠が輩出し、おおいに教学を展開して、関東・関西の諸山はほとんど日重の門に帰するところとなった。晩年『見聞愚案記』二十三巻を著し、七十五歳をもって寂した。↓日珖

【日什《にちじゅう》】 一三一四～一三九二

室町時代初期の顕本法華《けんぽんほっけ》宗《しゅう》の開祖。玄妙《げんみょう》阿《あ》闍梨《じゃり》と号し、会津（福島県）黒川の生れ。はじめ比叡山

に登り天台学を学び、のち会津に帰り、羽黒山東光寺で天台の教学を講じていた。が、中山門流の真間弘法寺で研鑽を積み、やがて弘法寺の学頭となり、中山・真間両山衆徒の教育にあたった。その後、中山門流から独立し、一派をたてた。これは日蓮以降の直弟・末弟を否定し、日蓮から経巻を通して直接に法を伝授したという直授日蓮・経巻相承の主張によるもの。康応元年（一三八九）京都に妙満寺を開創し、ここを弘通の拠点として、日蓮が『立正安国論』を幕府に上呈したことにならい、公武に対して諫奏をつづけた。日什の法系を日什門流、または妙満寺派という。↓顕本法華宗・妙満寺

【日静《にちじょう》】 一二九八～一三六九

鎌倉時代末から南北朝時代の日蓮宗の僧。妙竜院と号し、父は上杉頼重、母は足利氏の娘で、足利尊氏の叔父にあたると伝える。鎌倉本勝寺・越後（新潟県）本成寺を開いた日印の弟子。師の入寂後、建武四年（一三三七）のころ京都へ上り、本勝寺を移

して六条堀川の地に本国（圀）寺を開いた。公家・武家の帰依を受け、妙顕寺と並んで京都日蓮宗を代表する寺院に発展させた。→本国寺

【日陣《にちじん》】 一三三九〜一四一九

室町時代初期の学僧。法華宗陣門流（旧本成寺派）の祖。円光坊と号し、門一阿闍梨と称す。越後国瀬波郡加治庄の人。八歳のとき日印の開創した本成寺に入り、日竜に師事して得度。延文元年（一三五六）京都にのぼり本国（圀）寺貫首日静《にちじょう》の学室に入り、建立院日伝《にちでん》とともに修学。応安二年（一三六九）六月、日静は入寂にのぞんで、日伝に本国寺を、日陣に越後の本成寺をゆずった。このとき日陣は三十一歳。日陣は本成寺を根拠として奥州・北陸・関東方面に法華経の伝道にあたり、永徳三年（一三八三）には東海地方の遠江鷲津《わしず》に弘通して、真言僧を教化して弟子となし本興寺と改めた。また、明徳元年（一三九〇）には新居の寺を本果寺と改め、名古屋の妙本寺・本能寺も日陣の教化によって改宗した。その後、応永四年（一三九七）上洛し、本国寺において法華経の本門と迹門の区別を明確に主張する本勝迹劣の義を標榜し、貫首の日伝と多年にわたる論争を展開する。なかでも日伝の五十五か条の難問に対する日陣の回答は『本迹同異決』と名づけられている。そして日陣は本国寺と袂をわかち、応永十三年四条堀川油小路に本禅寺を創し、京都における弘通の本拠とした。その教義の特色は、法華経の如来寿量品（本門）こそ釈尊の本意が示されたものであり、そこに至るまでの迹門の教えによっては成仏できない（迹門無得道）とするところにある。応永二十二年本禅寺を日登に、応永二十六年に本成寺を日存に託して伝道弘通に出発した。その後の行動は一切不明であるため、この年を入寂としている。ときに八十一歳であった。→日静・法華宗陣門流・本成寺・本能寺

【日像《にちぞう》】 一二六九〜一三四二

肥後房と称する。千葉県平賀（松戸市）の豪族平

賀忠晴の子。七歳のときに日朗《にちろう》に入門、のち身延に登り、日蓮に面会して弟子となり経一丸の名を授かる。晩年の日蓮について研鑽を積み、日蓮入滅にさいし京都弘通を委嘱されたという。永仁元年（一二九三）の冬から同二年の春まで由比が浜で京都弘通成就の祈願を込めて百日間の苦行を修し、日蓮の遺跡をめぐったのち、永仁二年四月、北陸経由で上洛した。途上石川県・福井県などでも布教、弟子を得た。洛中にあっては柳酒屋・公方の大工志《さかん》といった新興階層である商人・手工業者が入信したのを始め、近郊の農民も檀越《だんのつ》となっていった。日像入洛後十数年、門下勢力が充実する反面、諸宗派からの圧力も強くなり、日像は徳治二年（一三〇七）、延慶三年（一三一〇）、元亨元年（一三二一）の三回洛中を追放されている。しかし、実際は京都近郊に止住していたようであり追放期間も回を追うごとに短かくなっている。すでに第二回の追放の時点では綾小路大宮に道場を構えており、第三回追放ののち、弘通の勅許を得た日像はこの道場を移建し妙顕寺を開創した。元弘三年（一三三三）大塔宮《だいとうのみや》護良《もりなか》親王は、後醍醐天皇の京都還幸を妙顕寺に立願し、還幸が成就すると寺領を寄進、さらに建武元年（一三三四）後醍醐天皇は妙顕寺に勅願寺の綸旨を下した。ついで足利将軍家よりも祈禱所に指定された。暦応四年（一三四一）日像は、六条からなる禁制を認めて大覚妙実に授け、翌康永元年妙顕寺を大覚に譲ったのち入寂。日像は後年大覚が行った祈雨の効験によって、日蓮・日朗とともに菩薩号を追贈されている。

→大覚妙実・妙顕寺

【日尊】にちぞん　一二六五〜一三四五

鎌倉時代後期から室町時代初期にかけての布教僧。京都要法寺・会津実成寺などの開山。奥州（宮城県）登米郡玉野の人。布教伝道の地域が北は奥州から西は京都・安芸・出雲にまでおよび、建立寺院が三十六か寺と伝えられるほど法華弘通に専心した。はじめ天台教学を学び、のち弘安六年（一二八三）日目《にちもく》の教化にあって改宗し、日興《にっこう》に師事。所伝によれば、正安元年（一二九九）師日興より勘当をうけ、伝道の旅に出た。十二年後勘当はとかれ、正慶二年（一三三三）日興入滅後、日目の天奏上洛に法弟日郷《にちごう》とともに従ったが、中途にして日目の遷化にあい、日郷を随えてその任を果たした。暦応二年（一三三九）に六角油小路に上行院を開創して京都における日興門流の基盤を確立。康永四年（一三四五）八十一歳をもって入寂した。尊門・日尊門徒の祖。↓日目・日興・要法寺

【日導《にちどう》】 一七二四～一七八九

江戸時代後期の学僧で、近世日蓮宗学の組織者。肥後熊本の人で井上氏の生れ。日導は、当時の学問所（檀林《だんりん》）での勉学が天台教学に傾斜し、日蓮の教学思想がかえりみられない状態であったことから、寛延二年（一七四九）四人の学友とともに宗学復興の約束をし、日蓮遺文研究に専念した。学業を終えると、正峰山妙興寺（千葉県香取郡）第四十世の住職となり、ついで牛込慧光寺（現在は東京都新宿区瑞光寺）の第十世となった。その寺において日導は『祖書綱要』を著し、このため、綱要導師と称される。天明五年（一七八五）には、熊本本妙寺の招請に応じて帰郷し、第二十世の法灯を継承し、寛政元年（一七八九）七月十二日病によって入寂した。日導の著作は『祖書綱要』のほか、『法華即身成仏義』『草木成仏記』『四種三段抄』などがある。弟子には不染院日亮・渓順院日逞などがある。↓祖書綱要

【日目《にちもく》】 一二六〇～一三三三

鎌倉時代末の日蓮宗富士《ふじ》門流《もんりゅう》の僧。駿河（静岡県）伊豆の新田氏の生れ、母は南条氏。蓮蔵房・新田郷阿闍梨・郷公と称す。十五歳の時に日興《にっこう》の弟子となり、身延山の日蓮に仕える。奥州に布教を行い、陸前（宮城県）新田本源寺などを開創する。日興の高弟六人（本六）の一人であり、富士大石寺第三世となる。↓大石寺・日興

【日祐】にちゆう 一二九八～一三七四

鎌倉時代末～南北朝時代の日蓮宗の僧。大輔公、浄行院と号す。千葉氏一族の出身と思われ、千葉胤《たね》貞《さだ》の猶子《ゆうし》（義子）である。下総国（千葉県）中山法華経寺二世日高《にちこう》の弟子となり、正和三年（一三一四）師の死去により十七歳で同寺三世となる。義父胤貞より広大な寺領の寄進を受け、法華経寺は経済的基盤を確立する。そして日祐はめざましい宗教活動を展開している。まず法華経の転読・書写、曼荼羅本尊の書写を精力的に行う。また法華経寺の堂宇・本尊仏像の造営を千葉一族と六浦妙法ら商人の経済的実力を背景に進めている。文保元年（一三一七）をはじめとして四度上洛し、聖教の書写や法門の奏聞を行う。さらに末寺の開堂・仏像開眼などの法会に導師として臨み、毎年のように身延山への参詣を行っている。いっぽう、日蓮真筆遺文をはじめとする多数の聖教を蒐集し、後代へと伝え尽力。『本尊聖教録』をはじめ『当家法門目安』『問答肝要抄』などの自筆本が各地に伝えられている。→法華経寺・本尊聖教録

【日隆】にちりゅう 一三八五～一四六四

室町時代中期の学僧で、法華宗本門流・本門法華宗・本門仏立宗などの八品門流の祖。慶林坊という。越中（富山県）射水郡の人で桃井氏の生れ。越中の遠成寺で出家し、のち京都妙顕寺の通源日霽《にっせい》の門に入る。日霽が入寂したのち月明《がつみょう》が貫首についたが、月明は世俗の権力に迎合したために学風が乱れ、日隆など二十余名は妙顕寺を退出し、日隆は三河・堺・摂津・瀬戸内方面・敦賀・越中などに伝道した。ことに尼崎では領主細川満之の帰依を得て本興寺を建立して、ここで門下の教育にあたった。また、京都に本能寺を設けた。日隆は門下の教育と同時に、三百五十余巻の著書を著した。『法華宗本門弘経抄』『開迹顕本宗要集』『法華天台両宗勝劣抄』『私新抄』などがある。→法華宗本門流・本能寺・本門仏立宗・本門法華宗・妙顕寺

【日臨】にちりん　一七九三〜一八二三

江戸時代後期の日蓮宗の行学兼備の修道者。江戸の人で、幼少より出家を志し飯高檀林（千葉県）に学んだが、当時の教団にあきたらず、身延山の裏山に籠って苦修練行、ついに大悟した。その後、京都深草の法華律の創唱者元政《げんせい》の跡を慕って隠棲、二十八歳のときに身延山に戻り、醒悟園《しょうごえん》を建立して戒律堅固の行学研鑽を積んだ。世に本妙律師と讃えられ、門下に近代日蓮宗の祖日輝《にちき》がおり、後世に与えた影響は大きい。↓元政・日輝

【日蓮】にちれん　一二二二〜一二八二

日蓮は貞応元年（一二二二）二月十六日、安房国（千葉県）長狭郡東条郷の片海に生れた。幼名は薬王丸。父はこの地の有力漁民、また荘官クラスの人であったという。十二歳のとき、近くの比叡山横川系の天台宗清澄《せいちょう》寺に登り修学、十六歳のとき同寺の道善房について出家。房号は是聖房。鎌倉・比叡山・三井・高野山で諸経・諸宗の教学を学び、末法の人々を救済する教えは法華経たることを確信する。建長五年（一二五三）四月二十八日、清澄寺で法華信仰の受持《じゅじ》を説き、とりわけ浄土教を批判した。立教開宗である。しかし、念仏者の地頭東条景信により、清澄寺を追放され、鎌倉松葉谷《まつばがやつ》に草庵を構え、そこで法華経を弘めた。正嘉元年（一二五七）から文応元年（一二六〇）にかけて地震・飢饉・疫病などの災害が続出。日蓮は災害から救済される唯一の方策として、浄土教を禁じ法華経への帰依を勧めた『立正安国論』を前執権の北条時頼に上呈した。加えて、浄土教徒と論争し彼らを論破したため、たびたび襲撃を受けた。この危難は免れたが、幕府は弘長元年（一二六一）五月十二日、日蓮を逮捕し伊東に配流した。伊豆流罪である。同三年二月流罪を赦され、翌文永元年（一二六四）母の病気見舞のため安房に帰った。同年十一月十一日地頭東条景信をはじめとする念仏者は、日蓮らを小松原の大路において襲撃。弟子一人は討死、二人は重傷を負い、日蓮

自身も頭に疵を受け左手を折られた。小松原法難である。しかし、伊豆流罪や東条景信の襲撃によって、弘通者はかならず迫害を受けるとの法華経に説く仏の言葉を自己のものとした日蓮は、法華経の行者の自覚をいっそう深めていった。文永五年正月、日本の服属を求める蒙古の国書が届いた。これは九年前に日蓮が『立正安国論』で警告した他国からの侵略の予言が的中したもので、日蓮の諸宗批判をさらに激化させた。文永八年、日蓮とその門弟はついに律宗や浄土宗の人々により幕府に訴えられた。蒙古襲来の深まりゆく危機感も加わり、九月十二日幕府は日蓮とその門弟の言動にたいし徹底的に弾圧を加えた。日蓮は佐渡流罪と決まりながら、竜口《たつのくち》で斬首されようとしたが危難をさけることができた。竜《りゅう》口《こう》法難である。日蓮は文永八年十月十日、相模国（神奈川県）依智《えち》を発ち、壊滅状態の教団を気遣いながらも、佐渡塚原の荒れた草堂という陰惨な環境で流謫の生活をはじめる。こうしたなかで、文永九年には自己を仏によって予言された法華経の弘通者

であることを明かした『開目抄』、翌十年には唱題による救済の方法を説いた『観心本尊抄』を著し、その思想をさらに深化させたが、翌十一年二月流罪赦免となり鎌倉に帰った。四月八日には幕府に召喚され平頼綱に三度目の諫言をするが、日蓮の意見は容れられず鎌倉を去って甲斐国（山梨県）身延山に入った。その年の十月、蒙古が襲来して他国からの侵略が現実となり、翌建治元年（一二七五）末法における法華経の弘通者たることを重ねて強調した『撰時抄』を著した。翌二年には死去した旧師道善房のために、報恩の道を説いた『報恩抄』を述作。また、弟子の育成や池上兄弟・四条金吾にたいする迫害、駿河国（静岡県）熱原でおこった熱原法難などに苦しむ弟子・檀越の指導にあたった。弘安五年（一二八二）九月、寒気の深まるなかで日蓮の病状が悪化、常陸国（茨城県）で湯治すべく身延山を発ち、九月十八日には武蔵国（東京都）千束郷の池上宗仲の館に到着。しかし、病状はさらに進み、日蓮はここを入寂の地と定め、十月八日には日昭《にっしょう》・日《にち》

朗《ろう》・日興《にっこう》・日向《にこう》・日頂《にっちょう》・日持《にちじ》の六人を本弟子に定め、滅後の門弟の中心とした。のちの六老僧である。十月十三日、六十一年間の法華経弘通の生涯を閉じ、遺骨は遺言により身延山久遠寺に納められた。↓熱原法難・伊豆法難・久遠寺・五大部・小松原法難・佐渡流罪・清澄寺・誕生寺・本門寺（池上）・松葉谷法難・立教開宗・竜口法難・六老僧

【日蓮宗不受不施派】 にちれんしゅうふじゅふせは

仏性院日奥《にちおう》を派祖とし、岡山県金川の妙覚寺《みょうかくじ》を本山とする日蓮宗の一宗派。身池対論《しんちたいろん》（身延と池上の論争）以後、幕府の不受不施義を唱える一派に対する禁教政策は強化され、寛文九年（一六六九）には不受不施派寺院の寺請停止が命ぜられ、正式に檀家をもつことができなくなった。これは事実上の公的な布教活動の禁止であり、これ以降は地下に潜ってその信仰を維持していかなければならなくなった。不受不施派の成立は、この地下に潜んで秘密教団を形成した時をもってする。かれらはその後も続いた弾圧を法難としてとらえ、逆にその組織を強化しながら内的な信仰を深めていった。明治九年（一八七六）釈日正の請願により「日蓮宗不受不施派」の再興、派名公称の認可がおり、独立宗派となった。↓身池対論・日奥・不受不施

【日蓮正宗】 にちれんしょうしゅう

日蓮の弟子日興《にっこう》（一二四六〜一三三三）を派祖とし、富士大石寺を総本山とする宗派。興門派・大石寺派のこと。室町時代から大石寺を中心として発達した特異な思想である日蓮本仏論（釈尊を脱仏とし、末法の本仏を日蓮とする）を主張。明治時代に入り、教団の統合により勝劣派（法華経の本門と迹門の優劣を主張する派）に属し、明治九年（一八七六）には日興の流れをくむ大石寺・重須《おもす》本門寺・西山本門寺・下条妙蓮寺・小泉久遠寺の富士五山および保田妙本寺・京都要法寺・讃岐本門寺などが合同し、日蓮宗興門派として独立した。明治三十二年に本門宗と改称したが、翌年九月、大石寺はこの本門宗から

離脱して日蓮宗富士派と称した。さらに明治四十五年に日蓮正宗と公称して現在に至る。日蓮正宗の在家信者により構成された団体が創価学会で、昭和五年に牧口常三郎が創価教育学会を発足、同二十年、戸田城聖が現在の名に改めた。↓創価学会・大石寺・日興

【日蓮聖人御遺文】《にちれんしょうにんごいぶん》

本間海解・稲田海素が、開宗六百五十年記念事業として『高祖遺文録』を底本に、真筆・古写本と対照校合し、新たに七十九書を増補して明治三十七年（一九〇四）に刊行した。全一冊。大正九年（一九二〇）の重版には、さらに新発見遺文二十九書を増補。以後、多くの版を重ね、縮刷遺文・縮遺・霊艮閣版の名で、近代における日蓮研究の基本的遺文集として、広く宗門・学界に用いられた。↓遺文

【日蓮聖人註画讃】《にちれんしょうにんちゅうがさん》

円明院日澄《えんみょういんにっちょう》（一四四一～一五一〇）著、室町中期の成立。日蓮の生涯を絵と漢文の詞書で表した絵巻物で、室町時代成立の代表的日蓮伝記本の一つ。日蓮伝記における最初の絵詞伝でもある。原本は存在しないが、著者日澄歿後二十六年目の天文五年（一五三六）に、京都の絵師である窪田統泰が製作したものを京都本国（圀）寺に所蔵する。これは漢文体の詞書をもつ極彩色のもので、原本の内容にもっとも近いと考えられる。日蓮の生涯を三十二の項目に分けて描いた内容は、日蓮を超人的な覚者として捉えたため、宗教的奇蹟や諸人の興味をひく潤色的記述が多く、同時期に成立した日朝の『元祖化導記』とは対照的な内容をもつ。近世前期には重版されて流布し、また中期以降には本書を種本とした多くの日蓮伝記本が述作・出版され、後世の日蓮伝に大きな影響をあたえた。↓元祖化導記・日澄

【日蓮大士真実伝】《にちれんだいじしんじつでん》

小川泰堂《おがわたいどう》（一八一四～七八）著、慶応三年（一八六七）の成立。近世後期成立の代表的日蓮伝記本。

幕末の社会状勢を危機意識のもとに受けとめた著者が、日蓮の生涯を救国の仏教者として描いたもの。京都平楽寺書店版が大正七年（一九一八）から昭和九年まで、実に二十版を重ねる記録的な出版となったように、諸人の日蓮像構築に大きな影響を与えた。↓小川泰堂

【日蓮本宗】にちれんほんしゅう

日蓮の弟子日興《にっこう》（一二四六〜一三三三）を派祖とし、京都要法寺を本山とする宗派。日興の弟子日尊《にちぞん》が京都に布教し開創した上行院と、その弟子日大が開いた住本寺の両拠点寺院は、天文五年（一五三六）の法難により破却され、同十九年、日辰《にっしん》が両寺を合併し要法寺として再興した。明治時代に入り、教団の統合により本門・迹門の教えには本質的に優劣があると主張する勝劣派に属したが、明治九年（一八七六）、要法寺は日興の流れをくむ大石寺・重須本門寺など富士五山の諸本寺と合同し、日蓮宗興門派として独立。明治三十二年には本門宗と改称した。昭和十六年、第二次大戦下の新体制運動のなかで、本門宗は日蓮宗・顕本法華宗と合同し日蓮宗と称したが、昭和二十五年、要法寺はそこから離脱して日蓮本宗と公称し現在に至る。↓日興・日辰・要法寺

【日朗】にちろう　一二四五〜一三二〇

六老僧の一人。筑後房・大国阿闍梨と称す。下総（千葉県）能手郷の平賀二朗有国の子。母は六老僧の一人日昭の妹といい、有国没後、平賀忠晴と再婚し、日像・日輪をもうけた。日朗は幼名を吉祥磨《きっしょうまろ》といい、十六歳で日蓮の弟子となった。以後日蓮に随侍し、その誠実な給仕の態度で広く門下の人々に重んぜられた。日蓮が身延に隠棲したのち、日昭・大進阿闍梨らとともに鎌倉にあって門下を統率し、本弟子六人（六老僧）に列せられた。日蓮葬送のときは日昭とともに遺体を棺におさめ、形見として釈迦立像をうけ、さらに日蓮の七回忌には池上本門寺大別当として、池上宗仲とともに日蓮像を造立した。

日朗は鎌倉比企谷《ひきがやつ》妙本寺・池上本門寺を拠点として門下を教導したが、門下には「朗門《ろうもん》の九鳳《くほう》」と称される逸材があり、各地に布教活動を展開した。このグループを日朗門流・比企谷門流という。元応二年正月二十一日七十六歳で、池上南窪において入寂。後を日輪が継承した。なお、日蓮宗一般の所伝では、日朗は日蓮伊豆流罪のとき、由比ケ浜で右腕を折られて生涯不自由であったというが、最近の研究では、これは諸伝が混同されたものであり、日朗の手跡などから考えて、右腕が不自由であったことはない、との見解が出されている。↓日朗門流

【日朗門流】 にちろうもんりゅう

六老僧の一人、日朗を祖とする門流。比企谷妙本寺・池上本門寺をその拠点寺院とする。広くは四条門流・六条門流・日陣門流をも含んで称することもある。また、拠点寺院に本土寺（平賀・千葉県松戸市）を加えて三長三本（長興山妙本寺・長栄山本門寺・長谷山本土寺）とも称する。通常は、京都に展開した四条門流・六条門流・日陣門流等は別個の独立した門流とみなし、関東・東海に伸長した日朗の法脈を称することが多い。日朗には主だった弟子が九人おり、これを朗門《ろうもん》の九鳳《くほう》という。日像・日輪・日善・日伝（典）・日範・日印・日澄・日行・朗慶の九人である。このうち日像・日印については別項解説の如くであるが、日輪は比企谷・池上を継承して門流貫主としてその運営にあたり、他の六人もそれぞれ各地に布教を展開し京都・鎌倉・三浦半島方面・武蔵・丹波・安房・尾張などに同門流勢力を伸長させた。日輪の跡を日山が継承したが、日山が頓死したため一時身延の上行院日叡が日朗門流貫主を兼ねたことがあり、この二門流一貫主体制は、応永七年（一四〇〇）延命院日行が貫主に就任するまでつづいた。その後門流勢力は後退したが、戦国時代に至って勢力を盛りかえし上総地方の勢力圏の再編成、北陸・佐渡方面へ伸長がなされた。江戸時代に入ると、不受不施義《ふじゅふせぎ》を主張する池上本門寺日樹とこれに反対する身延の日乾・日遠などとの対論に池上

方が負けたために、身延の支配下に組み入れられることになったが、これも一時的なものであった。また、従来鎌倉が重要拠点であったが、江戸時代以降は府内に近い池上に中心が移り、立地条件ともあいまって、日朗門流は日蓮宗の中核をなすようになった。とくに江戸の拠点である池上本門寺は江戸庶民のあいだにひろまった祖師信仰のメッカとしても多数の参詣者を集め、お会式の万灯供養のにぎわいは、近世文芸の題材の一つになっている。↓九老僧・四条門流・日印・日像・本土寺・本門寺（池上）・妙本寺・六条門流

【日興《にっこう》】 一二四六～一三三三

六老僧の一人。伯耆房また白蓮阿闍梨という。甲州（山梨県）鰍沢の生れであるが、母は駿河国（静岡県）河合の由比氏の出である。幼くして駿河蒲原の天台宗四十九院に入って修学したが、正嘉元年（一二五七）のころ『立正安国論』執筆のため岩本実相寺の経蔵に入った日蓮に出会い、その弟子になったという。日興は駿河を中心に甲斐・伊豆方面に布教しておおいに成果をあげたが、同時に諸寺の長老などの怒りをかい、幕府の弾圧をうけ、神四郎兄弟ら三人が斬首されるという熱原法難をひきおこした。日蓮寂後、百か日忌に身延山の守塔輪番のことが定められたが、三回忌のころには各地に散在して幕府の圧力などと闘いながら布教に専念する主な弟子たちは、思うように登山できなかった。そこで日興が領主の南部実長とも相談して身延に常住することとなった。ほどなく、同じ六老僧の一人である日《に》向《こう》も登山してきて、ともども経営にあたることとなった。しかし、日興は日向とは対照的な厳格な人柄であったため、実長は寛容な日向をよしとし、日興はついに正応元年（一二八八）身延を離れ、富士の大石が原におもむき、南条時光らの外護をえて大石寺を創し、さらに永仁六年（一二九八）、近くの重須《おもす》に本門寺を開いて、約四十年の長きにわたり弟子の養育につとめた。八十八歳で寂したが、門下からは本六人・新六人などと称せられる多くの人材が

輩出し、日興門流が形成され、富士門流として発展した。→熱原法難・日蓮正宗・富士五山・六老僧

【日昭】にっしょう　一二二一～一三二三

六老僧の一人。弁阿闍梨と号す。下総（千葉県）の人。父は印東次郎左衛門尉祐昭、母は工藤祐経の娘。嘉禎元年（一二三五）十五歳のとき天台宗寺院で出家し、成弁《じょうべん》と称した。のちに比叡山に登り天台教学を学ぶ。この時期に日蓮と出会ったといい、建長五年（一二五三）鎌倉で弘教中の日蓮を訪れ、弟子となって日昭と名のる。日昭は大師講を営むなど鎌倉を中心に布教活動を行い、日蓮の築いた教団を支えていた。日蓮も日昭を補処《ふしょ》の宝器（後継者）とみなしていた。弘安五年（一二八二）十月、日蓮は入滅に当って本弟子六人を定めて滅後の教団を委嘱したが、日昭はその上首にあげられ、日朗とともに日蓮の葬儀を督した。弘安七年、鎌倉浜土《はまど》に法華寺を建立し、教団の拡張を図ったが、日蓮滅後の教団は外圧によって崩壊の危機にあった。日昭は日朗と協力してこの危機をのりこえて宗勢を維持した。徳治元年（一三〇六）越後の風間信昭が相模名瀬に妙法寺を開創し、日昭は初祖に迎えられたが、翌二年に弟子日成に譲り、法華寺に帰った。文保元年（一三一七）法華寺を日祐に付嘱し、元亨元年（一三二三）百三歳で入寂。著書に『経釈秘抄要文』『申状』などがある。日昭の法脈を日昭門流・浜門流という。→日昭門流・六老僧

【日昭門流】にっしょうもんりゅう

六老僧の一人、弁阿闍梨日昭の法脈を継承する門流のこと。浜門流ともいう。日昭は、日蓮在世中から鎌倉を中心に布教活動を行い、日蓮滅後も日朗《にちろう》とともに鎌倉の教団を支えていた。弘安七年（一二八四）鎌倉浜土《はまど》に法華寺を建立し、ここを布教の拠点とした。日蓮滅後の教団は幕府や他宗からの弾圧を受け壊滅の危機に瀕したが、日昭は日朗と協力してよく危機をのりこえ宗勢を維持した。徳治元年（一三〇六）越後（新潟県）の風間信昭が相州名瀬（神

奈川県）に妙法寺を創立して日昭を初祖としたが、翌二年弟子日成に譲り、文保元年（一三一七）には法華寺を日祐に譲った。風間氏が領地の越後へ移るとともに妙法寺も移転し、日成も同地に赴き教線を拡張した（現在の新潟県村田妙法寺）。浜土の法華寺は津波などによりたびたび移転したが、文禄三年（一五九四）には伊豆玉沢へ移った。現在の妙法華寺（静岡県三島市）がそれである。↓日昭・妙法華寺

【日辰《にっしん》】 一五〇八〜一五七六

字は寿成、広蔵院と号す。七歳で住本寺日法に投じ、本隆寺日真・西山本門寺日心にも学び、天文十四年（一五四五）北野宮寺の経蔵に入って一切経を閲読、同十六年大蔵経の抜萃五十巻を撰した。翌年天文法難（一五三六）にさいして洛中を焼け出された尊門《ぜんもん》（久成房日尊《にちぞん》〈一二六五〜一三四五〉の門流）の上行院・住本寺の両山を合併して新たに要法寺となし、堀川綾小路に再興して、弘治元年（一五五五）十三世の法灯をついだ。甲駿（山梨・静岡）の地に遊化、当時反目対立していた北山・西山の両本門寺、大石寺・小泉久遠寺・保田妙本寺などの日興門流諸山の和融調停に努めた。厖大な著述を残し、人材の育成にも努め、要法寺内に勧学寮を設けてその門下に学匠を輩出し、尊門の教学は興門教学の中心となっていった。六十九歳をもって要法寺に寂す。尊門の中興と称せられる。↓日興・日尊・要法寺

【日真《にっしん》】 一四四四〜一五二八

常不軽院と号す。字《あざな》は慧光、大経房ともいう。兵庫県に生れた。父は中山権大納言親通、母は山名伊予守時義の娘という。六歳で妙境寺日全について得度、比叡山・園城寺などに遊学したのち、二十三歳のときに妙顕寺に入った。当時、四条門流からは法華経本門と迹門には教えの内容に優劣があるとする本迹勝劣を標榜する本能寺・妙蓮寺が分立しており、日真も延徳元年（一四八九）夏、同志とともに妙顕寺を退出し、四条大宮に本隆寺を建てて分立した。

のち、これを日真門流と称する。文亀三年（一五〇三）『天台三大部科注』を書写して後柏原天皇に献上、これにより大和尚位を授けられた。日真は本迹勝劣を標榜したが、とくに寿量品一品正意を主張したため、のちには本能寺・妙蓮寺とも袂を分かっていった。著書には『法華十妙不二門科文』『法華玄義十不二門科文』『法華経科注』『開結二経科注』『科注法華論』『護持此経論』などがある。↓法華宗真門流・本隆寺・妙顕寺

【日審】にっしん 一五九九〜一六六六

近世前期の日蓮宗の代表的布教僧。京都の人で、諸国を布教しては廃寺を興し、説法すること一万余座、曼荼羅本尊を授与すること十万余幅、受法の人は九万余人におよんだ。とりわけ、都市商人の営利行為を積極的に肯定するなど、現実の社会生活に即しつつ法華経を説いた。小浜長源寺住職・京都求法院檀林（本国寺内の学問所）化主ののち、京都立本寺貫主。↓町衆

【日親】にっしん 一四〇七〜一四八八

久遠成院と号す。上総国埴谷《はにや》（千葉県山武郡山武町埴谷）の埴谷氏の一族に生まれ、幼少のとき在地の支配者埴谷左近将監（法義）の養子となり、埴谷氏が帰依していた中山法華経寺の僧日英の門に入り修行した。その後、中山門流期待の人物として「九州の導師」に選ばれ、肥前国小城郡松尾（佐賀県小城町）の光勝寺に赴き、教団の指導にあたった。ところが、日親は厳格な日蓮宗の信仰を主張して領主千葉氏を厳しく批判したため、ついに中山門流より破門されてここを去った。厳格な純正法華信仰は生涯を通して貫かれ、そのため、はげしい法難をたびたびこうむりもした。なかでも将軍足利義教にたいし諫暁を図ったさいには、灼熱の鍋を頭に冠せられたり、舌端を切られたりという過酷な拷問をうけた。このことによって後世「なべかむり日親」と呼ばれるようになった。こののち日親は、京都に本法寺を建立して、ここを拠点として、教団の整備と伝道に

つとめた。↓本法寺

【日扇】《にっせん》一八一七～一八九〇

幕末維新期の本門仏立宗の開祖。京都の人で、三十二歳のとき出家したが、尼崎本興寺檀林への入檀を拒絶され帰洛。還俗して「禅門清風」と称し、安政四年（一八五七）正月、京都で八品講（のちに本《ほん》門仏立講《もんぶつりゅうこう》）を開く。経力唱題の現証利益を強調し、折伏を手段として痛烈に僧侶を批判、弘通した。再々の弾圧をのりこえ、既成宗教にあきたらない畿内の都市商工業者などの信者を獲得した。↓現証・本門仏立宗

【日尊】《にっそん》一五五八～一六〇三

池上本門寺・比企谷妙本寺両山の十三世。号は蓮成院。比叡山に学び、のち、同学の日統《にっとう》、日生《にっしょう》らとともに下総（千葉県）飯塚で檀林（僧侶の教育の場）での指導に尽力。天正八年（一五八〇）地元の郷民との紛争によって飯高に移転した学堂を受けついだ日尊は飯高の城主平山刑部の庇護を受け、さらに天正十九年には徳川家康から三十石の朱印を受けて盛り立て、慶長元年（一五九六）には大講堂を建てて法輪寺と号し、飯高檀林と名づけた。著書には『開目抄註釈』『集解要文』『与日奥書』などがある。

↓飯高檀林

【日泰】《にったい》一四三二～一五〇六

心了院《しんりょういん》と号し、日什門流《にちじゅうもんりゅう》の京都妙満寺日遵《にちじゅん》に師事。のち関東地方を中心に伝道を展開。とくに上総土気《とけ》城主酒井定隆の外護による布教により、領内全て法華宗に改宗されたので、世に「上総七里法華《かずさしちりほっけ》」という。このほか、下総浜野に本行寺、伊豆三島に本妙寺を創建、妙満寺十六世に晋み、七十五歳で入寂した。↓日什・妙満寺

【日頂】《にっちょう》一二五二～一三一七

鎌倉時代末の日蓮宗の僧。日蓮の高弟六老僧の一人。伊与公・伊与房また伊与阿闍梨と称した。駿河

国（静岡県）重須に生れた。夫と死別した母は、日頂と弟の寂仙房日澄を連れて富木常忍（日常）と再婚する。常忍は日頂を天台宗であった真間弘法寺で出家させたという。その後、文永四年（一二六七）のころ日蓮の弟子となり、日頂の名を賜わったという。佐渡流罪中、また身延入山後の日蓮のもとにあって修学に励み、日蓮から「機量物」「学生」「智者」などと評されている。日蓮の入滅にあたっては本弟子六人（六老僧）の一人に選ばれ、富木常忍・大田乗明・曽谷教信など下総国（千葉県）の信者の指導者として位置づけられている。日蓮滅後は、常忍によって改宗した真間弘法寺を拠点に布教活動を展開し、正応四年（一二九一）には幕府に諫暁し、翌五年には浄土宗の良実に宗論を迫るなどしている。しかし、その後義父常忍との関係が悪化して義絶されたようで、弘法寺を去り駿河国重須で没したという。→弘法寺・富木日常・六老僧

【日朝】《にっちょう》 一四二二〜一五〇〇

室町時代中期の学僧で身延山久遠寺第十一世貫首。伊豆国宇佐美の生れ。室町時代の本迹一致派を代表する教学者である。永享元年（一四二九）一乗坊日出について出家得度。その後、武蔵国川越（埼玉県）の仙波檀林に学び、天台学を修めた。さらに足利学校・比叡山・奈良などに遊学して諸宗を兼学。寛正三年（一四六二）久遠寺の第十一世の法灯を継承し、久遠寺の経営と教学の振興および門下教育にあたった。宗門経営の面では、身延山西谷の地から現在の地に大坊等を移転して諸堂の建立につとめた。さらに、年中行事・月行事の制度を定め、法要規則を制定した。教学の面では日蓮遺文の蒐集につとめ、『録内御書』の書写を行っている。これらの遺文の注釈書として『御書見聞』四十四巻がある。さらに著述としては『一代五時記』『四宗要文』『元祖化導記』『弘経用心記』『補施集』『法華講演抄』などがある。また門下教育のために、「三日講問答」「例講

問答」「立正会問答」などを論議し、日朝自ら評決した。なお、日朝の教学思想の特徴は、当時の中古天台本覚思想に影響を受けた観心主義であり、凡夫（一般人）中心の仏教観を樹立したことである。

↓元祖化導記・御書見聞

【日澄】《にっちょう》 一四四一～一五一〇

室町時代中期の学僧。字《あざな》は啓運、円妙院と号し、一如坊と称する。江川氏の外護によって伊豆韮山《にらやま》に本立寺を創立。本国（圀）寺第十世成就院日円の門下。文明十一年（一四七九）ころ伊豆三島に円明寺を創し、のち鎌倉妙法寺に住居して文明十五年から延徳三年（一四九一）まで法華経を講述し、のち添削浄書して『法華啓運鈔』を完成した。このため啓運日澄とも称される。明応三年（一四九四）には比叡山延暦寺の学僧円信の『破日蓮義』にたいして『日出台隠記』二巻を著して論駁した。また、日蓮の伝記『日蓮聖人註画讃』五巻を著した。本書は後世大いに流布し、日蓮伝の著述に大きな影響を与えた。↓日蓮聖人註画讃・法華啓運鈔

【日典】《にってん》 一四〇一～六三

定源院と号し、もとは種子島の出身の律僧。本能寺開祖日隆《にちりゅう》に帰伏し日典と名乗った。故郷に法華信仰をひろむべく帰郷したが、律宗を信奉する島民は日典に反発、日典は砂浜で生き埋めにされ殺害された。この浜を「日典ケ浜」という。のち、種子島は日典の弟子日良によって法華信仰の島となり、永く本能寺（日隆門流）の南西端拠点となった。↓日隆

【日法】《にっぽう》 一二五二あるいは五八～一三四一

鎌倉時代末の日蓮宗の僧。日蓮の直弟子で和泉房、和泉阿闍梨と称す。駿河（静岡県）、甲斐（山梨県）を中心に布教を行い、駿河岡宮光長寺、甲斐休息立正寺などを日蓮宗に改宗させた。彫刻の名手といわれ、各地に日法作と伝えられる日蓮像が現存する。また日蓮の講義を筆録した『連々御法門聞書』が伝わっている。

【二仏並座】 にぶつびょうざ

法華経見宝塔品より嘱累品にいたるあいだに釈尊が地上から空中の宝塔へと座をうつして、多宝如来と並んですわったことをいう。この二仏並座はこの世に出現した釈尊と、教法の真理を象徴する永遠の法身仏たる多宝如来、十方の世界において教法を説く分身仏との三仏が一体融通して、永遠に一切衆生を救済することを表したものである。↓三仏・多宝如来・二処三会

【日本山妙法寺】 にほんざんみょうほうじ

藤井《ふじい》日達《にったつ》（一八八五～一九八五）が大正六年（一九一七）に始めた教団。藤井は日本山妙法寺を建立し、中国・インド・東南アジアにまで布教した。釈尊の遺身である舎利を供養するため国内・海外各地に仏舎利塔を建立。但行礼拝《たんぎょうらいはい》・撃鼓宣令《きゃっくせんりょう》（団扇太鼓を打って法を広め衆生を導く）の実践的布教が特色。不殺生・非武装の平和運動でも知られる。厳しい自戒修行を中心とする出家主義の教団。↓舎利・太鼓

【如説修行】 にょせつしゅぎょう

「法華経の教説の如く仏道を行ぜよ」との意。日蓮は法華経を末法の世に生きる者に与えられた釈尊の金言と受けとめて仏道を行じた。仏滅後の仏法弘通にはさまざまな大難がふりかかると説き、弘通者はこれらを克服する不退転の覚悟が必要であるとする。その修行の基本精神は信心堅固に題目を唱えることである。↓如説修行鈔・法華経の行者

【如説修行鈔】 にょせつしゅぎょうしょう

佐渡流罪中の日蓮が弟子・檀越へあてた書。末代の如説修行者（法華経の説くとおりに修行する者）には種々の大難がふりかかるが、それら諸難に屈することなく、身命をなげうって法華経の弘通に励まねばならないと、強く法華経修行者に訴えかける。文永八年（一二七一）の幕府の大弾圧（竜口《りゅうこう》法

難・佐渡流罪）によって門下の多くは信仰に動揺をきたし、師の教えに疑念をいだく者も出たため、法華経修行者の受難の意義を教示して門下の不信を払い、信仰の堅持を勧奨したものである。文永十年五月の成立。真蹟は現存しないが京都要法寺第四世大夫阿闍梨日尊（一二六五〜一三四五）による永仁五年（一二九七）五月の写本（二十一紙）が現存する。

↓如説修行・竜口法難

【女人成仏】 にょにんじょうぶつ

古来より地位が低くみられてきた女性も仏になれると説いた教えで、法華経の教説の特色の一。女性には仏になれない五種のさしさわり（五障《ごしょう》）があるとされるが、法華経提婆達多品では女性の成仏の現証として八歳の竜女《りゅうにょ》の即身成仏が説かれる。日蓮も女人成仏を法華経の諸経に勝れている点として強調しており、女性信徒が多かったことも日蓮が女人成仏を強く主張した点をよく示している。↓竜女成仏

ね

【涅槃】 ねはん

一切の煩悩《ぼんのう》や迷いから離れた悟りの境地のこと。寂滅・滅度などともいう。小乗仏教では阿羅漢《あらかん》が煩悩を永断して得る境地をいい、肉体が存続しているものを有餘涅槃《うよねはん》、肉体も滅したものを無餘涅槃《むよねはん》という。大乗仏教では涅槃を不生不滅の意とみて、永遠不滅の如来そのものと同視する。また大円寂とも訳すことから涅槃は仏（とくに釈尊）の入滅を指す。

↓成仏・涅槃会・涅槃経

【涅槃会】 ねはんえ

①二月十五日、釈尊入滅の忌日に営む法会。釈尊は紀元前三八三年ごろの二月十五日、八十年の生涯を沙羅《しゃら》双樹《そうじゅ》の林で閉じた。人々の悲しみは深く、悲しみのあまり樹木がいっせいに白鶴のごとく白色に変じたほどであったという。仏教教団では釈尊の遺徳を偲び、釈尊の臨終の情景を描いた涅槃図をかかげ

て、報恩の法会を営む。なお仏滅年代については諸説がある。

②日蓮宗では、十月十三日、日蓮入滅の忌日に報恩慶讃のお会式《えしき》の法会が営まれる。御影講《みえいこう》・御影供《みえいく》・報恩講《ほうおんこう》とも称する。日蓮は弘安五年（一二八二）十月十三日、池上の檀越《だんのつ》池上宗仲《いけがみむねなか》の館でその生涯を閉じた。その遺徳を偲び日蓮の御影をかかげて、逮夜《たいや》にあたる十二日から十三日にかけて報恩の講会を開く。とくに池上本門寺では十二日夜には盛大な万灯供養が行われ、十三日には臨滅度時の鐘がうちならされる。↓お会式・涅槃

【涅槃経】 ねはんぎょう

釈尊の入涅槃と、そのさいに説かれた教法を記した経典のこと。大般《だいはつね》涅槃経《はんぎょう》の略。釈迦如来が永遠の存在であることを明らかにすることによって、悟りの根拠に普遍常住の真理があることを示し、さらにその真理がすべての人々に平等な覚醒をあらしめる根源となること、すなわち仏性《ぶっしょう》が一切衆生に遍通することを趣意とする。天台大師智顗は釈尊の一代の説法を五時（五段階）に分け、法華・涅槃経をその第五時とし、諸経中の最高峰に法華経を位置づけ、法華経中心の仏教が涅槃経によって補完されたとみた。これによって涅槃経は追説追泯《ついせつついみん》の経・捃拾教と称されるようになった。日蓮はこれをうけつぎ涅槃経を法華経にもれた者を救う教えとうけとめたが、そのいっぽうで涅槃経は日蓮の法華経行者としての迫害多難な行動を支えた経典となるとともに、末法の凡夫の成仏を考えるうえでの教学的にも重要な経典となっている。日蓮は法華経が諸経の最高峰に位置することを明確に打ち出すために、あえて「涅槃経は捃拾教である」と述べる点に留意すべきである。日蓮の行動の支えとなった代表的な涅槃経の思想は、正法護持を説く有徳王《うとくおう》・覚徳比丘《かくとくびく》の物語、人師の解釈ではなく釈尊の言葉（経典）に依るべきことを説く「依法不依人《えほうふえにん》」（四依）の思想、身を捨てて法を求めようとした雪山童子《せっせんどうじ》の物語などがある。また教学的な面では、末法の凡夫は重罪を犯しているとみ

る立場から五逆罪《ごぎゃくざい》・謗法《ほうぼう》・一闡提《いっせんだい》の成仏を説く一切衆生悉有仏性の教えや、父王を殺して即位するが懺悔して釈尊に教え導かれる阿闍世《あじゃせ》王の物語などがあげられる。↓五時八教・四依・仏性

【年回忌】《ねんかいき》

人の死後の年ごとの忌日。年回・年忌ともいう。この忌日にあたっては亡き人にたいして追善の供養を行うのが慣例。日蓮遺文によれば、四十九日（七七日忌）・百か日・三回忌などの回忌がみられるが、この忌日にあたって追善の供養を営なんだ檀越（在家信者）にたいし、日蓮は「孝養」の者として称えている。↓孝・祥月命日・先祖供養

の

【納骨】《のうこつ》

火葬にした遺骨を墓所や納骨堂に納めることをいう。納骨は早ければ火葬収骨の当日に行われることもある。遅くとも七七日忌（四十九日）までにすますのが通例である。なお、寺院への納骨の儀については、すでに平安時代にあり、十一世紀後半ともなると、高野山への納骨「高野納骨」などがみられる。身延山への納骨はすでに日蓮在世当時よりみられ、下総より富木常忍（日常）が母の遺骨を、佐渡より阿仏房の遺子藤九郎守綱が父の遺骨を納めている事例がある。↓葬式・身延山

は

【長谷川等伯】《はせがわとうはく》 一五三九〜一六一〇

画家。能登国（石川県）七尾の出身。菩提寺の本山本法寺《ほんぽうじ》十世日通と親交をもち、本法寺など日蓮宗寺院に多く作品を残している。等伯は狩野派に対抗して雪舟以来の水墨画を継承し、独自の世界を作り上げ近世初頭の絵画界に大きな影響をおよぼした。作品には、日蓮聖人画像をはじめとする宗門先師の画像、涅槃図などがある。↓本法寺

ひ

【彼岸会】ひがんえ

春分・秋分の日を中日として、その前後三日間ずつの七日間に営まれる法会。大同元年（八〇六）、非業の死を遂げた早良親王の怨霊を慰めた仏事が起源とされる。彼岸とは到彼岸の略で、輪廻する迷いの現世を此岸とするのにたいし、煩悩の海を隔てた彼方にある悟りの世界をいう。一年に二度、昼と夜が同じ長さになる時正《じしょう》という、人の心を宗教的な敬虔さへ誘う最好時に、日常生活を反省し、仏の教えに素直に耳を傾け、とくに生と死との境を異にした先祖に思いを馳せて追善の供養をささげる。↓先祖供養

【比丘・比丘尼】びく・びくに

出家して具足戒を受けた男性の修行者（比丘）と女性の修行者（比丘尼）。一般に比丘の受ける具足戒は二百五十戒、比丘尼は三百四十八戒あるいは五百戒といわれる。仏教教団の構成員には比丘・比丘尼のほかに在家の信者として優婆塞《うばそく》・優婆夷《うばい》があり、これらを総称して四衆《ししゅ》という。法華経は随所で、これら四種類の人々に向って釈尊が説法する型をとっている。↓僧侶

【毘沙門天】びしゃもんてん

仏教の守護神。多聞天《たもんてん》ともいう。四天王・十二天の一。須弥山の四王天に住み、北方を守護する。福・富・武などの神。法華経陀羅尼品では、持国天《じこくてん》とともに法華経修行者を守護することを誓い、持国天とあわせて二天という。日蓮宗でも信仰を集め、駿河（静岡県）吉原妙法寺・江戸神楽坂善国寺などが著名である。また、七福神の一でもある。↓諸天善神

毘沙門天

【備前法華】 びぜんぼっけ

南北朝時代から京都日蓮教団の布教により備前・備中・美作などに法華信仰が浸透した。とくに室町中期ごろの備前地方では豪族松田氏が日蓮宗を厚く外護し領内の寺院をすべて日蓮宗に改宗させた。こうした備前における日蓮宗の盛行を「備前法華」という。その基盤をつくったのは妙顕寺大覚妙実《だいがくみょうじつ》で、京都日蓮教団と山陽地方とはその後、密接な関係を保ちつづけた。↓大覚妙実

ふ

【布教】 ふきょう

教義・信仰をひろめること。日蓮は上は幕府への諫暁をはじめ、一般信徒に至るまで文書による教導を多く行い、とくに信徒への教化は消息を持参した弟子もこれにあたった。教団が発展するにつれて、各寺院での談義《だんぎ》や開帳《かいちょう》、日常の勤行や祈禱も布教媒体となっていった。とりわけ、日蓮宗の伝統的布教方法として著名なものは高座説教である。高座とは教説談義のために設けられる壇のことで、説教者はこの壇上にて説教をする。古来の談義は法華経や日蓮遺文の講義が中心であったが、現在伝えられている高座説教は「繰《く》り弁説教《べんせっきょう》」といわれるものであり、独特の節まわしで語られる日蓮伝の一節を中心として信仰勧奨を説くものである。「繰り弁」は浄土真宗における「節談説教」と類型をなすものといわれ、日蓮伝のほか、日像伝・日親伝など八十余話があったという。「繰り弁説教」の作法は年一回開催される日蓮宗布教院において伝授される。↓化導・摂受〈折伏〉

【不軽菩薩】 ふきょうぼさつ

正しくは常不軽菩薩。法華経常不軽菩薩品に説かれる。常不軽とは、常に軽視されない、軽視しない、の意。かつて増上慢《ぞうじょうまん》の比丘たちが勢力をほしいままにしていた時に不軽菩薩と名づける一人の菩薩比丘（大乗仏教の修行者）があって、四衆《ししゅう》（いろいろ

な立場の仏道修行者）に出会うたびに、「我深く汝らを敬う。敢えて軽しめ慢《あなど》らず。所以《ゆえ》は何《いか》ん。汝らは皆菩薩の道を行じて、当《まさ》に仏と作《な》ることを得べければなり」と讃歎し、礼拝した。怒りを生じた比丘たちは、不軽をののしり、杖木で打ち、瓦石を投げつけたりした。にもかかわらず不軽は礼拝をやめようとはしなかった。不軽は臨終にさいし法華経を信受して命を長らえ、人々のために法華経を説いた。日蓮は『聖人知三世事《しょうにんちさんぜじ》』に「日蓮は是法華経の行者也。不軽の跡を紹継するの故に」と述べている。これは日蓮が不軽の化導を末法弘経の手本として、不軽品の説くところを全面的に自己の信仰実践の規範とした証拠である。↓化導・法華経の行者

【富士五山】 ふじござん

駿河（静岡県）富士郡にある日興門流《にっこうもんりゅう》（富士門流）の五本山の総称。六老僧の一人日興は上野大石《たいせき》寺《じ》・北山本門寺《きたやまほんもんじ》を開創、さらに日興の弟子や孫弟子も下条妙蓮寺（日華）・小泉久遠寺（日郷）・西山本門寺（日代）を開創した。のち、これら五本山は日興門流の拠点として発展の中心となった。↓大石寺・日興・本門寺（北山）

【不惜身命】 ふしゃくしんみょう

法華経の言葉で尊い生命を投げだして法のために生きる至極の信仰を勧める言葉。法華経勧持品に「我れ身命を愛せず、ただ無上道を惜しむ」、提婆達多品に「軀命をも惜しまず」、如来寿量品に「自ら身命を惜しまざりき」などと同意の諸文がある。日蓮は自ら法華経の行者として、不惜身命の実践に生きた。↓法華経の行者

【不受不施】 ふじゅふせ

不受とは、日蓮宗以外の他宗・不信者（謗法《ほうぼう》者）からの布施・供養を受けないこと、不施とは日蓮宗以外の僧侶には供養をせぬことを意味する。こうした思想は、すでに日蓮のときにその形成と展開がみられており、滅後さらに規制が加えられ整理され、

室町時代中期におよんで教団全般の制法・宗義として確立した。近世初頭にあっては、教団全般を通じて、この制は宗祖日蓮以来の伝統的宗制法度であると確信されるようになった。しかし、強力な近世政権が生まれてくると、その宗教政策と対立するようになり、対処をせまられることとなった。↓身池対論・日蓮宗不受不施派

【諷誦文《ふじゅもん》】

諷誦とは、元来は経文や偈頌を声を出して読むことをいう。今日一般にいう諷誦文とは、葬儀・忌日・年忌などの法要にあたって、導師みずから供養の趣意などを記し、それを諷誦して、故霊の冥福に資することをいう。また、新盆の施餓鬼会に諷誦文を供養する地方もある。↓勤行・追善供養

【布施《ふせ》】

梵語のダーナの訳で「檀那」と音訳し「施」とも訳す。本来は、むさぼりのない心で、仏や僧ならびに貧しい人に金品を与えることをいう。布施には三つの種類があり、世の人に仏道を教える法施、財物を施す財施、人々の恐れを取り除いて安らぎを与える無畏施をいう。しかし現在では、法要などに招いた僧に施す金品、すなわち「お布施」をさすことが多い。↓供養・檀家

【付嘱《ふぞく》】

仏が滅後の教法の弘通を弟子に託すこと。法華経には総付嘱と別付嘱がある。総付嘱とは法華経嘱累品において釈尊がすべての菩薩に法華経を付嘱したことをいう。別付嘱とは法華経如来神力品において釈尊が滅後の弘経の使命を本化地涌の四菩薩に託して、法華経の肝要を四句に結んで付嘱したこと。日蓮は末法の衆生のために南無妙法蓮華経の題目を付嘱されたものとみて、とりわけ別付嘱を重視した。↓四大菩薩・内相承

【仏種】 ぶっしゅ

仏の種。仏となる要因。法華経方便品には「仏種は縁に従《よ》って起こる」、譬喩品には「若《も》し人信ぜずして此の経を毀謗せば則ち一切世間の仏種を断ぜん」とある。日蓮は妙法五字（妙法蓮華経）を「一念三千の仏種」などと表現し、妙法五字がすなわち仏種であるとする。妙法五字を受持すれば仏種を受けとり、成仏を達成することができるのである。

↓成仏・仏性・妙法五字

【仏性】 ぶっしょう

仏になれる可能性、また、仏そのものの本性をいう。涅槃経に一切衆生にはことごとく仏性があると説く（悉《しつう》有仏性《ぶっしょう》）。小乗仏教では、この基本的な仏性を認めていないが、法相宗を除く大乗仏教では、この仏性を重要視している。天台大師智顗は一切衆生悉有仏性を発展させて本覚論（人々の本性には清浄な悟りがあるとする説）を立てた。日蓮は末法という時代の特色を重んじて、仏になる、なれないの問題は本仏釈尊の功徳をそなえた題目（仏種）をもつか否かにあるとし、題目下種を強調している。

↓涅槃経・仏種・本覚

【仏壇】 ぶつだん

本尊や位牌を安置して供養礼拝するための壇。厨《ず》子《し》が変型したものという。大小さまざまな型があり、宗派によって荘厳様式が異なる。日蓮宗の仏壇の荘厳様式は中央上段奥に大曼荼羅本尊、その前部に日蓮聖人像を奉安し、中段に位牌・過去帳を安置し、最下段に左から花・香炉・燭台の順に置き、供物をそなえる。↓本尊・便覧編（仏壇）

【仏法】 ぶっぽう

仏のさとった真理・理法、仏の説いた教法をいう。仏教と同義。日蓮は『観心本尊抄』において「天晴れぬれば地明らかなり。法華を識《し》る者は世法を得べきか」と、仏法のなかでも最高の教えである法華経を知れば、世間の法を超克することはもちろんであると述べ、世法より仏法、仏法のなかでも法華経という位置づけを明らかにする。↓教判

【仏力】ぶつりき

仏が衆生救済のために発する力。法力（経力《きょうりき》）・信力《しんりき》とともに「三力《さんりき》」の一つ。法華経の教主釈尊は、久遠の昔から常に娑婆世界のあらゆる衆生に仏道を成就させることを悲願としてきた。法華経如来寿量品には「毎《つね》に自ら是の念を作《な》す、何を以てか衆生をして無上道に入り、速やかに仏身を成就することを得せしめんと」と、久遠の釈尊の悲願力が説き示される。日蓮は、この釈尊の悲願を末法の日本国において具現化するために、釈尊の御意《みこころ》が内含された「妙法五字」（題目）の受持による成仏の道を提唱した。↓経力・信力・妙法五字

へ

【幣束】へいそく

白紙あるいは金銀色の紙を段々に切り、串にさしはさんだもの。神前にささげたり神主が祓いのときに用いる。串にさしはさまないものとして注連《しめ》幣がある。日蓮宗の幣束は法華神道幣束といわれ、祈禱修法・霊供養・仏前荘厳・道場厳浄などの幣束が伝えられている。↓法華神道

ほ

【法縁】ほうえん

日蓮宗の檀林《だんりん》における学系を基軸として近世以降に形成された機構。中世では出家得度のさいの師弟関係による法灯・教義の継承がなされたが、戦国時代以降、関東・関西に檀林が開設され、有能な学僧のもとに学系学閥すなわち法縁が形づくられ、とりわけ、飯高・中村両檀林内で形成された法縁は、旧門流本山の貫主《かんじゅ》入山ルートを掌握した。↓檀林・門

流

【報恩】ほうおん

恩に報いること。日蓮は、われわれが当然踏み行うべき道として報恩を説くが、なかでも、世俗の恩愛にとらわれることなく仏道に励み、父母兄弟姉妹はいうにおよばず、一切衆生を成仏せしめることこそが真実の報恩であるとする。法華経の行者として代受苦の菩薩行に生きた日蓮の生涯は、身をもって報恩の大道を実践したものである。↓恩・報恩抄

【報恩抄】ほうおんしょう

建治二年（一二七六）七月二十一日。清澄（千葉県）の道善房《どうぜんぼう》入寂の報を受けた日蓮が、旧師の追善のために執筆し、墓前にたむけた報恩回向の書。宛名は清澄のかつての兄弟子浄顕《じょうけん》・義城《ぎじょう》となっており、両名への法門教示の意図をも含む。人間の行うべき根本の道として知恩報恩をあげ、なかでも法華経の信仰こそ真実の報恩であることを明かし、法華経の行者として報恩の大道を歩んできた自己の功徳を旧師道善房に回向して結びとする。日蓮の著作のなかでも『開目抄』につぐ長篇で、密教をはじめとする諸宗の位置づけも明確に論じられている。五大部の一つ。↓五大部・道善房・報恩

【方便】ほうべん

仏が衆生を教化救済するために用いる巧みな手段とその教えをいう。種々の用例があるが、天台大師智顗は『法華文句』に、法華経の方便と他経の方便とを分別して「三種方便」をあげている。すなわち①法用《ほうゆう》方便＝衆生の能力に応じてその好むところの法を説く、仏意をはさまない方便、②能通方便＝仏が衆生を導いて仏教の本当の教えに導かんとする方便、③秘妙方便＝方便と真実とを相対的にみるのではなく、方便はそのまま真実界の一つであるとする。また『摩訶止観《まかしかん》』には円頓止観《えんどんしかん》（すべての存在がそのままに真実の理法にかなうことを修得する観法）を修するための二十五方便を説く。日蓮は方便は権《かり》

の教えだとして、法華経に説かれる実教（真実の教え）を信じないものを謗法として厳しく誡めている。
↓権実・爾前経

【謗法】《ほうぼう》

仏の教えを謗《そし》ること。日蓮は法華経こそ釈尊の真実の教えであると信じ、主に法華経を謗ることを謗法とした。謗法は釈尊への背任行為であるため、法がすたれ、国土に災いが生じる根本要因となる。日蓮は日本国の災害続出の原因は謗法にあるとし、国土の安穏を実現するためには謗法を止め正法を興隆させねばならないと考えた。日蓮の幕府への諫言をはじめとする捨身の法華経修行は、すべからく正法にもとづいた安穏な国土を建設するためであった。そのために多くの迫害を受けたが、日蓮はかえって自身を釈尊の正当な後継者とする自覚を深めていった。↓逆縁下種・三類の怨敵

【法要】《ほうよう》

仏事全般にかかわる儀式をいう。諸仏諸神を招請し、その宝前において執行される。現在の日蓮宗で執行される法要は大別すると次の如くである。①日常の勤行＝毎日修される「おつとめ」。②宗門聖日法要＝日蓮降誕会（二月）・立教開宗会（四月）・伊豆法難会（五月）・竜口法難会（九月）・日蓮涅槃会（十月、お会式《えしき》）・小松原法難会（十一月）をいう。日蓮の生誕と入滅および四大法難《しだいほうなん》の法要であり、ゆかりの寺院ではとくに盛大に執行される。③通仏教的年中行事＝春秋彼岸会《ひがんえ》・盂蘭盆会《うらぼんえ》・施餓鬼会《せがきえ》の法要。④追善法要＝檀信徒の祖先を供養するため執行する法要。四十九日忌・百か日忌・一周忌・三回忌・七回忌・十三回忌・十七回忌・二十三回忌・二十七回忌・三十三回忌などの年次法要が営まれる。⑤葬《そう》斂式《れんしき》＝葬儀・告別式。⑥祈禱会＝諸仏諸神に法華経の功徳を捧げて祈願する法要。さまざまな形態がある。⑦その他＝入山式・得度式・入仏落慶式《らっけいしき》・結婚

式など。それぞれ細かな作法があり、地方によって若干の異りはあるが、基本的には『日蓮宗宗定法要式』に拠って執行する。式次第の大綱は、勧請（諸仏の来臨を請う）、礼拝《らいはい》（諸仏を拝して自他の信仰を高揚せしめる）、讃歎《さんだん》（読経にさいしてその功徳を讃える）、読誦《どくじゅ》、運想（思惟観念して経典の真意を想い、後の唱題中に清浄の心を起すことを念ずる）、唱題（南無妙法蓮華経の題目を唱える）、回向（法要を修する供養をあまねくゆきわたらせる）、発《ほっ》願《がん》（仏道修行をする菩薩の誓いを確認する）、三帰（仏法僧の三宝に帰依することを確認する）、奉送《ぶそう》（諸仏の還帰を請う）の十項であり、これに声明《しょうみょう》・奏楽などが付加され、諷誦《ふじゅ》する要文が選択される。

→勤行・便覧編（おつとめ・年中行事）

【法華経】ほけきょう

妙法蓮華経。八巻。姚秦《ようしん》の鳩摩羅什《くまらじゅう》（三四四～四一三）訳。翻訳四〇六年。ただし、鳩摩羅什訳は七巻であったが、後に八巻となる。漢訳は六訳三存と称し、他に西晋の竺法護《じくほうご》訳「正法華経《しょうほけきょう》」十巻、隋の闍那崛多《じゃなくった》・達摩笈多《だるまぎった》訳「添品妙法蓮華経《てんぼんみょうほうれんげきょう》」七巻があるが、法華経といえば一般に妙法蓮華経を指す。二十八品より成り、古来、種々の科段分け（内容の分類）がなされてきた。天台大師智顗は一経三段・二門六段（一経六段）の二種を立て、日蓮もこれを踏まえつつさらに一代三段・十巻三段・本法三段などの独自な科段を立てた。二門とは二十八品を思想上から二分し、前半十四品を迹門《しゃくもん》、後半十四品を本門とするもので、法華経の内容を特色づける分科方法である。迹門は方便品を中心に開三顕一《かいさんけんいつ》、本門は如来寿量品を中心に開近顕遠《かいごんけんのん》がそれぞれ説かれている。開三顕一とは大乗・小乗の別を超えて一仏乗を顕わすことで、釈尊一代の教法は一切衆生を一仏乗に入らしめるためであったことを開顕したもの。開近顕遠とは、釈尊は永遠の過去より永遠の未来にわたって人々を利益しつづける寿命無量・久遠実成の仏であることを明らかにするもの。釈尊が久遠の存在であれば、経に説く諸仏は久遠釈尊に統一され、釈尊の分身となる。国土もまた変じて久遠の仏土(仏国土)となり、この娑婆国土が永遠不滅の常《じょう》寂光土《じゃっこうど》となるのである。日蓮は末法という仏教的時代認識に立脚して法華経を受けとめ、本門法華経を釈尊の本意とみ、法華経全体および仏教そのものを受容していったため、法華経迹門や法華経以外の諸経の教えはすべて、本門のなかに位置づけを獲得するとみた。また、法華経は説処《せっしょ》と説会《せつえ》(説かれた場所と場面)から二処三会《にしょさんね》の区分を立てることができるが、このうち日蓮はとくに虚空会《こくうえ》(法華経の第二の場面)を重視し、見宝塔品の三箇《さんか》の勅宣《ちょくせん》、従地涌出品の本化《ほんげ》の菩薩《ぼさつ》の涌出、如来寿量品の久遠実成、如来神力品の結要《けっちょう》付嘱《ふぞく》などに如来滅後、末法における法華経のありかたを確信した。これが日蓮独自の法華経観を示す起顕竟《きけんきょう》の法門で、ここから自身を末法の世の救済者(上行《じょうぎょう》菩薩)とする自覚が生れた。↓開近顕遠・開三顕一・起顕竟・五重三段・持経者・娑婆即寂光・上行菩薩・二処三会・付嘱・法華経の行者・妙法五字

【法華経寺】(中山)ほけきょうじ

千葉県市川市中山にある日蓮宗の霊跡寺院(大本山)。山号は正中山。日常《にちじょう》(一二一四~九九)が開創した若宮法華寺と日高《にちこう》(一二五七~一三一四)が開創した中山本妙寺からなる。法華経寺として一寺となったのは戦国時代である。中山門流の本寺。日蓮の有力信者であった富木常忍は、日蓮歿後出家して日常と称し、自邸を法華寺としてここに住した。日常は講衆を組織するなど布教活動をすすめるいっぽう、日蓮から送られた『観心本尊抄』をはじめとする著作や書状などを後世に伝えることを使命として、これらの目録である『常修院本尊聖教事』を作成、また管理を厳しく定めた。永仁七年(一二九九)日常の後を継いで日高が二世となる。日高は、やはり日蓮の有力信者であった大田乗明の子息で、乗明の邸跡を本妙寺としてここに住し、法華寺を兼ね、以後法華・本妙両山一主の制となった。日高の代に下総の豪族千葉胤貞の外護を受けるようになっ

たが、正和三年（一三一四）胤貞の猶子日祐《にちゆう》が十七歳で三世となると、多くの寺領の寄進を受け、これによって寺の経済的基盤が確立する。末寺は南関東一円に広がり、遠く東北・京都・九州にまでおよんでいる。また日常・日高の活動を継承して日蓮真筆遺文をはじめとする聖教の蒐集を進め、その成果は目録である『本尊聖教録』にうかがうことができる。江戸時代には関西中山門流の三本山である京都頂妙寺・同本法寺・堺妙国寺の住職が三年交替で貫首となる輪番住持制となる。また、池上本門寺と並ぶ関東における不受不施の拠点でもあった。祈禱修法の道場としても身延山と並び称され、現在においても日蓮宗加行所が山内にあって寒中百日間の荒行が修行僧によって行われる。庶民の寺としても鬼子母神の信仰をあつめている。山内の聖教殿には『立正安国論』をはじめとする日蓮真筆遺文（国宝・重要文化財）を多数伝え、祖師堂をはじめ数棟が重要文化財に指定されている。↓荒行・鬼子母神・富木日常・中山門流・日高・日祐・本尊聖教録

【法華経の行者】ほけきょうのぎょうじゃ

法華経の修行者。法華経の教説にしたがって修行する者。日蓮は『報恩抄』に「小失なくとも大難に度々あう人をこそ（釈尊の）滅後の法華経の行者とはしり候わめ」と述べている。法華経には仏滅後の修行者は大難にあうと説かれているところから、日蓮は受難をもって法華経の行者の証《あかし》とした。とくに法華経に常不軽菩薩《じょうふきょうぼさつ》が自分に危害をおよぼす者をも礼拝したと説かれることから、日蓮は苦難に耐えて法をひろめる法華経修行者の範とした。歴史上の人物としてはインドの釈尊・中国の天台大師智顗・日本の伝教大師最澄を法華仏教の正統とし、この三人を在世および滅後の法華経の行者とみなしたが、とくに仏滅後末法時に大難を被った行者は日蓮自身であるとの自覚のなかから、自己をもって「日本第一の法華経の行者」と称した。↓外相承・持経者・代受苦・内相承・不軽菩薩・不惜身命・六難九易

【菩薩】 ぼさつ

仏となるべく修行する求道者のこと。自己の修養のみならず衆生を教化し利益する利他行をも怠らない修行者。このため菩薩のありかたを「上求菩提《じょうぐぼだい》・下化衆生《げけしゅじょう》」という。法華経如来神力品では地涌《じゆ》の菩薩《ぼさつ》に滅後の布教が託されるが、多くの迫害を経た日蓮はやがて本化地涌の首位である上行菩薩《じょうぎょうぼさつ》としての自覚を得るにいたる。↓上行菩薩・上求菩提下化衆生・菩薩行

【菩薩行】 ぼさつぎょう

菩薩が仏果を求めて修する自利（自己の修行）と利他（衆生を教化し利益を施す修行）の行のこと。布施・持戒・忍辱・精進・禅定・智慧の六波羅蜜《ろくはらみつ》もその行の一。日蓮は南無妙法蓮華経の題目を末法に唱導し、実践することを菩薩行であるとみた。また増上慢《ぞうじょうまん》の比丘たちの迫害にもひるまず礼拝行を貫いた不軽菩薩《ふきょうぼさつ》を菩薩行の規範とした。↓自行化他・四悉檀・不軽菩薩

【菩提】 ぼだい

煩悩を断じて得られた悟りの境地。仏の悟りは、阿耨多羅三藐三菩提《あのくたらさんみゃくさんぼだい》と梵語を音写し、それを略して菩提という。菩提は深遠な仏の悟りの境地であるので、一般の人々は死後でなければ到達できないと考えられ、死者の冥福を祈って追善供養を行うことを「菩提を弔う」という。なお菩提を弔うところが菩提所であり、各家の所定の菩提所が菩提寺である。↓追善供養・菩提寺・菩提心

【菩提寺】 ぼだいじ

一家代々の先祖の菩提を弔う寺院。本来は特定の個人の菩提を弔うための寺院のこと。江戸時代に寺請制度が幕府によって法制化されると、それまで特定の檀那寺《だんなでら》をもたなかった一般の庶民も寺院と寺檀関係を結んで檀那寺をもつようになった。そして一家代々の先祖を弔う檀那寺も菩提寺であると考えら

れるようになった。↓寺院・檀家・菩提

【菩提心】ぼだいしん
　悟りを得ようとして仏道を行じる心。無上道心・無上道意・道心ともいう。大乗仏教ではとくに利他を強調し、自己の救いよりも前に、まず他の人々を救おうと願う心をいう。日蓮は自ら「強盛の菩提心」を起して法華経弘通活動に専心したことを表明し、自己の得道よりも一切衆生の宗教的救いを優先させた。↓自行化他・菩提

【法華一揆】ほっけいっき
　天文元年（一五三二）から同五年にかけて洛中日蓮教団寺院を拠点として結成された町衆・近郊農民・傭兵らを構成員とする一揆。真宗本願寺門徒が農村で結成した一向一揆にたいしてこの名称がある。世情不安による日蓮教団の自衛武装化・洛中住民の都市武装強化のなかで結成され、細川晴元・三好元長の抗争に関連して一向一揆を攻撃し、一時は洛中の警察権をも掌握するに至った。これにより町衆の自治権も増大していったが、いっぽうで武力を背景にした非道のふるまいも多くなり、世の批判を受けるようになった。また、洛中日蓮教団の盛行を憤慨していた比叡山も、これを排除する機会をうかがっていた。かくして、天文法難が勃発し、洛中日蓮教団は壊滅的打撃を受け、法華一揆も消滅した。↓天文法難・町衆

【法華啓運鈔】ほっけけいうんじょう
　円明院日澄《にっちょう》著。日澄が鎌倉妙法寺において文明十五年（一四八三）から延徳四年（一四九二）の約十年間法華経の講義をしたもの。五十五巻。日澄独自の法華経解釈というより、さまざまな解釈を列記し、そのなかから一定の方向をめざそうとしている。構成は、一、二巻が首題、三〜八巻が序品、十四巻までが方便品、二十巻までが譬喩品、二十二巻までが信解品、二十五巻までが薬草喩品・授記品、二十六巻が化城品、二十七巻が五百弟子品、二十八巻が

人記品、二十九巻が法師品、三十～三十一巻が見宝塔品、三十四巻までが提婆品、三十五巻が勧持品、三十六～七巻が安楽行品、三十八～九巻が従地涌出品、四十～二巻が如来寿量品、四十三巻が分別品、四十四巻が随喜品、四十五巻が法師功徳品、四十六巻が常不軽菩薩品、四十七～八巻が如来神力品、以下ほぼ一巻ずつの講述となっている。↓日澄

【法華三部経】 ほっけさんぶきょう

開経の無量義経一巻、妙法蓮華経八巻、結経の観普賢菩薩行法経（観普賢経）一巻のこと。三部をあわせて十巻となるので法華経十巻ともいう。日蓮は『守護国家論』において、釈尊が無量義経、法華経、観普賢経の順に説いたことを論証している。↓観普賢経・法華経・無量義経

【法華七喩】 ほっけしちゆ

法華経に説かれる七つのたとえ話。以下、〈 〉内はその意味するもの。①三車火《さんしゃか》宅《たく》の喩（譬喩品）

＝火宅〈迷いの世界〉に遊ぶ子供たち〈衆生〉に、羊車〈声聞〉・鹿車〈縁覚〉・牛車〈菩薩〉を与えようといって救い出し、みな平等に大白牛《だいびやくご》車《しゃ》〈一仏乗〉を与えたという話。方便をもって真実に導く譬《たと》え。②長者窮子《ちょうじゃぐうじ》の喩（信解品）＝富豪〈仏〉が幼少のときに迷子になった子供〈二乗〉にめぐりあい、子を恐れさせずに財産を譲るに至る話。二乗の者に菩薩としての自覚をもたせることの譬え。③三草二《さんそうに》木《もく》の喩（薬草喩品）＝雨がすべての草木を潤すように、一乗真実の法があまねくすべての人々に救いをもたらすことを説く。④化《け》城宝処《じょうほうしょ》の喩（化城喩品）＝宝処〈法華一乗の果〉を求めて険しい道を進む人々〈衆生〉に指導者〈仏〉が幻の城を見せて叱咤激励する譬え。⑤衣《え》裏《り》繋珠《けいじゅ》の喩（五百弟子受記品）＝貧しかった男〈二乗〉が眠っている間に友人から衣の裏に宝珠〈一乗真実の法華経の教え〉を縫いつけられるが、それに気づかず貧苦に悩んだ。しかし友人と再会して宝珠のことを知り豊かな生活をしたという話。⑥髻《け》中明珠《ちゅうみょうじゅ》の喩（安楽行品）＝転輪《てんりん》

聖王《じょうおう》が髻《もとどり》のなかに秘して与えなかった宝珠を、大功ある兵に与えた話。釈尊が衆生に法華経〈宝珠〉を説き与えたことをいう。⑦良医治子《ろういじし》の喩（如来寿量品）＝毒薬のために本心を失った子供たち〈衆生〉は良薬〈法華経〉を飲まなかったため、父〈仏〉である良医は方便を設けて「父は死せり」と告げた。すると子供らは驚いて本心を取り戻して薬を飲み病は治り、父もやがて帰ってきたという話。久遠実成の釈尊の永遠の教化を示す。法華七喩に示される二乗作仏《にじょうさぶつ》（①〜⑥）・久遠実成（⑦）こそ日蓮がもっとも重視した法華経の中心思想である。
→久遠実成・二乗作仏

【法華宗真門流】ほっけしゅうしんもんりゅう

常不軽院日真《にっしん》（一四四四〜一五二八）を派祖とし、京都本隆寺を総本山とする日蓮系の一宗派。日真門流・本隆寺派のこと。日真は延徳元年（一四八九）本迹一致・勝劣の争い（法華経本門と迹門の教えは同じか、優劣があるかの論争）から勝劣義を主張して京都妙顕寺を退出。四条大宮に本隆寺を建立した。のち、日真門流は若狭・越前（福井県）・加賀（石川県）などの北陸方面に布教の焦点をあて、戦国時代末期には東北方面にも勢力を伸ばした。日蓮宗勝劣派に属し、明治九年（一八七六）に日蓮宗本隆寺派として独立。のち本妙法華宗と改称。その後、第二次大戦下の昭和十六年、法華宗（陣門流）、法華宗（本門流）と合同して新制の法華宗と公称した。しかし、戦後の昭和二十七年には解体し、それぞれが法華宗陣門流・法華宗本門流として自立、当宗も法華宗真門流として現在に至る。→日真・本隆寺

【法華宗陣門流】ほっけしゅうじんもんりゅう

円光房日陣《えんこうぼうにちじん》（一三三九〜一四一九）を派祖とし、新潟県三条の本成寺《ほんじょうじ》を総本山とする宗派。日陣門流・本成寺派のこと。日陣は京都本国寺日伝と本迹の一致・勝劣を争い、迹門無得道、寿量品正意の勝劣義を主張して本国寺から独立、京都に本禅寺を開いた。のち、日陣門流は本成寺・本禅寺を中心に、

北陸・関東・東海方面に勢力を拡大した。日蓮宗勝劣派に属し、明治九年（一八七六）に日蓮宗本成寺派として独立、のち法華宗と改称。その後、第二次大戦下、新体制運動のなかの昭和十六年に法華宗（真門流）・法華宗（本門流）と合同して新制の法華宗と公称した。しかし、昭和二十七年にはそれを解体し、それぞれが法華宗真門流・法華宗本門流として自立し、当宗もまた法華宗陣門流として現在に至る。↓日陣・本成寺

【法華宗本門流】 ほっけしゅうほんもんりゅう

慶林坊《けいりんぼう》日隆《にちりゅう》（一三八五〜一四六四）を派祖とし、京都本能寺・尼崎本興寺・沼津光長寺・茂原鷲山寺を本山とする宗派。日隆門流・八品派のこと。日隆は京都妙顕寺月明を批判し、本応寺（本能寺）を構えて勝劣義の立場（法華経の本門と迹門には優劣があるとする）から本門八品正意を主張した。のち、日隆門流は上記の四か寺と京都妙蓮寺を拠点に京畿・四国・中国・東海方面に勢力を伸ばした。明治時代に入り教団の統合により日蓮宗勝劣派に属し、明治九年（一八七六）に八品派として独立。のち本門法華宗と改称。第二次大戦さなかの昭和十六年、法華宗陣門流・法華宗真門流と合同して新制の法華宗と公称した。戦後の昭和二十七年にそれを解体、それぞれが法華宗陣門流・法華宗真門流として自立、当宗も法華宗本門流として現在に至る。ただし、前記の五本山中、京都妙蓮寺は昭和二十五年に独立して本門法華宗と称している。↓日隆・本能寺・妙蓮寺

【法華神道】 ほっけしんとう

法華経の教理によって日本の神々を守護の善神として位置づけ、これを尊崇することをいう。日蓮宗では三十番神信仰が代表的で、諸神が一か月を一日ずつ守護するというもの。比叡山を中心にひろまっていたものが、南北朝末期ごろに日蓮宗に受容された。↓三十番神・諸天善神

【仏】 ほとけ

仏陀のこと。迷いを離れ、真理を悟った者の意から覚者《かくしゃ》、一切の法を正しく知る者の意から正覚《しょうがく》・正《しょう》遍知《へんち》、世間の道理に通じた者の意から世間解《せけんげ》・無上《むじょう》士《じ》・調御《じょうご》丈夫《じょうぶ》・世雄《せおう》、世に尊い者の意から世尊《せそん》・天人師《てんにんし》、真の智慧を有する者の意から如来《にょらい》・善逝《ぜんぜい》、供養を受けることのできる有徳者の意から応供《おうぐ》、知と行とを完全に具足していることから明行足《みょうぎょうそく》ともいう。一般には釈迦牟尼仏《しゃかむにぶつ》を指すことが多いが、諸経典には多くの仏が説かれている。日蓮は法華経如来寿量品の仏（久遠実成の仏）を本師と仰ぎ、他の諸仏はその分身であるとみた。また末法の法華経信仰者は妙法五字（妙法蓮華経）を受持することによって久遠の釈尊と同体となるとし、題目を唱えれば衆生は成仏すると説いた。↓釈尊・成仏・本仏

【本阿弥光悦】 ほんあみこうえつ 一五五八～一六三七

戦国時代から近世初頭にかけての芸術家。自徳斎・徳友斎・大虚庵と号する。松花堂昭乗・近衛信尹とともに寛永の三筆と称される。本阿弥家は第六代清信が日親《にっしん》（一四〇七～一四八八）の教化を受けてより熱心な日蓮宗の信徒であり、光悦も法華信仰に生きた母妙秀の影響を受け、熱心な信者であった。光悦の芸術活動としては俵屋宗達の下絵に施した和歌、角倉素庵とともに行った嵯峨本の刊行また家業の三事（刀剣の鑑定《めきき》・磨礪《とぎ》・浄拭《ぬぐい》）が著名であるが、日蓮遺文の書写、日蓮教団寺院の扁額揮毫も多数行っている。元和元年（一六一五）徳川家康より洛北鷹が峰の地を拝領、一族を連れて移住し、法華経信仰を紐帯とする共同制作工房の村をつくった。この芸術村には常照寺（鷹峰檀林）・妙秀寺・光悦寺・知足庵の日蓮宗寺院が建立され、談義・信行が営まれた。↓日親・本法寺

【本已有善・本未有善】 ほんいうぜん・ほんみうぜん

善とは法華経のこと。本已有善とは、過去に法華経を聞いたことのある機（人の機根）をいう。本未

有善とは、過去に法華経を聞いたことのない機のこと。釈尊にまったく縁がなく、成仏の種子をもたない人々。日蓮は末法の衆生は本未有善の機であるから折伏《しゃくぶく》によって強く法華経を説き聞かせて成仏の種を下すべきだとする。↓下種・摂受〈折伏〉

【本因本果】　ほんいんほんが

釈尊が久遠の過去から営々と積んできた功徳のこと。法華経如来寿量品に示された久遠実成の本仏釈尊の因行（成道を得るまでの菩薩として修行してきた功徳）と果徳（久遠実成以来の過去・現在・未来の三世にわたる教化の功徳）をいう。日蓮は南無妙法蓮華経という題目にそのすべての功徳がこめられているとする。↓因行果徳・本仏・妙法五字

【本覚】　ほんがく

煩悩におおわれていても心の本性は清浄であり、悟り（覚）をそなえているという思想。天台宗ではこの本覚を人々が仏になりうる根拠としたが、日蓮

はその思想を受けつぎながらも、法華経を信じ、題目を唱えることによって仏の功徳がめぐらされるとし、信心によってこそ成仏できると説いた。↓仏種・仏性

【本化・迹化】　ほんげ・しゃっけ

本化とは本門の教主久遠実成の釈尊により教化された菩薩をいい、迹化とは迹門の教主によって教化された弟子たちをいう。法華経従地涌出品で、仏はそこにいた弟子たちの滅後弘通の願いを許さず、特別の弟子、本化の菩薩がいることを明かした。この本化の菩薩は末法における法華経弘通の使命を与えられたもので、日蓮は妙法五字（妙法蓮華経）の題目を末法にひろめる者は、本化上行菩薩であるとし、末法の導師の自覚に立って自らを本化の菩薩と位置づけた。迹化の弟子にはもともと娑婆にいた菩薩と他から来た菩薩とがあり、文殊《もんじゅ》・弥勒《みろく》・普賢《ふげん》・観音《かんのん》・勢至《せいし》・薬王《やくおう》などの諸菩薩や阿難《あなん》・舎利弗《しゃりほつ》・目連《もくれん》・迦葉《かしょう》などの弟子たちがそれである。迹化の菩薩は他経に

も登場するが、上行などの本化の菩薩は法華経本門だけに登場する特別な菩薩である。↓迹門・上行菩薩・本門

【本化別頭】 ほんげべつず

法華経の本門を教理の中心とする日蓮独自の教学的立場のこと。天台大師智顗は迹門で説かれる十《じゅう》如是《にょぜ》・一念三千の法門を中心にその教学を立てたが(「迹面本裏《しゃくめんほんり》」という)、日蓮は本門の如来寿量品を中心として教学を立て(「本面迹裏《ほんめんしゃくり》」という)、妙法蓮華経の五字こそが末法の世を救済する大法であることを明らかにした。↓一念三千・本門・妙法五字

【本国(圀)寺】 (京都) ほんこくじ

京都市山科区にある日蓮宗霊跡寺院(大本山)。貞和元年(一三四五)日静《にちじょう》(一二九八〜一三六九)が鎌倉本勝寺を京都六条堀川に移し、本国寺と称したのにはじまる。日静は足利尊氏とは叔父甥の関係にあると伝え、足利氏をはじめ、公家武家の帰依を受け大いに発展した。四条妙顕寺とともに京都日蓮教団の二大勢力として重きをなした。創建のはじめから六条堀川の地にあったことから、この系脈を六条門流という。天文五年(一五三六)の天文法難では法華《ほっけ》一揆《いっき》の拠点寺院として最後まで戦ったが、破却されて堺に避難。天文十六年(一五四七)旧地に再興した。また、室町時代末期以降の興学の機運のもとに天正十一年(一五八三)、寺内に関西六檀林の一つである求法院《ぐほういん》檀林を設置し学徒を養成した。なお、寺号の本国寺を本圀寺と改めたのは水戸光圀の外護を得てからである。昭和四十五年、創建以来の地を離れ現在地に移転した。↓天文法難・日静・六条門流

【本成寺】 (三条) ほんじょうじ

新潟県三条市にある法華宗陣門流の総本山。永仁五年(一二九七)日朗《にちろう》の弟子、摩訶一房日印《まかいちぼうにちいん》(一二六四〜一三二八)の創建。領主山吉定明の外護をえて青蓮華寺と称し、正和三年(一三一四)日印は日

朗を開山に仰ぎ本成寺と改称した。日印の弟子日《にち》静《じょう》は京都本国（圀）寺を日伝《にちでん》に、本成寺を日陣《にちじん》に譲つたが、日陣は応永四年（一三九七）上洛して本《ほん》迹勝劣義《じゃくしょうれつぎ》（本門と迹門の教えには優劣があるとする立場）を主張、本迹一致義の本国寺日伝と八年間にわたり論争。ついに本国寺と訣別し、京都堀川油小路に本禅寺を創建して、京都における布教の拠点とした。寛文九年（一六六九）十七世日俊のとき本国寺と本末を争って独立し、勝劣派触頭として末寺三百か寺を統轄した。本成寺は兵火などにより再三焼失したが、山吉家・上杉家・溝口家などの外護によって復興し、日陣門流の根本道場として発展した。

→日印・法華宗陣門流

【本尊】 ほんぞん

信仰礼拝の対象として安置し、寺院の中心となるもの。本尊には、根本尊崇《こんぽんそんすう》（修行の根本として尊ぶから）、本来尊重《ほんらいそんちょう》（久遠の過去から尊重すべき存在としてあるから）、本有尊形《ほんぬそんぎょう》（大曼荼羅の全体が久遠の尊形であるから）の三つの意味が含まれている。これらすべての意義をそなえているのは本門の本尊である。本門の本尊とは法華経の教主久遠実成の本仏釈尊である。日蓮においては、この本尊の形態に、首題本尊・釈迦一尊・大曼荼羅・一尊四士・二尊四士の五種の様式があるが、紙幅に表現した大曼荼羅と木像に表現したものとに大別される。日蓮が体得した教主釈尊の救済の世界を文字をもって紙上に表現したのが大曼荼羅であり、教主釈尊とその脇士《きょうじ》（補佐役）としての本化地涌の四大菩薩を配した一尊四士、大曼荼羅の上部を木像化した二尊四士とである。いずれにせよ、教主釈尊の救済の世界を表している点では同じである。後世、釈尊を中心とする本尊を仏本尊、大曼荼羅を法本尊と呼ぶようになったが、表現様式の相違によって名づけたもので本質的相違ではない。→一尊四士・一塔両尊四士・大曼荼羅・二尊四士・本門の本尊

【本尊聖教録】 ほんぞんしょうぎょうろく

中山法華経寺第三世日祐《にちゆう》が、康永三年（一三四四）に同寺に所蔵する本尊の曼荼羅《まんだら》・仏像・仏画・経典などを記録した目録。説話集・歌集・歌学書・字書などの記載も見られ、当時の僧侶の勉学範囲を物語っている。また、日蓮遺文の真筆・写本の記載も多数あり、遺文がどのように伝えられてきたのかを解明する資料としても重要である。↓日祐・法華経寺

【本土寺】（平賀）ほんどじ

千葉県松戸市平賀にある日蓮宗由緒寺院（本山）。建治三年（一二七七）日蓮の檀越曽谷《そや》教信《きょうしん》が平賀の地蔵堂を改めた法華堂にはじまり、開山は日朗《にちろう》（一二四五～一三二〇）。本土寺（長谷山）は池上本門寺（長栄山）・鎌倉妙本寺（長興山）とともに、それぞれ山号・寺号に「長」と「本」の字がつくことから「三長三本《さんちょうさんぼん》」の寺と称され、日朗門流の三大拠点の一つとして発展した。天正十九年（一五九一）徳川家康は武田信玄の生母秋山夫人を当寺に葬り、朱印地を給し山林竹木などの諸役を免除した。近世前期、当寺は関東不受不施《ふじゅふせ》派の拠点となり、寛永七年（一六三〇）十七世日弘《にちぐ》（除歴）は不受不施義を主張して伊豆国（静岡県）戸田に流罪、また不受不施派の頭領として指導的地位にあった二十一世日述《にちじゅつ》も、寛文六年（一六六六）伊予国（愛媛県）吉田に流罪された。現在は「あじさい寺」とも称され、花の季節には参詣者でにぎわう。↓日朗門流・不受不施

【煩悩】 ぼんのう

誤った心によって身心を苦しめるもの。人間とは煩悩のかたまりであり、なかでも貪《とん》・瞋《しん》・痴《ち》・慢《まん》・疑《ぎ》・悪見《あくけん》の六種が根本煩悩とされる。仏教では本来、日常生活においてこれらの煩悩を自己制御することが要求される。日蓮は、末法の時代に生きる人間を煩悩に束縛された凡夫《ぼんぶ》とみなし、そのような存在に

も仏道を求める方策が開かれていることを提唱する。
↓罪障・元品の無明・凡夫

【本能寺】（京都）ほんのうじ

京都市中京区にある法華宗本門流四大本山の一つ。慶林坊日隆《にちりゅう》（一三八五〜一四六四）が応永二十二年（一四一五）に開創。永享五年（一四三三）に六角大宮に移転するとともに寺号の本応寺を本能寺と改めた。日隆は本勝迹劣義《ほんしょうしゃくれつぎ》（本門は迹門より本質的に勝れていること）に立脚して本門八品正意を主張し、応永三十年創建の尼崎本興寺を門流教学の根本道場、本能寺を布教の拠点とした。以来、本能寺と本興寺は百七世まで両寺一貫主制をしき、日隆門流の本寺として重きをなした。天文五年（一五三六）の天文法難、あるいは天正十年（一五八二）同寺宿泊中の織田信長が明智光秀に襲撃された本能寺の変などにより再々焼失。現在地には豊臣秀吉の命により天正十七年に移転した。また、種子島への鉄砲伝来は、同島にある末寺との関係から本能寺への武将の出入りも繁くなった。↓法華宗本門流

【凡夫】ぼんぶ

愚かで凡庸な人間のこと。煩悩に束縛されて迷いの世界で生死をくりかえす者。元来は一般人の意で、聖者にたいしていう。日蓮は、末法（今日の現実世界）の人間存在を煩悩にまみれた凡夫と規定し、釈尊の本意である法華経に絶対随順の「信」をささげることによってのみ、仏道を成就することができると説く。↓煩悩・末法

【本仏】ほんぶつ

諸経に説かれている諸仏を統一する唯一絶対の仏。法華経本門の如来寿量品において久遠実成の仏（永遠の過去から存在しつづけてきた仏）が説き明かされ、すべての仏はこの久遠本仏の分身であることが明かされた。日蓮はこれを『開目抄』に「（本門にいたりて）爾前迹門の十界の因果を打ちやぶて、本門十界の因果をとき顕わす。これ即ち本因本果の法

門なり。九界も無始の仏界に具し、仏界も無始の九界に備て、真の十界互具・百界千如・一念三千なるべし」と述べ、ここにすべては久遠本仏の分身とする仏教の根本的意味が明らかにされたとし、法華経受持によって衆生が成仏できるとする。すなわち、衆生の成仏とは本仏の功徳を受けることで、信心を通して本仏の常住不滅の浄土（常寂光土《じょうじゃっこうど》）に住することである。本仏を言葉で表せば、教主釈尊・久遠実成本師釈迦牟尼仏・法華経本門寿量品の仏などとなる。↓仏

【本法寺】（京都）ほんぽうじ

京都市上京区にある日蓮宗由緒寺院（本山）。叡昌山と号す。久遠成院日親《にっしん》（一四〇七～八八）の開創。永享九年（一四三七）、九州から上京した日親は、洛中綾小路の地に弘通所（布教所）をかまえた。これが本法寺のもととなる。その後たびたび破壊され、寛正元年（一四六〇）には幕府によって破却されたが、のちに三条万里小路の地に再建される。本法寺はこの後、京都の日蓮宗とともに発展し二十一箇本山の一つとして繁栄をみた。しかし天文五年（一五三六）の天文法難によって、堺にのがれたがまもなくもとの地に還った。なお、本法寺の創建にさいして大檀那となったのは本阿弥中興とまでいわれた本阿弥家第六代本光である。本阿弥家はその後も本法寺の外護者となり、近世初頭に美術工芸家として著名な光悦が出るにおよんで、その一門をはじめとする多くの芸術家が信者として名を列ねた。なかでも長谷川等伯は代表的で、当寺にはその作品などが寺宝として伝えられている。↓京都二十一箇本山・日親・長谷川等伯・本阿弥光悦

【本末制度】ほんまつせいど

本寺・末寺の関係は平安時代からみられるが、この関係を法的に定め、行政的な仏教統制機構として制度化したのは江戸幕府。日蓮宗では昭和十六年の本末解消までつづいた。このとき身延久遠寺を総本山、池上本門寺・京都妙顕寺・京都本圀寺・中山法

華経寺の四か寺を大本山と称することを除き、他の本山はすべて別格山の名を保有し、戦後は、別格山の名は霊跡・由緒寺院の名に変わった。↓寺院

【本門】ほんもん

法華経二十八品中、従地涌出品から普賢菩薩勧発品までの後半十四品。前半十四品の迹門《しゃくもん》にたいする語。仏がその本来の姿を説き顕わした教説。仏は歴史上実在した釈尊というにとどまらず、久遠の過去にすでに成道していたとし、過去・現在・未来の三世にわたり尽きることなく衆生を利益し続ける久遠実成の仏であると説く。すなわち、一切の仏は法華経如来寿量品の仏（久遠釈尊）の分身である。また、久遠の仏が娑婆世界に実在することによって、この世がそのまま常住不滅の浄土となるとする。

↓釈尊・娑婆即寂光・迹門

【本門寺】（池上）ほんもんじ

東京都大田区池上にある日蓮宗霊跡寺院（大本山）。日蓮は弘安五年（一二八二）十月十三日、武蔵国池上郷の檀越《だんのつ》池上宗仲《いけがみむねなか》の邸（現在の大坊本行寺）で入滅したが、のち池上の山上に建立されたのが本門寺である。日蓮の七回忌には弟子日持《にちじ》らにより、等身大を上回る日蓮坐像（重要文化財）が同寺に造立・安置されたように、その創建の時期は早く、かつ規模も大きい。本門寺は日蓮入滅の霊場という権威をもって多くの末寺を加え、鎌倉妙本寺・平賀本土寺とともに日朗門流《にちろうもんりゅう》の中心寺院として発展した。日朗開創の鎌倉妙本寺と両寺一主の制をしき、徳川家康の江戸入府以降の貫主は本門寺に住しつつ妙本寺を兼務した。寺内にある慶長十三年（一六〇八）建立の五重塔（重要文化財）は都内有数の塔として著名。十月十一日から十三日の日蓮の忌日法会であるお会式《えしき》には多くの参詣者でにぎわう。↓池上氏・日朗門流

【本門寺】（北山）ほんもんじ

静岡県富士宮市北山にある日蓮宗霊跡寺院（大本

山）。北山本門寺と称し、もとは日興《にっこう》（一二四六―一三三三）を派祖とし富士門流・興門派と称した本門宗に属した。身延久遠寺を離れ、正応三年（一二九〇）大石寺を創建した日興は、ここにあること数年にして北山の地頭石川孫三郎能忠の請いにより重《おも》須《す》に移り、石川能忠や南条時光などの外護により永仁六年（一二九八）二月、本門寺を創建しここに移り住した。日興はここに学問所である重須談所《おもすだんしょ》を開き、寂仙房日澄《じゃくせんぼうにっちょう》を学頭として多くの弟子を育成した。日興の滅後、日妙と日代が後職を争い、康永二年（一三四三）日代は当寺を離れて西山におもむき、大内氏の外護をえて西山本門寺を創建した。なお、本門寺は大石寺としばしば争ったが、近世に入り大石寺二十六世日寛が石山教学《せきざんきょうがく》を確立して諸寺と争うにいたり、完全に大石寺と訣別した。日蓮・日興の本尊、消息多数を所蔵し、寺内に日興の墓所がある。→日興・富士五山

【本門の戒壇】 ほんもんのかいだん

三大秘法の一。妙法五字（妙法蓮華経）を受持する道場をいう。ここにいう戒とは五字の受持そのものを指し、本尊を安置し、唱題修行する所はすべて本門の戒壇となる。これは行《ぎょう》の戒壇である。この行によってその身の安住する所は汚れた娑婆世界であっても浄土に変じるとされる。これは証《しょう》の戒壇である。本仏釈尊の永遠性と久遠の過去からの救済活動を証明する虚空会《こくうえ》のすがたは一幅の紙上に大曼荼羅として表現されるが、大曼荼羅は本尊であるとともに戒壇をも表示する。したがって、これはまた教《きょう》の戒壇である。日蓮は、三大秘法を明かした諸遺文に、戒壇という言葉を用いてはいるが、内容については説示せず、ただ『三大秘法抄』のみにその規模と内容を示している。すなわち王仏冥合（世俗の法と仏法が一致すること）のとき霊山浄土《りょうぜんじょうど》（霊鷲山《りょうじゅせん》）に似た最勝の地に戒壇を建立するという説示である。ここから後世さまざまな本門戒壇の解釈が生じたが、

日蓮の意図した戒壇は個々に分立される私の戒壇ではなく、全世界が法華経に帰依したとき、全世界の人々の道場として最勝地に建てられるべき戒壇である。この世界に仏国土建設の理想を表明したのが「本門の戒壇」である。↓戒・三大秘法・霊山浄土

【本門の題目】《ほんもんのだいもく》

三大秘法の一。われら凡夫の成仏の行法とする題目は日蓮の立教開宗の当初から唱えひろめられてきたが、その本当の意義は『観心本尊抄』にはじめて開示された。『本尊抄』において、天台大師智顗の開発した一念三千（煩悩のなかにも悟りの要素があると説く）が成仏の原理であるとし、この一念三千は妙法蓮華経という五字にそなわっていることを示した。本仏釈尊の悟りの一念に縁起する仏界（果徳）と仏となる前の修行段階である九界（因行）の功徳はすべて妙法五字に包含される。したがってわれら凡夫は、この五字を受持すれば自然に仏の因果の功徳を受得して、仏我一如（仏と一体になること）の境地に入ることができる。この五字こそ本仏釈尊から上行菩薩に付嘱（委託）され、上行菩薩が末法に出現してわれら凡夫に服せしめる題目であると示されている。教主釈尊より与えられた題目をいかに行じるかについては、「我等此の五字を受持すれば」とあるように、受持を正行とする。受持の一行こそが成仏の正因である。受持とは、信力をもって受け取り、念力をもってたもちつづけることをいう。五字に因果の功徳が具足することを信じ、われらの全身全霊を傾けて五字を受持することによって成仏の大益を得られるのである。これが日蓮宗の行のあり方である。↓一念三千・三大秘法・自然譲与・受持

【本門の本尊】《ほんもんのほんぞん》

三大秘法の一。日蓮宗の信行の対象のこと。法華経本門の中心である如来寿量品に説かれる久遠実成の本仏釈尊（永遠不滅の仏）をいう。日蓮の『観心本尊抄』には、この教主釈尊を行の対象として表現

するのに一尊四士と大曼荼羅の二つの様式が示されている。一尊四士は教主釈尊に上行《じょうぎょう》・無辺行《むへんぎょう》・浄行《じょうぎょう》・安立行《あんりゅうぎょう》の本化地涌の四大菩薩が脇士となって仕える姿を造立して本尊と仰ぐ。大曼荼羅は、教主釈尊の救済の世界を一幅の紙上に表現して、これを本尊と仰ぐ。また、ほかに一塔両尊四士などの本尊の様式があるが、これらは相貌に別はあっても、その実体は同一で、ともに本仏釈尊とその救済の世界を表現したものである。日蓮が「本尊」の語に「本門」と冠して、「本門の本尊」と諸宗の本尊と区別したのは、末代の衆生救済の根本が久遠本仏の釈尊の「みこころ」にあり、救済の実現は本仏釈尊を「本門の本尊」と仰いで、はじめて確定することを明らかにするためであった。↓一尊四士・一塔両尊四士・大曼荼羅・本尊

【本門仏立宗】 ほんもんぶつりゅうしゅう

慶林坊日隆《にちりゅう》（一三八五〜一四六四）を門祖、日扇《にっせん》（長松清風《ながまつせいふう》・一八一七〜一八九〇）を開導とし、京都宥清寺を本山とする法華宗本門流系の一宗派。日扇は京都妙蓮寺日耀《にちよう》について出家、のち還俗し安政四年（一八五七）二月、京都で華洛八品講《はっぽんこう》（のちに本門仏立講と改称）を開講。経力唱題の現証利益を強調し、折伏を手段として既成教団を痛烈に批判、既成教団にあきたらない京都・大阪など畿内の都市商工人信者を獲得し、教勢を拡大した。明治十一年（一八七八）には華洛仏立講二十三組、講員およそ一万名を数え、その基礎を固めた。近代の社会にも対応しつつ着実に発展し、日扇歿後もその弟子たちによって旧本門法華宗のなかに勢力をもった。昭和九年には本門法華宗仏立教会条例により、仏立講特別教区制が実施されるまでになったが、旧本門法華宗と教風・宗制に差異を生じ、昭和二十二年に本門仏立宗として独立、現在に至る。↓日扇・法華宗本門流

【本門法華宗】 ほんもんほっけしゅう

慶林坊日隆《けいりんぼうにちりゅう》（一三八五〜一四六四）を派祖とし、

京都妙蓮寺を本山とする一宗派。もとは京都本能寺・尼崎本興寺・沼津光長寺・茂原鷲山寺およびこの妙蓮寺の五本山を中心とする日隆門流・八品派に属した。昭和十六年、法華宗陣門流・法華宗真門流と合同し、新制の法華宗と公称したとき、妙蓮寺も行動をともにしたが、昭和二十五年十一月、妙蓮寺は法華宗を離脱し、本門法華宗と公称し現在に至る。

↓法華宗本門流・妙蓮寺

【本隆寺】（京都）ほんりゅうじ

京都市上京区に所在する法華宗真門流の総本山。常不《じょうふ》軽院日真《きょういんにっしん》（一四四四〜一五二八）の創建。日真は本迹《ほんじゃく》勝劣義《しょうれつぎ》（本門は迹門より本質的に勝れていること）を主張して延徳元年（一四八九）、京都妙本寺（妙顕寺）を退出。一寺を建立して本隆寺と称した。以降、後柏原天皇らの外護をえて隆盛し、京都二十一箇本山の一つとして勢力を誇り、また日真門流の拠点として発展した。天文五年（一五三六）の天文法難により諸堂を焼失、堺に避難。天文十一年一条堀川に再興した。さらに天正十一年（一五八三）豊臣秀吉が聚楽第建立のため、現在の地に移転。現在の本堂は明暦三年（一六五七）に創建されたもの。寺内には法華宗真門流の宗務庁をはじめ、法華宗真門学林・宗学研究所などがおかれている。

↓京都二十一箇本山・天文法難・日真・法華宗真門流

ま

【枕経】まくらぎょう

息をひきとったばかりの死者の枕元で読経するところから枕経といわれる。菩提寺より僧が遣わされ、障りなき成仏を願うものである。なお、菩提寺が遠方の地にあり、間にあわないからといって近所の寺僧に依頼する人もいるが、まず菩提寺に連絡し、その指示に従って行動することが肝要である。↓葬式・臨終

【町衆】まちしゅう

都市に居住して生活する人々の呼称。とくに京都においては、室町時代中期から戦国時代にかけて、新興階層である商人・手工業者が常設店舗を構えて洛中各町を構成し、町名を冠して何々町衆と呼ばれた。町衆には町に居住する武士・公家も含まれ、富裕な財力を有し、文化・芸能事業にも多大な功績を残した。京都日蓮教団は、当初から商人・手工業者を信徒にもっており、彼らの教団にたいする援助は多大なものがあった。本阿弥・後藤・茶屋などは著名な町衆の日蓮宗信徒。↓法華一揆・本阿弥光悦

【松葉谷法難】まつばがやつほうなん

文応元年（一二六〇）八月二十七日の夜、日蓮が松葉谷（鎌倉）の草庵において念仏信者たちに襲撃された法難をいう。この背景には法然浄土教への激しい批判があった。『立正安国論』では続出する天変地異・飢饉疫病は念仏宗などの邪法が興隆して正法の流布を止めたところに起因するとし、日蓮は、もしこのまま放置すれば、自界叛逆（内乱）と他国侵逼（外寇）の難、さらに国主は短命にして堕獄する難にあうであろうと説いた。そして、念仏宗などの邪法を禁断し、法華正法に帰依すればこの大難も避けることができるとした。日蓮はこの『立正安国論』を同年七月十六日、宿屋入道の手を通じて幕府の実力者、前執権北条時頼に上申したが、かえって幕府上層部の怒りをかい、また日蓮のはげしい念仏批判に恨みをいだいた諸大寺の僧やその信徒らは、この機に乗じて日蓮を殺害せんとし、幕府のなかにもこれを援助するものもあって、同年八月二十七日、多数の暴徒が夜陰に紛れて松葉谷の草庵を襲撃したが、日蓮はこれを脱れ、難を下総に避けた。↓立正安国論

【末法】まっぽう

釈尊入滅後二千年を過ぎた濁悪《じょくあく》の時代。仏教では、釈尊滅後、時代とともに仏法が衰退し、世の中

も退廃していくとして、これに正法時《しょうぼうじ》・像法時《ぞうぼうじ》・末《まっ》法時《ぼうじ》の三時期を立てる。三時の期間については諸説があるが、日蓮は正法時千年・像法時千年・末法時万年と受けとめた。正法時は正しい教えが実践されている時代、像法時は正法に似た教えが実践されている時代、末法時は正法の衰滅する時代である。日本においては平安時代に末法意識が広がり、その後、鎌倉仏教は共通して末法の危機を克服することを宗教的課題とした。日蓮は、末法濁世《じょくせ》の救いは釈尊が留め置かれた根源の教え（妙法蓮華経）に限られるとして、題目信仰を説いた。すなわち、末法の人々は重病者であり、これを療治するには良薬《ろうやく》でなければならないように、釈尊の正しい教えに背を向ける者をも救済するには妙法蓮華経の五字の良薬を服さしめるとするのである。日蓮は題目の信仰に末法超克の道を見い出し、むしろ末法こそ釈尊によって救われるべき時代であると受けとめた。↓逆縁下種・題目・凡夫

【摩利支天】まりしてん

もとはインドの風神で、梵天《ぼんてん》の子、あるいは迦葉波仙人の父とされる。姿は天女相と、三面六臂あるいは八臂で猪の上に乗るものがある。日本では中世に忿怒相の摩利支天が武士の守護神として信仰を集め、護身・得財・論争の勝利などを念じる修法の本尊でもあった。日蓮は天女像として、また日親は法華経の行者の守護神として厚く信仰した。↓諸天善神

摩利支天

【曼荼羅】まんだら

梵語マンダーラの音写。壇・道場・輪円具《りんねんぐ》足《そく》・功《く》徳聚《どくじゅ》などと訳す。本質・精髄の意味であるが、神聖な領域を示したところから、釈尊が悟りを開いたインド・ブッダガヤの金剛座を指した。そこには諸仏

が集まって功徳が充満しているから功徳聚といい、諸仏の功徳がすべてそなわっているから輪円具足という。この仏の悟った菩提（悟り）の境地・宇宙の真理を図画で表現し、観想の対象としたものを曼荼羅という。日蓮は本仏釈尊の悟りの世界を信解したものを一幅の紙面に文字で書き表し「大曼荼羅」と呼んだ。なお真言宗では金剛界《こんごうかい》・胎蔵界《たいぞうかい》の二種の曼荼羅を立て重視する。↓大曼荼羅

み

【水鏡の御影】 みずかがみのみえい

日蓮在世中の姿を写実的に描きあらわした御影。①中山浄光院蔵（重文）、②身延久遠寺蔵の御影が代表的なもの。②は波木井の御影ともいい、『古画備考』によれば弘安四年（一二八一）二月十日に波木井実長が京都の画家藤原親安に描がかせたものという。①は日蓮の青年時代の姿を描いた画像。いずれも、水に写して描いたところから水鏡の御影と呼ばれる。↓祖師

【水戸光圀】 みとみつくに 一六二八～一七〇〇

徳川御三家の一つ水戸藩の二代藩主。幕府の新設寺院禁止令にもとづいて、領内の新設寺院の整理を行い、また淫祠を廃止し、由緒ある社寺を復興するなど宗教制度の是正を実施した。法華経の信者であった母久昌院の十三回忌にあたり、久昌寺を建立。その後、寺の傍に学僧教育の道場（檀林）を建て、日蓮教団の高僧碩徳をひろく能化僧として招いた。↓誕生寺・本末制度

【身延山】 みのぶさん

山梨県南巨摩郡身延町にある山。標高一一四八㍍。日蓮は三度国を諌めたが容れられず、文永十一年（一二七四）ここを領していた南部実長の請いによって入山し、六月十七日草庵を構えた。住すること八年四か月「いずくにて死に候とも、はか（墓）をばみのぶさわ（沢）にせさせ候べく候」との遺言にもとづき、日蓮の遺骨はこの地に納骨された。日蓮

宗総本山久遠寺の山号また通称でもある。↓久遠寺・七面山・南部氏

【身延門流】みのぶもんりゅう

日蓮寂後、身延の日蓮の廟所は六老僧を中心とする高弟たちによって輪番守護されることとなったが、やがて諸般の事情により日向《にこう》が身延に常住し藻原(千葉県茂原市)での布教を兼ねるようになった。この流れを身延門流・日向門流・藻原門流という。日向は南部一族の外護をえて寺基を固めていった。のち、日向の弟子の日進が身延を継承し、日秀が藻原を継いだ。身延七世日叡は比企谷妙本寺・池上本門寺の両山を兼職し、宇都宮妙勝寺をも兼ねて四山の主となった。九世日学の門から出た日出は三島と鎌倉に本覚寺を創し、日讃は京都に学養寺を創して身延門流関西進出の端緒を開いた。日出の弟子十一世日朝は、久遠寺の移転拡張事業をなしとげるとともに、延山教学の大成を期して偉大な学績をあげた。日朝の門に十二世日意、十三世日伝が出て、ともに身延中興三師と称せられている。十四世日鏡は西谷檀林の基を創し教学を盛んにした。慶長六年(一六〇一)十九世日道の没後は、門流所属でない京都本満寺日重の門下によって継承されていったが、幾多の人材を輩出し、身延のみならず教団発展のうえにも大きな役割を果した。↓久遠寺・日向・日朝・日重

【宮沢賢治】みやざわけんじ 一八九六〜一九三三

詩人・童話作家。岩手県花巻市に生れた。賢治の生涯は法華経の精神の実践ともいうべきものであった。生家が熱心な浄土真宗の信徒であったため、幼少より親鸞の「正信偈」を暗誦するほどであったが、島地大等の法華経の講義に心をうたれて、法華経の精神への関心をもつようになる。二十三歳のころには信仰上の問題で父と対立して、生家の家業・信仰・自身の法華経信仰について板ばさみの状態となるが、やがてある日突然法華経が棚から落ちてきたことを啓示と受けとめ、その日のうちに上京した。

大正九年二十五歳にして田中智学の国柱会に入会。妹トシの発病により帰郷し、花巻農学校で教鞭をとるかたわら、農業の生産性向上に心魂をかたむけた。臨終にさいしては、知己に法華経を印刷して配布することを遺言したほどである。死後発見された「雨ニモマケズ」のメモは、賢治の生きかたが不軽菩薩《ふきょうぼ》薩《さつ》の礼拝行そのままであることを彷彿とさせるうえ、その黒皮の手帳全体からは日蓮の思想への深い思いが感じられる。↓国柱会・不軽菩薩

【妙覚寺】（京都）みょうかくじ

京都上京区にある日蓮宗由緒寺院（本山）。山号は具足山《ぐそくざん》。京都二十一箇本山の一つ。開創は龍華院日実《りゅうげいんにちじつ》、開基檀越《かいきだんのつ》は小野妙覚という。日実はもと妙顕寺の僧であったが、妙顕寺第三世朗源の頓死にともなう後継者選定にあたって、その結果を不満として妙顕寺を退出、妙覚寺を開創した。当初は四条大宮、ついで室町西二条南小路に移転、その後天文法難・本能寺の変による焼失・復興をへて、天正十八年（一五九〇）ごろ豊臣秀吉の洛中整備により、現在地に移転した。妙覚寺は開創当初から不受不施義を固守する寺風で、とくに二十一世日奥は豊臣秀吉の企図した千僧供養会《せんぞうくようえ》への出仕をめぐって純正不受不施義を主張、のちに禁制宗門となる不受不施派の派祖と仰がれた。このほか歴代貫主のなかには、各門流間の融和に尽力し足利義政に『妙法治世集』を献上した十一世日住、岐阜常在寺を開創した十三世日護、斉藤道三の子息と伝えられる十七世日饒などがいる。妙覚寺は畿内・中国・四国といった西国に教線を拡張、日奥没後、身延系の日乾が入寺する以前までは、末寺千余を数えた。↓京都二十一箇本山・日奥

【妙顕寺】（京都）みょうけんじ

京都市上京区にある日蓮宗霊跡寺院（大本山）。京都二十一箇本山の一つ。山号は具足山、また四海唱導《しかいしょうどう》とも称し、四条門流の本山。日蓮宗最初の勅願寺となった。龍華院日像の開創。当初は綾小路

大宮に道場があり、元亨元年（一三二一）御溝《みかわみぞ》の傍らに移転した。ついで暦応四年（一三四一）に四条櫛笥《くしげ》に移転した。その後比叡山の二度にわたる襲撃により三条坊門堀川・高倉西洞院へと移転、とくに天文法難後の復興は困難を究め、最終的には豊臣秀吉の洛中整備のさい、現在地に移建された。下って天明八年（一七八八）の大火で全山焼失、以後嘉永二年（一八四九）までの六十二年間をかけて客殿・庫裡・鐘楼・祖師堂・本堂が逐次再建された。妙顕寺は本国（圀）寺とともに洛中二大勢力であり、洛中の商工人・近郊農民・公武という洛中洛外の諸階層に信徒を有し教線はおもに中国・北陸に伸長した。いっぽう、妙顕寺から分裂・独立していった寺院・門流も多い。妙覚寺・本能寺（日隆門流）・立本寺・妙蓮寺（日隆門流）などがそれである。↓京都二十一箇本山・四条門流・本能寺・妙覚寺・妙蓮寺

【妙見菩薩】 みょうけんぼさつ

北斗七星を神格化した道教の神を仏教にとり入れて菩薩としたもので、北辰菩薩・尊星王ともいう。姿は二臂あるいは四臂であるが、日蓮宗では日乾《にちけん》により創案された鎧を着て右手に刀をもつ姿が多い。国土守護、また長寿・眼病の治療にも力を発揮し、中世には千葉氏など武士の守護神としても信仰された。日蓮宗系では摂津（大阪府）能勢真如寺や江戸柳島法性寺などの妙見菩薩が多くの信仰を集めた。↓現世利益・諸天善神

妙見菩薩

【妙成寺】（滝谷） みょうじょうじ

石川県羽咋《はくい》市滝谷にある日蓮宗の由緒寺院（本山）。金栄山と号す。永仁二年（一二九四）日像《にちぞう》の開基。佐渡の霊跡を巡拝し京都布教への途次、日像は石動山天平寺座首満蔵法印と問答の結果弟子としたが、石動山の山伏の迫害にあい、滝谷に脱れた。滝谷の豪族柴原法光は日像の信者となり、また満蔵

は日像から法門を伝授され名前も日乗と改めた。日像は京都へと向ったが、日乗は柴原法光の外護により妙成寺を建立し、日像を開山と仰いで自らは二世となる。このため妙成寺は「日像弘法最初の霊地」という。その後、北陸地方の中心寺院として発展する。江戸時代には藩主前田家の外護をうけ、慶長十九年（一六一四）には本堂をはじめ諸堂が建立された。これらは代表的な日蓮宗寺院の伽藍として建築史の上でも著名で重要文化財に指定されている。そのほか、長谷川等伯筆の涅槃図や加賀騒動の大槻伝蔵の塔などがある。→日像・長谷川等伯

【妙宣寺】（佐渡）みょうせんじ

新潟県佐渡郡真野町にある日蓮宗の由緒寺院（本山）。通称、阿仏房。蓮華王山と号す。阿仏房日得（一一八九〜一二七九）の開基。阿仏房・千日尼夫妻は佐渡流罪中の日蓮に帰依したが、弘安二年（一二七九）阿仏房が死去すると遺骨はその子藤九郎守（盛）綱によって身延山に納骨された。守綱は入道

して法華経信仰を受け継ぎ、また守綱の孫興円は六老僧の一人日興の弟子となり佐渡阿闍梨日満と称して布教を進めた。日満は元弘二年（一三三二）七月阿仏房の旧居を現在地に近い真野町大字竹田に移して本堂を建立して妙宣寺とし、日得を開基にして自らは二世となった。日満は阿仏房の曽孫であるところから「彦日満」、また日興から「佐渡国法花東（頭）梁」と呼ばれている。当寺には日蓮が千日尼に授与したと伝える「女人成仏御本尊」をはじめ、「国府尼御前御書」「千日尼御前御返事」「千日尼御返事」（以上三巻重要文化財）などの真筆を所蔵し、五重塔も昭和六十一年に重要文化財に指定された。
→阿仏房

【妙法五字】みょうほうごじ

妙法蓮華経の五字。日蓮はこれを釈尊の真実の教えとし、釈尊が末法の衆生救済のために留め置かれた根本の教え、仏となるべき種、末代の謗法逆機《ほうぼうぎゃっき》（重病者）を治癒せしめる良薬、釈尊一代の教えが

帰結する大法、一念三千の珠などと表現している。すなわち、妙法五字こそ衆生救済の大法であり、これを信仰することによって成仏が可能となる。日蓮は「南無妙法蓮華経の五字七字」などとも表現しているが、妙法蓮華経に帰依することが南無妙法蓮華経であり、南無妙法蓮華経を通して妙法蓮華経の功徳を受けることができるので、これを妙法五字七字という。↓首題・成仏・題目・南無妙法蓮華経・妙法蓮華経

【妙法寺】（堀ノ内）みょうほうじ

東京都杉並区堀ノ内にある日蓮宗由緒寺院（本山）。山号は日円山。元和四年（一六一八）の開創で、もとは真言宗。覚仙日逕が日蓮宗に改宗し、碑《ひ》文谷《もんや》法華寺の末寺となり寺号を妙法寺と改めた。元禄十一年（一六九八）幕府の不受不施悲田派《ふじゅふせひでんは》禁圧により碑文谷法華寺は天台宗に改宗、日朗《にちろう》作と伝える除厄祖師像《やくよけそしぞう》を妙法寺に遷座した。翌十二年妙法寺は身延久遠寺の末寺となり、寛政七年（一七九五）には身延山より永聖跡の寺格指定をうけた。とくに、厄除け開運の祖師像は、「堀の内のお祖師さま」として江戸庶民の信仰を集めた。↓祖師

【妙法蓮華経】 みょうほうれんげきょう

①法華経の正式名。仏教史上、妙法蓮華経の信奉者は多いが、これによって宗旨を開いたのは中国において天台大師智顗の中国天台宗、日本において伝教大師最澄《さいちょう》の日本天台宗である。しかし天台宗は他経をも依用する。これにたいし、日蓮はもっぱら法華経のみを依拠として宗旨を立てた。日蓮は末法という時代認識に立って法華経本門（如来寿量品を中心とした部分）の教えに釈尊の本意を見い出し、妙法蓮華経（妙法五字）の題目の受持こそ末法の正しい法華経信仰のあり方であるとした。

②釈尊一代の法門の帰結たる大法を表わす。日蓮は、妙法蓮華経はたんなる経典名ではなく釈尊が末法悪世の衆生を救済するために留め置かれた唯一絶対の教法であるとし、妙法蓮華経に帰依することによっ

て釈尊の功徳を受け、釈尊と同体となり成仏すると
した。↓法華経・妙法五字

【妙法華寺】（三島）みょうほっけじ

静岡県三島市玉沢にある日蓮宗由緒寺院（本山）。日蓮の弟子日昭《にっしょう》（一二二一〜一三二三）が鎌倉浜《はま》土《ど》に創設した庵室にはじまり、のち法華寺と称した。日昭門流の拠点寺院。現寺号である妙法華寺と公称したのは二十四世日迅《にちじん》のときから。津波などにより鎌倉の材木座からさらに高御倉小路に移転したのち、天文七年（一五三八）上杉憲政と北条氏康との戦禍をさけ、越後（新潟県）村田の妙法寺に避難。文禄三年（一五九四）十四世日苞《にっぽう》のときに再び伊豆加殿の妙国寺に寺基を移した。慶長八年（一六〇三）十五世日産は現在の玉沢の地を選んで境内地とし、徳川家康の側室養珠院・徳川頼宣・頼房などの資援によって、十八間四面の大本堂をはじめとする諸堂を建立した。しかし、寛政三年（一七九一）の失火により全山を焼失、四十一世日桓により復興した。日蓮聖人説法図・絵曼荼羅・注法華経・撰時抄（以上、重要文化財）など多数を所蔵する。↓日昭門流・養珠院お万の方

【妙本寺】（比企谷）みょうほんじ

神奈川県鎌倉市大町にある日蓮宗由緒寺院（本山）。日蓮の檀越である大学三郎が文永十一年（一二七四）鎌倉比企谷に創建した法華堂にはじまり、のち妙本寺と称した。開山は日朗《にちろう》（一二四五〜一三二〇）。妙本寺（長興山）は関東管領から寺領を安堵されたのをはじめ、鎌倉の商工業者の帰依を受け、この地の布教の拠点として、また池上本門寺（長栄山）・平賀本土寺（長谷山）とともに、それぞれ山号・寺号に「長」と「本」の字がつくことから「三《さん》長三本《ちょうさんぼん》」の寺と称され、近世にいたるまで日朗門流の三本寺、三大拠点の一つとして発展した。日朗開山の池上本門寺と両寺一主の制をしき、天正十八年（一五九〇）徳川家康の江戸入府まで、貫主は妙本寺に住し本門寺を兼務した。寛永十年（一六三

三）ころには両寺の末寺は百六十五か寺を数え、その勢力を誇った。↓日朗門流・本門寺（池上）

【妙満寺】（京都）みょうまんじ

京都市左京区にある顕本法華宗の総本山。山号は妙塔山。顕本法華宗の開祖日什の開創。永徳元年（一三八一）中山法華経寺日尊の代理として法門奏聞のために上洛した日什は、同三年三度目の上洛をし、天王寺屋通妙の外護により六条坊門室町に草庵を構え、ここを京都布教の拠点とした。嘉慶二年（一三八八）中山門流から独立した日什は、翌康応元年には草庵を妙塔山妙満寺とし、名実ともに本拠地としている。そして遠江の玄妙寺・会津の妙法寺とともに三寺を一寺とし、そのなかでも妙満寺を転法輪寺として一門の中心寺院に位置づけた。その後、錦小路東洞院に移り、天文法難後は綾小路堀川西に再興され「妙満寺町」の地名を残す。さらに寺町二条下町に移り諸堂が整えられたが、昭和四十年洛北岩倉の現在地へ塔頭とともに移転した。↓天文法難・日什

【妙蓮寺】（京都）みょうれんじ

京都市上京区にある本門法華宗の本山。山号は卯木山。延慶二年（一三〇九）日像の開基。日像の教化を受けた柳酒屋仲興が西洞院五条の屋敷に庵を設け、妙法蓮華寺としたことに始まる。のちに破却されたが、応永三十年（一四二三）のころに妙本寺（妙顕寺）を退出した日慶が日像の故地にちなんで綾小路大宮に柳酒屋の外護により再興した。日慶は庭田重有の子日応を開山に迎えて当寺繁栄の基礎を築いた。永享年中（一四二九〜四一）日隆は日存・日道が妙蓮寺再興のため尽力したことから歴世に加えるように要請したが、日慶が拒否したため、日隆とその門下は義絶することとなった。しかし日慶の入寂後、日応は文明十五年（一四八三）に新たに血脈譜をつくって日存・日道・日隆三師を列祖と仰ぎ、以来日隆門流の本寺として発展する。天文法難ののち大宮西小路に再建され、さらに豊臣秀吉の命によ

り現在地へと移転し現在に至る。↓天文法難・日像・日隆・本門法華宗

【未来記】みらいき

未来のことを予言もしくは想定して書いた経典・書籍・文書などをいう。平安時代の終わりごろから鎌倉時代にかけての末法思想の高まりのなかで生れたもので、聖徳太子に仮託されたものが多い。日蓮はこの思想を発展させ、法華経および末法の様相を示している諸経典を釈尊の未来記とみなす。さらに智顗・湛然・最澄などの著書を未来記として引用する。その内容は、濁世や天変地異などの予言、法華経流布の予言、法華経弘通者がこうむる法難の予言、仏使出現の予言などである。なお、『立正安国論』は日蓮の未来記とも見られる。↓立正安国論

む

【無間地獄】むけんじごく〈むげんじごく〉

阿鼻《あび》地獄ともいう。八熱地獄の第八。間断なく苦しみを受けることから無間という。五逆罪（殺父・殺母・殺阿羅漢・出仏身血・破和合僧）を犯した者と、謗法《ほうぼう》罪を犯した者が堕ちる。日蓮は、末法の日本国のあらゆる人々が無意識のうちに謗法罪に陥り、無間地獄の業因を作っていることを警告し、釈尊の真実の教えである法華経への絶対随順を力説して宗教的救いの方策を提唱した。↓地獄・謗法

【無量義経】むりょうぎきょう

法華三部経の一つ。法華経の開経とされる。徳行品・説法品・十功徳品の三品から成る。「性欲《しょうよく》不同なれば種々に法を説きき。種々に法を説くこと方便力を以てす。四十余年にはまだ真実を顕わさず。是の故に衆生の得道差別して疾く無上菩提を成ずることを得ず」とそれまでの法門は衆生の能力に応じて説かれたもので、法華一乗の真実を開示するための方便の教えであるとする。この「四十余年未顕真実」の文は、それ以前の諸経と法華経との勝劣を判釈するもので、これをもって法華経の序分とする。

天台大師智顗は右の「四十余年未顕真実」の文を、法華経こそ最高の経とする典拠とし、日蓮もまたこれを継承して、それ以前の経を未だ真実をあらわしていない仮りの経とした。↓開三顕一・法華三部経

め

【命日】 めいにち

人の死亡した日。忌日。祥月命日にたいし、毎月の命日を月忌《がっき》という。この日に僧に参ってもらい、読経・回向などをしてもらっている在家もある。↓回向・祥月命日・先祖供養・年回忌

も

【文底秘沈】 もんていひちん

文の底に秘し沈められた法門。日蓮著『開目抄』の「一念三千の法門は但法華経の本門寿量品の文の底にしずめたり」の文により、一念三千の法門の出処が本門寿量品の文底にあることをいう。一念三千とは一つの心のなかに一切の現象があるとする法門であり、これは法華経の経文上には示されず、如来寿量品の文の底に説き示された釈尊の内なる教えであるとする。↓一念三千

【門流】 もんりゅう

中世日蓮宗の教団組織の単位。門家《もんけ》ともいう。中世日蓮宗では貫主《かんじゅ》（本寺《ほんじ》）との師弟関係によって本寺末寺の関係が成立しており、貫主＝本寺が、僧侶・信徒や財産の管理、教義の決定、末寺住持の任免などの権限を掌握していた。この貫主＝本寺を頂点とするグループを門流という。近世初頭の本末組織の再編成、本寺への入寺ルートの掌握などによって組織が変化したが、現在の日蓮系各宗派のなかには、門流を宗派の塑型にしているものもある。↓法縁・本末制度

や

【厄年】 やくどし

人の一生のうち災難（厄）にあうおそれが多いの

で慎まねばならないとする年。男は二十五・四十二・六十一歳。女は十九・三十三・六十一歳をいう。とくに男の四十二歳・女の三十三歳を大厄《たいやく》といい、その前後の年も前厄《まえやく》・後厄《あとやく》といっておそれ慎む風習がある。日蓮宗でも除災得幸の法華の修法による厄払いが行われている。→修法・息災延命

よ

【養珠院お万の方】ようじゅいんおまんのかた 一五七七〜一六五三

徳川家康の側室。徳川御三家のうち紀伊家の祖頼宣、水戸家の祖頼房の生母。上総勝浦の正木左近大夫邦時の娘として生れ、のち伊豆の加殿《かどの》に移り、蔭山利広の養女となったと伝える。日蓮宗の熱心な信徒で、ことに身延の心性院日遠《にちおん》に帰依した。慶長法難に連座して師日遠が安倍川原で死刑にされようとしたとき、家康を諫めて赦免を請い、また自ら葬服をととのえて殉じようとした。家康はお万の方の熱誠と日遠の態度に感じ、処刑を免じた。なお女人禁制であった身延の七面山に、はじめて女性として登

頂をきわめたことでも有名。→慶長法難・七面山

【要法寺】（京都）ようぼうじ

京都市左京区に所在する日蓮本宗本山。日興の弟子日尊《にちぞん》（一二六五〜一三四五）の開創。日尊が暦応二年（一三三九）に開創した上行院と、その弟子日《にち》大《だい》が貞和元年（一三四五）ごろに開創した住本寺にはじまる。上行院と住本寺は拮抗しつつ日尊の法脈を伝えたが、天文五年（一五三六）の天文法難で焼失。十三世日辰《にっしん》は天文十九年両寺を合併し、要法寺として再興した。日辰は要法寺の復興に力をつくし、また多くの著述を著して教学の確立と振興につとめた。日辰の弟子の日賙、日性などの教学は、その後江戸時代前期における日興門流教学の主流となった。なお、十五世日性は慶長年間（一五九六〜一六一五）、世に要法寺版とよばれる『法華経伝記』『四教儀集註』『元祖蓮公薩埵略伝』などを木活字によって刊行し、この時期の出版文化の興隆に大きな役割をはたした。→天文法難・日尊・日蓮本宗・日辰

【要品】ようほん

法華経二十八品中、とくに重要とする諸品。宗派や選出基準により諸説がある。日蓮宗では方便品・如来寿量品・如来神力品の三品を中心とし、これに序品・提婆達多品・嘱累品・観世音菩薩普門品・陀羅尼品・妙荘厳王本事品・普賢菩薩勧発品・欲令衆《よくりょうしゅう》（方便品・譬喩品・法師品・見宝塔品の要文）・宝塔《ほうとう》偈《げ》（見宝塔品の要文）などを加えて総要品とする。

→法華経

り

【立教開宗】りっきょうかいしゅう

建長五年（一二五三）の春、日蓮は京畿遊学を終えて旧師道善房の住する清澄寺《せいちょうじ》に帰った。同年四月二十八日、宗門の伝承によれば、日蓮はこの当日の朝、旭森の山頂に立ち、太平洋の彼方の暁闇をやぶってさしのぼる朝日にたいし題目を唱え、ここに立教の宣言と伝道の誓願を立てたといわれている。

ついで、最初の説法を清澄寺の持仏堂の南面において行い、旧師や清澄寺大衆を前に自己の体得した法華信仰を説き、法華経を受持することを強く勧めた。具体的には法華経の価値、題目行だけを行ずべきことを強調し、諸宗の誤まりを指摘し、ことに念仏は無間地獄の業、禅は天魔の法であると痛烈に批判したのである。この主張は清澄寺の僧たちを驚動させ、またこの地の地頭東条景信は熱心な念仏信者であったから、日蓮の念仏排撃の言葉を聞いて激怒し日蓮を殺害しようとした。日蓮は難をさけ、ひそかに清澄を下り、鎌倉におもむき松葉谷に草庵を結び、法華経弘通に挺身していく。日蓮宗では、日蓮が法華経弘通を開始した建長五年四月二十八日を立教開宗の日と定めている。→小松原法難・清澄寺

【立正安国論】りっしょうあんこくろん

日蓮著。一巻。文応元年（一二六〇）の成立。日蓮の三大部の一。本書は旅客（北条時頼を想定）と主人（日蓮）との問答という形式で十段からなる。

内容は、天変地夭・飢饉・疫病が連続して起るのは、日本の人々が正法に背き悪法に帰依したゆえに、善神は国を捨て、聖人は去り、魔や鬼が来たって災難を起したためであることを経文をあげて明らかにする。次に外見は仏教隆盛のように見えながら仏法を破り国を破る者があるとし、法然の『選択集《せんちゃくしゅう》』が謗法の書であると指摘する。そして、もし邪法をこのまま放置しておけば経典に説かれているとおり、自界叛逆難《じかいほんぎゃくなん》（国内の戦乱）と他国侵逼難《たこくしんぴつなん》（外国の侵略）の二難が、日本の近い将来にかならず起るであろうと予言警告する。最後に日本国中が速やかに改心して法華経に帰依すれば三界は仏国となり、十方世界は宝土となると「立正安国」の理想を述べて、謗法の禁断を主張する。主人の訓誡によって正しい仏法を知った客が、謗法の禁断を誓って本書は結ばれる。本書の主張の基本は、仏法が正しく行われることによって、この地上に仏国土が顕現されるということにある。この立正安国思想は日蓮の教学信仰の中核をなすものであり、その生涯を通じて主張されたものである。また本書は、時の権力者北条時頼に献じたもので、法華経の行者日蓮の法難が連続する劇的生涯の出発点となったものである。↓三大部・自界叛逆・四箇格言・娑婆即寂光土・他国侵逼

【立正佼成会】 りっしょうこうせいかい

法華系新宗教のなかの有力教団の一つ。庭野《にわの》日《にっ》敬《きょう》が長沼妙佼《ながぬまみょうこう》とともに昭和十三年（一九三八）に霊友会《れいゆうかい》を脱退して「大日本立正交成会」を結成したことに始まる。はじめは妙佼の霊能力を中心に、霊友会から受けついだ法華経による先祖供養の教えを説き、姓名学や運勢判断などを通して信仰活動を行っていた。昭和三十二年の妙佼の死をきっかけに霊能力中心の信仰指導から教学中心に方針を変更、これまでの日蓮中心の教えから久遠実成の釈迦を本尊とする釈迦信仰を中心において、法華経にもとづく教学の体系化をはかった。三十五年に会名を現在の「立正佼成会」と改め、三十九年には大聖堂を建て本尊釈迦牟尼仏を安置した。法座を個人の修行の場

とする布教活動を行ういっぽう、社会活動にも積極的に取り組んでいる。↓霊友会

【竜口寺】（藤沢）りゅうこうじ

神奈川県藤沢市片瀬にある日蓮宗霊跡寺院（大本山）。文永八年（一二七一）九月、鎌倉幕府に逮捕された日蓮が斬首されかけた竜口刑場跡に創建された。日蓮の弟子日法《にっぽう》（一二五八～一三四一）が小堂を開いたのにはじまり、一三〇〇年代に建立された竜口院が、天正十五年（一五八七）には竜口寺とよばれた。九月十一日から十三日まで、刑場に向かう日蓮に、老婆がぼたもちを供養したと伝えられるところから、「ぼたもち供養」が行われる。↓日法・竜口法難

【竜口法難】りゅうこうほうなん

文永八年（一二七一）九月十二日、侍所所司平頼綱の指揮のもとに、松葉谷の草庵で逮捕された日蓮が、同日深夜竜口《たつのくち》で斬首されようとした法難をいう。この法難は日蓮のみならず、「千が九百九十九人は堕ちて候」（新尼御前御返事）と称されるほど、多くの門弟にも徹底的な弾圧が加えられ、教団は潰滅的な打撃をうけた。この背景には、文永五年正月の蒙古の国書到来は『立正安国論』で警告した他国《たこく》侵逼難《しんぴつなん》（外寇）の予言的中を示し、これを契機として、日蓮は幕府の反省を促し、諸宗への批判もいっそう激化していったことがある。同八年六月、祈雨の成功・不成功によって仏法の正邪を決する争いに敗退した律僧忍性は、翌七月浄土宗僧良忠などとともに、日蓮とその門弟の言動を幕府に訴えた。さらに忍性は幕府要路の人々に讒言を繰り返した。また八月には、蒙古から三度目の使者が大宰府に着き、襲来の気配はいよいよ深まっていった。こうした蒙古襲来の危機感も加わって、九月十二日ついに幕府は日蓮とその門弟にたいして徹底的な迫害を加えたのである。午後四時ごろ、草庵にて逮捕された日蓮は鎌倉の小路をひきまわされ、おそらく侍所に連行され、酉時（午後六時ごろ）には佐渡の守護大仏宣

時の預りとして佐渡流罪が決定した。翌十三日丑時（午前二時ごろ）鎌倉を出発し、相模の依智《えち》（神奈川県厚木市）に向ったが、それは「外には遠流と聞えしかども、内には頸《くび》を切る」（下山抄）ためであった。予期したように依智への途上、竜口においてひそかに斬首されようとしたが、幸い果たされず、表向きの罪名どおり佐渡に流罪となった。↓佐渡流罪

【竜女成仏《りゅうにょじょうぶつ》】

法華経提婆達多品に説かれる八歳の竜女の成仏をいう。古来、女人は梵天・帝釈・魔王・転輪王・仏身となることができない（五障《ごしょう》）とされてきたが、法華経では一転して、竜女が菩提心（悟りを求める心）を起こしてすみやかに成仏したことを明かす。日蓮は、この竜女成仏を女性の成仏の手本を示したものとして重視し、同じ提婆達多品に説かれる提婆達多の授記（悪人成仏）とともに「二箇《にか》の諫暁《かんぎょう》」と称し、釈尊の大慈悲による救済の誓願が末法の衆生に働きかけられていることを強調する。↓悪人成仏・七面天女・女人成仏

【霊鷲山《りょうじゅせん》】

インド中部の山の名前。かつてのマガダ国にあり、釈尊が晩年この山で八年間にわたり法華経を説いた場所とされる。そのため日蓮はこの山をもっとも神聖なる浄土としてあがめている。晩年、日蓮は身延山で法華経読誦の修行に入ると、釈尊と自分の身は異なっても心は同じ境地となった。その同じ心から、教主釈尊が法華経を説いた霊鷲山は「本朝此身延の嶺」にありという。↓身延山・霊山浄土

【霊山往詣《りょうぜんおうけい》】

本仏釈尊が住む霊山浄土にまいること。霊山とは釈尊が法華経を説いた霊鷲山《りょうじゅせん》の異名であるが、インドに実在する山というだけでなく、時間と空間を超越した本仏釈尊とともにあるところはどこでも霊山浄土という。日蓮の霊山往詣思想は佐渡配流以後

に多く語られる。たとえば『観心本尊鈔副状』には「師弟共に霊山浄土に詣で、三仏の顔貌《げんみょう》を拝見したてまつらん」とある。それは死してのち浄土にまいるということだけを意味するものではない。日蓮の宗教の特色は事（実践）の宗教であって、事とは実現ということである。この娑婆世界は衆生の煩悩におおわれていても、仏眼をもってみれば、その本質は汚れていない安穏の仏国土である。それゆえ日蓮は、この世を仏国土に浄める立正安国の運動を推進し、娑婆即寂光の実現を図った。そして日蓮は立正安国の実現のために行動している生活こそ本仏釈尊とともにある成仏の姿であると説いている。その生活は死後にも同様に連続していくし、そう信じてよい。これを霊山往詣という。したがって霊山往詣は生前でも実現しうるし、たとえ実現できなくても日蓮宗の信者は死んでのち霊山浄土にまいるとされるが、日常生活において法華経信仰者の永遠の安心の世界（霊山）に往詣するよう心がけねばならない。

→娑婆即寂光・成仏・霊鷲山・霊山浄土

●りよ

【霊山浄土】りょうぜんじょうど

霊山とは釈尊が法華経を説いた霊鷲山の異名。釈尊在世当時のマガダ国の都、王舎城（インド中部）の東北にそびえる。しかし、久遠本仏の釈尊は時と空間を超越した存在であり、実際には、いつ、どこででも諸菩薩や諸天善神とともに説法しているとされる。その意味で、この世は衆生の煩悩によって汚されてはいても、本仏釈尊とともにある浄土なのである。その浄土は法華経には「衆生劫尽きて大火に焼かるると見る時も、我が此の土《ど》は安穏にして天人常に充満せり」と表現され、いかなることがあっても「我が浄土は毀《やぶ》れ」ないと堅固であることが述べられている。日蓮はこの真の霊山浄土をまのあたりに感得し、釈尊を中心に諸菩薩・諸天善神が来集したありさまを大曼荼羅という形で描き示した。大曼荼羅は久遠本仏の寂光土（霊山浄土）を象徴したものであり、法華経本門の世界、本仏釈尊のお心、末法衆生の救済計画を文字によって図面化したものである。『観心本尊抄』にはとくにその内容が詳しく説明されている。日蓮は久遠実成の釈尊が常住する霊山浄土（仏国土）へ死後、信者ともどもまいると導いているが、現実の娑婆世界を本来の姿である浄土に立ち帰らせようとする立正安国運動を押し進め、生前・死後にわたって法華経信者が永遠の安心の世界である霊山浄土に行くことを教えている。↓娑婆即寂光・大曼荼羅・霊鷲山・霊山往詣

【臨終】 りんじゅう

人が息をひきとろうとするとき、または人が息をひきとったときをいう。このとき仏教では、末期の水を与え、湯灌をほどこし、北枕にするしきたりである。一方、菩提寺に連絡し、枕経などを依頼することも忘れてはならない。日蓮は題目の受持によって、人は霊山浄土に往詣することができると説く。

↓葬式・涅槃・枕経・霊山往詣・臨終曼荼羅

【臨終曼荼羅】 りんじゅうまんだら

人の臨終葬送にさいし必要とされる曼荼羅。この曼荼羅の特色は、曼荼羅中に「閻魔法皇」「五道冥官」が諸尊とともに勧請されていることである。この勧請形態は、ほぼ近世初頭より見出せる。人が死と直面したとき、その恐れの表れとして曼荼羅に救済を託し、地獄の代表たる閻魔・五道冥官がとくに勧請されたものと思われる。換言すれば、死を自覚したときの恐怖の心に安心の世界を与え、本仏釈尊の国（霊山浄土）に往詣する確信を与えるものである。↓曼荼羅・霊山往詣・臨終

【輪廻】 りんね

車輪が回転するように、生ある者が生死をくり返すというインド古来の考えかた。仏教では、地獄・餓鬼・畜生・修羅・人間・天上の六つの世界（六道《ろくどう》）を流転することをいう。善悪の業因によって次の世の生れる世界が決まるとされ、この輪廻からの脱却

をめざすことが仏教の最大の目的である。日蓮は末法の人間がこの目的を達成するには釈尊のみ心に随順すること、すなわち純粋なる法華経信仰以外にないと主張する。↓四聖六道

れ

【霊友会】れいゆうかい

法華系新宗教のなかの代表的教団の一つ。大正八年（一九一九）に久保角太郎が若月チセとともに「霊の友会」を結成し、総戒名《そうかいみょう》や霊鑑《れいかん》（過去帳）を用いて先祖供養にはげむ教えを広めていったことに始まる。同十四年に久保は霊能力をもった小谷喜美《こたにきみ》と出会い「大日本霊友会」を設立し、小谷を会長とし、久保は理事長として会を運営した。法華信仰と敬神崇祖の先祖供養を中心にすえた教えは、昭和初期から戦前戦後にかけて時代の波にのつて教線をひろげていった。教勢の拡大には小谷の霊能力が大きな力を発揮したが、その強い個性に反発して岡野正《おかのしょう》道《どう》（孝道《こうどう》教団）、庭野日敬《にわのにっきょう》（立正佼成会《りっしょうこうせいかい》）、宮本みつ（妙智会《みょうちかい》）、関口嘉一《せきぐちかいち》（仏所護念会《ぶっしょごねんかい》）らが分派独立するに至った。昭和三十八年に伊豆に聖地弥勒《みろく》山を建設して弥勒信仰を導入し、仏の世界実現を目標にかかげた。昭和四十六年に久保継成が第二代会長となり、近代的装いをこらした教えをもとに盛んな布教活動を行っている。↓立正佼成会

ろ

【六条門流】ろくじょうもんりゅう

京都本国（圀）寺を中心とする門流。本国寺は、日朗門流の摩訶一日印の弟子妙竜院日静が鎌倉本勝寺を京都六条に移建したものといわれ、その地名から六条門流と称される。六条門流は四条門流に遅れて京都に進出したが、南北朝期には四条門流と並ぶ洛中二大勢力の一つとなっており、また、六条門流からは新門流の分裂があまりなく、勢力を温存した。教線は近畿・北陸・東海・相模におよび、加藤清正が本国寺日禛に帰依してからは九州地方へも伸長した。六条門流は当初から公武との交渉が緊密であり、

同門流傘下の本満寺は近衛家代々の内道場であった。また、本国寺は他の洛中本山が再移転したにもかかわらず六条の地に留まり、寺域に寺内町を形成した。昭和四十五年、京都山科に移転。↓加藤清正・日静・本国寺

【録内・録外】ろくない・ろくげ

録内御書・録外御書のことで、日蓮遺文を集成したもの。録内御書は百四十八遺文が収録され、弘安六年（一二八三）十月十二日、日蓮の一周忌における集成と伝えるが、その事実を検証する史料はなく後年の集成である。その成立の時期を日蓮滅後百年前後から百五十年ごろ、また集成者を中山（法華経寺）系の学僧、身延系の学僧とする諸説があるが、いずれも確定はしていない。この第一次集成に収録された遺文以外の集成がさらに行れ、それを録外と称し、第一次集成を録内と称するようになった。やがて録内御書が六老僧による集成と伝えられるとともに録内御書の権威が高まり、関東・関西の諸寺において伝写されていった。嘉吉三年（一四四三）ごろから集成された平賀本、文明十一年（一四七九）ごろ集成の日朝本など十三点の録内御書写本、および数点の録外御書写本が現存する。近世に入り録内御書が元和年間（一六一五〜二四）に刊行されたのをはじめとして寛永十九年（一六四二）・同二十年・寛文九年（一六六九）に、録外御書も寛文二年・同九年に刊行され、近世における日蓮研究の基本遺文となった。↓遺文

【六難九易】ろくなんくい

仏滅後に弘教するにあたっての六の難しいこと（六難）と九の易しいこと（九易）。法華経見宝塔品にみえる。六難とは、①滅後に悪世で法華経を説く説法難、②滅後に法華経を自分も書き、他人にも書かせることの書持難、③滅後にしばらくでも法華経を読む暫読難、④滅後に法華経を持ち、他に説く持説難、⑤滅後に法華経を聴受する聴受難、⑥滅後に法華経を持つ奉持難である。九易とは、①法華経以

外の経を説くこと、②須弥山を他方の仏土に擲《な》げること、③足の指で大千世界《だいせんせかい》を動かすこと、④有頂《うちょう》天《てん》に立って余経を説くこと、⑤手に虚空の世界を把《と》ること、⑥大地を足の甲にのせて梵天に昇ること、⑦乾し草を背負って劫火に入ること、⑧八万四千の法蔵を持ち演説すること、⑨無量の衆生に阿羅漢《あらかん》果を得さしめ、神通力を具えさせることである。日蓮に法華経弘通の不退転の決意を与えた経文である。

↓受持・法華経の行者

【六老僧】ろくろうそう

日蓮の高弟六人をいう。日蓮は弘安五年（一二八二）約九か年の間住みなれた身延山をおり、池上宗仲の館に入ったが、ここを終焉の地と定め、十月八日本弟子六人を指名して滅後の法灯とし、教団の運営・門下の育成を委ねた。その六人とは蓮華阿闍梨日持《にちじ》・伊与公日頂《にっちょう》・佐渡公日向《にこう》・白蓮阿闍梨日興《にっこう》・大国阿闍梨日朗《にちろう》・弁阿闍梨日昭《にっしょう》である。この六老僧を中心に身延の日蓮の廟所を輪番で守護するという

守塔輪番制が企てられたが、やがて諸般の事情で行われなくなり、六老僧はそれぞれ諸方において日蓮の教えの伝播に努めていった。日持は海外伝道に、日頂は下総で、日向は身延久遠寺・藻原を拠点に日向・身延・藻原門流を形成し、日興は富士大石寺・重須本門寺を拠点に日興・富士門流を、日朗は池上本門寺・比企谷妙本寺・平賀本土寺を拠点に日朗・比企谷門流を、日昭は鎌倉浜法華寺を拠点として日昭・浜門流をそれぞれ形成し弘教活動を展開していった。↓日向・日持・日朗・日興・日昭・日頂

【六根清浄】ろっこんしょうじょう

人間のもつ感覚・認識の器官である眼・耳・鼻・舌・身・意の六根がけがれを払って清らかになること。人間の身心が種々の功徳を満たすことによって清浄になることをいう。法華経法師功徳品では、この経を受持・読・誦・解説・書写の五種の行をする人は、経の力によって六根が清浄となり、六根に種々の功徳が得られると説く。↓経力

便覧編

日蓮宗の基本

【開祖】 日蓮聖人

【開宗】 鎌倉時代

【信仰の対象（本尊）】 久遠実成の教主釈尊。この釈尊の悟りを南無妙法蓮華経で表わし、虚空会上に来集した諸仏諸尊がこの妙法に帰一している境界を図示したものが大曼荼羅であり、久遠実成の釈尊を表わすために釈尊の左右に本化地涌の四菩薩を配したものが一尊四士である。紙木の表現のちがいはあっても、ともに教主釈尊の救済の世界を表わしたものである。日蓮宗の信仰の特徴は、題目によって教主釈尊の救いにあずかるところにある。釈尊のほんとうの姿は永遠不滅であり、全仏教を統合する最終的な教えとして妙法蓮華経（法華経）を説いたが、それだけではなく、釈尊のすべての徳と人々を救済する働きは、妙法蓮華経という経題の五字そのものにこめられているとされる。それを信じ「南無妙法蓮華経」と題目を唱えるとき、仏の力によって自然に救済の世界に導かれる。そのため、日蓮宗寺院や一般家庭の仏壇で、題目の描かれた大曼荼羅や一尊四士などを本尊として奉安する。

宗章

【修行の中心】「南無妙法蓮華経」と題目を唱えること（唱題行）。

【依りどころとなる経典（所依の経典）】 法華経

【理想とする世界】 常寂光土《じょうじゃっこうど》・霊山浄土《りょうぜんじょうど》。霊山浄土とは釈尊が法華経を説いたインドの霊鷲山《りょうじゅせん》に由来する名称であるが、具体的な地名ではなく、法華信仰によって、あらゆる場所は釈尊の救済が実現したところ（常寂光土・仏国土）となりうる。この世を理想境に導くことを立正安国といい、それが日蓮宗の信仰の目的とされる。

仏壇とおつとめ

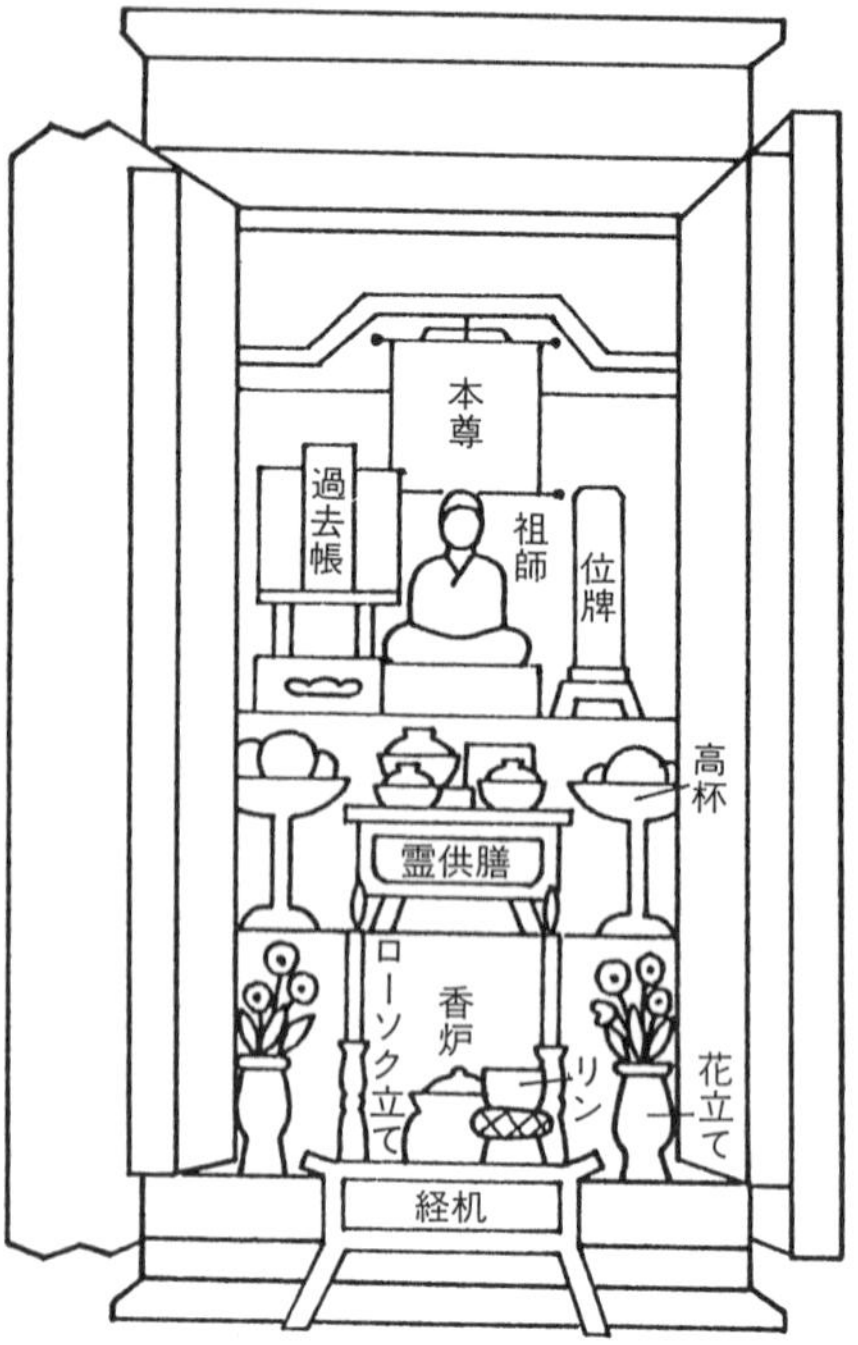

【仏壇の荘厳】

ご本尊　日蓮宗では大曼荼羅本尊を中央最上部にかかげ、その前に日蓮聖人像を奉安するのが通常。

位牌　先祖の霊を象徴するものとして供養がたむけられるが、先祖を含めて私たちは仏に守られているので、本尊より低い位置に奉安する。

霊簿　先祖の法名・俗名・命日などを書きとめた名簿。勤行の前に開く。

仏具　香炉・華瓶《けびょう》（花ビン）・燭台（ローソク立て）が各一の場合は三具足といい、香炉を中心にし、向かって右に燭台、左に華瓶を置く。華瓶・燭台が一対ずつある五具足では、香炉の外側に燭台、さらに外側に華瓶を一つずつ置く。このほか、お水・お茶・菓子などの供え物を適宜配置する。

【毎日のおつとめ】

初めに　家族が食事をする前に、お膳・お

鎌倉妙本寺「臨滅度時の本尊」

大持国天王　　　　　　　　　　　　大広目天王
（不動明王）
大日天大王　提婆達多　仏滅度後二千二百
第六天魔王　阿修羅王　二十余年之間一閻
大梵天王　転輪聖王　浮提之内
南無無辺行菩薩　南無舎利弗尊者　南無天台大師　未曾有
南無上行菩薩　南無薬王菩薩　南無龍樹菩薩　大漫荼
南無多宝如来　南無文殊師利菩薩　鬼子母神　天照大神　羅也
南　無　妙　法　蓮　華　経　日　蓮（花押）
十羅刹女
南無釈迦牟尼仏　南無普賢菩薩　八幡大菩薩
南無浄行菩薩　南無弥勒菩薩　阿闍世大王　南無妙楽大師
南無安立行菩薩　南無大迦葉尊者　大龍王　南無伝教大師
釈提桓因大王
大月天王
明星天子　　　　　大増長天王
（愛染明王）　弘安三年太歳庚辰三月□
大毘沙門天王

茶・お水などを捧げ、灯明をあげて線香をつける。線香は仏法僧の三宝を供養する意味で三本立てる。焼香も同じ意味で三回行う。焼香のあとリン（鈴）を大・中・小と三回打ち、勤行に入る。

勤行の順序　日蓮宗一般では、次の順序で経文などを読誦する。

①勧請＝仏菩薩・諸天善神を招く。
②開経偈＝法華経を讃える。
③読経＝法華経の重要な部分を読誦する。
④御妙判＝日蓮聖人の御遺文を読む。
⑤唱題＝南無妙法蓮華経と唱える。
⑥宝塔偈＝法華経を受持する功徳を讃える。
⑦回向＝功徳をあらゆる人や物にたむける。
⑧四誓＝仏道に努めることを誓う。
⑨題目三唱＝題目を三回唱える。

終りに　リンは読経の節目などに打つが、勤行の最後に改めて三回打ち、合掌して深く礼拝し、勤行を終了する。

法衣・仏具・墓

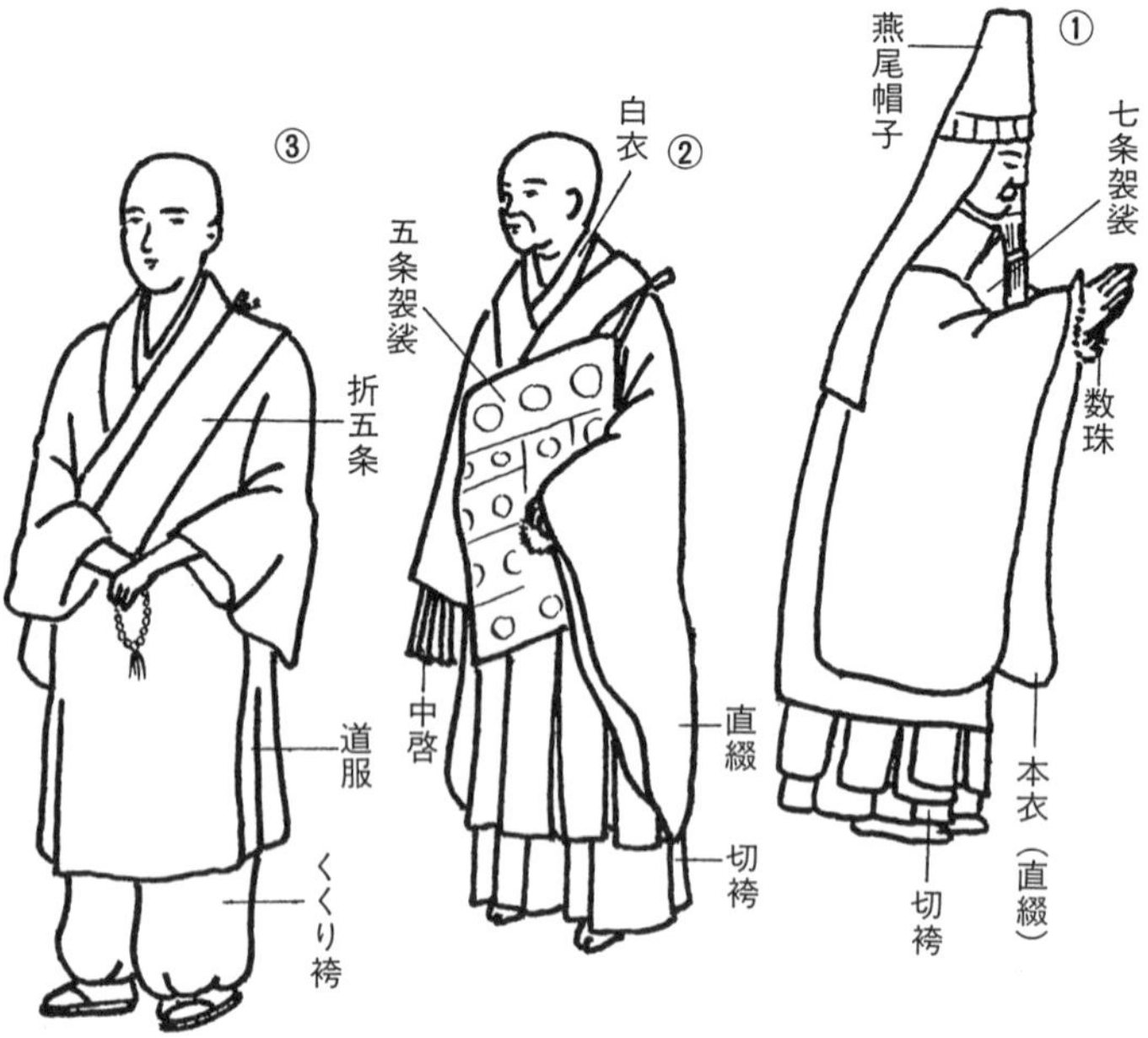

［僧侶の服装］

①礼装㈠　直綴《じきとつ》（本衣《ほんごろも》）の上に七条袈裟をかけて頭に燕尾《えんび》帽子《ぼうし》をつける。

②礼装㈡　㈠より簡略な法衣で直綴の上に五条袈裟をかける。

③略装　道服といわれる。肩にかける折五条は日蓮系特有のもの。

［仏具］

数珠　日蓮宗の数珠は二か所に計五本の房がついているのが特色。持つときはつねに二重にして左手首にかけ、合掌するときは左手親指と人さし指の間にかける。唱題のときは輪の途中をふくらませて両手の中指を通し合掌する。なお、数珠をすり鳴らすのは密教の作法で、日蓮宗ではあまり行わない。

五具足・三具足　仏壇での配置は二二〇ページのとおり。

木鉦　読経や唱題にさいし、拍子をとる仏具。

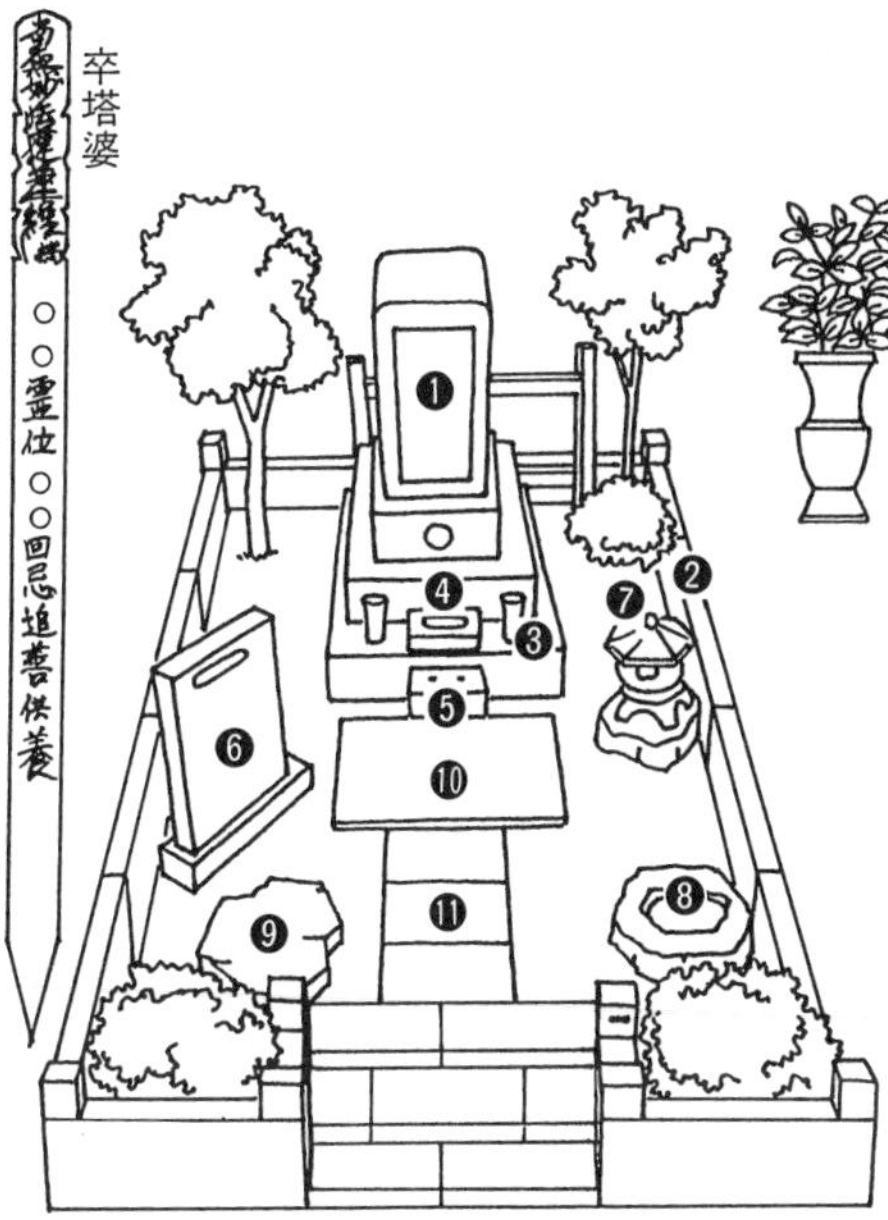

❶墓石　❷外柵　❸花立て　❹水鉢
❺線香立て　❻墓誌　❼灯籠　❽手水鉢
❾物置台　❿拝石　⓫敷石

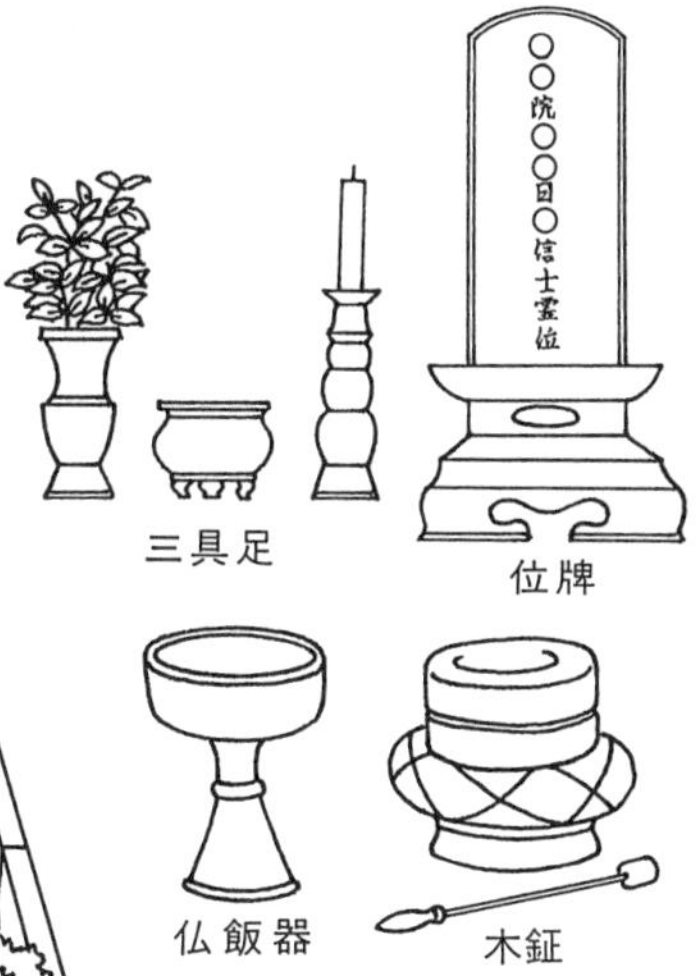

他の宗派では木魚を用いることが多いが、「日蓮宗のお経は木鉦で読む」といわれるほど、この木鉦が多く用いられる。

太鼓　両面に皮を張った太鼓も読経や唱題のさいに用いられるが、団扇太鼓は日蓮宗独得の法具。お会式の万灯行列や唱題行脚など、戸外での唱題に適した形態で、江戸時代に普及した。唱題での打ちかたは一一八ページ「太鼓」の項参照。

【墓】

墓碑　墓の形に決まりはない。元来は故人一人一人に墓碑が建てられたが、最近は上図のような形態が増え、被葬者の戒名・没年月日・俗名などは「墓誌」に順次刻む。

卒塔婆　もとは仏舎利を安置した塔を意味したが、今日では仏舎利塔の形に刻んだ板塔婆が一般的。法華経には起塔供養の功徳をたたえる言葉がしばしば見られ、日蓮宗では題目の下に法名を記す。

勤行経典

一　礼拝《らいはい》（正坐合掌し、心を落ちつけた後、静かに深く本尊を礼拝する）

二　勧請《かんじょう》（諸仏諸天等の来臨《らいりん》を請《こ》う。一例をあげれば次の通り）

慎《つつ》しみ敬《うやま》って勧請《かんじょう》し奉《たてまつ》る南無《なむ》輪円具《りんねんぐ》足未《そくみ》曽有《ぞうう》大曼荼《だいまんだ》羅《ら》御《ご》本尊《ほんぞん》、南無《なむ》久《く》遠実成《おんじつじょう》本師《ほんし》釈迦《しゃか》牟尼《むに》仏《ぶつ》、南《な》無証《むしょう》明《みょう》法華経《ほけきょう》多宝大善逝《たほうだいぜんぜい》、南無《なむ》十方分身三世《じっぽうふんじんさんぜ》諸仏《しょぶつ》　南《な》無上行《むじょうぎょう》・無辺行《むへんぎょう》・浄行《じょうぎょう》・安立行《あんりゅうぎょう》等本迹両門《とうほんじゃくりょうもん》の諸大薩埵《しょだいさった》、殊《こと》には南無《なむ》末法唱導師《まっぽうしょうどうし》高祖《こうそ》日蓮大菩薩《にちれんだいぼさつ》、並《なら》びに如法勲功《にょほうくんこう》の先師《せんし》先哲《せんてつ》、来到道場《らいとうどうじょう》知見照覧《ちけんしょうらん》御《ご》法味《ほうみ》納受《のうじゅ》。

三　開経偈《かいきょうげ》（法華経の功徳を称え、不断の信心を誓う）

無上甚深微妙《むじょうじんじんみみょう》の法《ほう》は、百千万劫《ひゃくせんまんごう》にも遭遇《あ》いたてまつること難《かた》し。我《わ》れ今見聞《いまけんもん》し受持《じゅじ》することを得《え》たり。願《ねが》わくは如来《にょらい》の第一義《だいいちぎ》を解《げ》せん。至極《しごく》の大乗《だいじょう》思議《しぎ》す可《べ》からず。見聞触知《けんもんそくち》皆《みな》菩提《ぼだい》に近《ちか》づく。能詮《のうせん》は報身《ほうしん》、所詮《しょせん》は法身《ほっしん》、色相《しきそう》の文字《もんじ》は、即《すなわ》ち是《こ》れ応身《おうじん》なり。無《む》量《りょう》の功徳《くどく》皆《みな》この経《きょう》に集《あつ》まれり。この故《ゆえ》に自在《じざい》に冥《みょう》に薫《くん》じ密《みつ》に益《やく》す。有智無智《うちむち》罪《つみ》を滅《めつ》し善《ぜん》を生《しょう》ず。もしは信《しん》、もしは謗《ほう》、ともに仏道《ぶつどう》を成《じょう》ぜん。三世《さんぜ》の諸仏《しょぶつ》甚深《じんじん》の妙典《みょうでん》なり。生々世々《しょうじょうせせ》、値遇《ちぐ》し頂戴《ちょうだい》せん。

四　読経（方便品第二・如来寿量品第十六など法華経の諸品を読誦する）

妙法蓮華経《みょうほうれんげーきょう》　方便品第二《ほうべんぽんだいに》

爾時世尊《にーじーせーそん》。従三昧《じゅうさんまい》。安詳而起《あんじょうにーきー》。告舎利仏《ごうしゃりほつ》。諸仏《しょーぶつ》智慧《ちーえー》。甚深無量《じんじんむーりょう》。其智慧門《ごーちーえーもん》。難解難入《なんげーなんにゅう》。一切声聞《いっさいしょうもん》。辟支仏《ひゃくしーぶつ》。所不能知《しょーふーのうちー》。所以者何《しょーいーしゃーがー》。仏曾親近《ぶつぞうしんごん》。百千万億《ひゃくせんまんのく》。無数諸仏《むーしゅーしょーぶつ》。尽行諸仏《じんぎょうしょーぶつ》。無量道法《むーりょうどうほう》。勇猛精進《ゆうみょうしょうじん》。名称普聞《みょうしょうふーもん》。成就甚深《じょうじゅーじんじん》。未曾有法《みーぞううーほう》。随宜所説《ずいぎーしょーせつ》。意趣難解《いーしゅなんげー》。舎利弗《しゃりほつ》。吾従成仏已来《ごーじゅーじょうぶッちーらい》。種《しゅー》種因縁《じゅーいんねん》。種種《しゅーじゅー》譬喩《ひーゆー》。広演言教《こうえんごんきょう》。無数《むーしゅー》方便《ほうべん》。引導《いんどう》衆生《しゅーじょう》。令離諸著《りょうりーしょーじゃく》。所以者何《しょーいーしゃーがー》。如来方便《にょーらいほうべん》。知見《ちーけん》波羅蜜《はらみつ》。皆已具足《かいいーぐーそく》。舎利弗《しゃりほつ》。如来知見《にょーらいちーけん》。広大深遠《こうだいじんのん》。無量無礙《むーりょうむーげー》。力無所畏《りきむーしょーいー》。禅定《ぜんじょう》。解脱《げーだつ》。三昧《さんまい》。深《じん》入無際《にゅうむーさい》。成就一切《じょうじゅーいッさい》。未曾有法《みーぞううーほう》。舎利弗《しゃりほつ》。如来能《にょらいのう》種種分別《しゅーじゅーふんべつ》。巧説諸法《ぎょうせッしょーほー》。言辞柔軟《ごんじーにゅうなん》。悦可衆心《えッかーしゅしん》。舎利弗《しゃりほつ》。取要言之《しゅーようごんしー》。無量無辺《むーりょうむーへん》。未曾有法《みーぞううーほう》。仏悉《ぶッしつ》成就《じょうじゅー》。止《しー》。舎利弗《しゃりほつ》。不須復説《ふーしゅーぶーせつ》。所以者何《しょーいーしゃーがー》。仏《ぶッ》所成就《しょーじょうじゅー》。第一希有《だいいちけーうー》。難解之法《なんげーしーほう》。唯仏与仏《ゆいぶつよーぶつ》。乃能究《ないのうくー》尽《じん》。諸法実相《しょーほうじッそう》。所謂諸法《しょーいーしょーほう》。如是相《にょーぜーそう》。如是性《にょーぜーしょう》。如是体《にょーぜーたい》。如是力《にょーぜーりき》。如是作《にょーぜーさー》。如是因《にょーぜーいん》。如是縁《にょーぜーえん》。如是果《にょーぜーかー》。如是報《にょーぜーほう》。如是本末究竟等《にょーぜーほんまつくーきょうとう》。

(「所謂諸法」から「如是本末究竟等」までは三回繰り返す)

妙法蓮華経如来寿量品第十六《みょうほうれんげーきょうにょーらいじゅーりょうほんだいじゅうろく》

自我得仏来《じーがーとくぶつらい》。所経諸劫数《しょーきょうしょーこッしゅー》。無量百千万《むーりょうひゃくせんまん》。億載《おくさい》阿僧祇《あーそうぎー》。常説法教化《じょうせッぽうきょうけー》。無数億衆生《むーしゅーおくしゅーじょう》。令入於仏《りょうにゅうおーぶつ》道《どう》。爾来無量劫《にーらいむーりょうこう》。為度衆生故《いーどーしゅーじょうこー》。方便現涅槃《ほうべんげんねーはん》。而《にー》実不滅度《じつふーめつどー》。常住此説法《じょうじゅうしーせッぽう》。我常住於此《がーじょうじゅうおーしー》。以諸神《いーしょーじん》通力《づうりき》。令顛倒衆生《りょうてんどうしゅーじょう》。雖近而不見《すいごんにーふーけん》。衆見我滅度《しゅーけんがーめつどー》。広供養舎利《こうくーようしゃーりー》。咸皆懐恋慕《げんかいえーれんぼー》。而生渇仰心《にーしょうかつごうしん》。衆生既《しゅーじょうきー》信伏《しんぶく》。質直意柔軟《しちじきいーにゅうなん》。一心欲見仏《いッしんよくけんぶつ》。不自惜身命《ふーじーしゃくしんみょう》。時《じー》我及衆僧《がーぎゅうしゅーそう》。倶出霊鷲山《くーしゅつりょうじゅーせん》。我時語衆生《がーじーごーしゅーじょう》。常在《じょうざい》此不滅《しーふーめつ》。以方便力故《いーほうべんりきこー》。現有滅不滅《げんうーめつふーめつ》。余国有衆生《よーこくうーしゅーじょう》。恭敬信楽者《くーぎょうしんぎょうしゃー》。我復於彼中《がーぶーおーひーちゅう》。為説無上法《いーせつむーじょうほう》。汝等不《にょーとうふー》聞此《もんしー》。但謂我滅度《たんにーがーめつどー》。我見諸衆生《がーけんしょーしゅーじょう》。没在於苦海《もつざいおーくーかい》。故《こー》不為現身《ふーいーげんしん》。令其生渇仰《りょうごーしょうかつごう》。因其心恋慕《いんごーしんれんぼー》。乃出為説《ないしゅついーせッ》法《ぼう》。神通力如是《じんづうりきにょーぜー》。於阿僧祇劫《おーあーそうぎーこう》。常在霊鷲山《じょうざいりょうじゅーせん》。及《ぎゅう》余諸住処《よーしょーじゅうしょー》。衆生見劫尽《しゅーじょうけんこうじん》。大火所焼時《だいかーしょーしょうじー》。我此土《がーしーどー》安穏《あんのん》。天人常充満《てんにんじょうじゅうまん》。園林諸堂閣《おんりんしょーどうかく》。種種宝荘厳《しゅーじゅーほうしょーごん》。宝樹多華果《ほうじゅーたーけーかー》。衆生所遊楽《しゅーじょうしょーゆうらく》。諸天撃天鼓《しょーてんきゃくてんくー》。常《じょう》作衆伎楽《さーしゅーぎーがく》。雨曼陀羅華《うーまんだーらーけー》。散仏及大衆《さんぶつぎゅうだいしゅー》。我浄土不《がーじょうどーふー》毀《きー》。而衆見焼尽《にーしゅーけんしょうじん》。憂怖諸苦悩《うーふーしょーくーのう》。如是悉充満《にょーぜーしつじゅうまん》。是諸罪衆生《ぜーしょーざいしゅーじょう》。以悪業因縁《いーあくごういんねん》。過阿僧祇劫《かーあーそうぎーこう》。不聞三宝《ふーもんさんぼう》名《みょう》。諸有修功徳《しょーうーしゅーくーどく》。柔和質直者《にゅうわーしちじきしゃー》。則皆見我身《そッかいけんがーしん》。在《ざい》此而説法《しーにーせッぽう》。或時為此衆《わくじーいーしーしゅー》。説仏寿無量《せつぶつじゅーむーりょう》。久乃見仏者《くーないけんぶッしゃー》。為説仏難値《いーせつぶつなんちー》。我智力如是《がーちーりきにょーぜー》。慧光照無量《えーこうしょうむーりょう》。寿命無《じゅーみょうむー》数劫《しゅーこう》。久修業所得《くーしゅーごうしょーとく》。汝等有智者《にょーとううーちーしゃー》。勿於此生疑《もッとーしーしょうぎー》。

当断令 永尽《とうだんりょうようじん》。仏語《ぶつご》実不虚《じツぷーこー》。如 医善方便《にょーいーぜんほうべん》。為治狂子《いーぢーおうしー》
故《こー》。実在而言死《じつざいにーごんしー》。無能説虚妄《むーのうせツこーもう》。我亦為世父《がーやくいーせーぶー》。救 諸《くーしょー》
苦患者《くーげんしゃー》。為凡夫顛倒《いーぼんぶーてんどう》。実在而言滅《じつざいにーごんめつ》。以常 見我故《いーじょうけんがーこー》。
而生 憍 恣心《にーしょうきょうしーしん》。放逸著 五欲《ほういつじゃくごーよく》。堕於悪道中《だーおーあくどうちゅう》。我常 知《がーじょうちー》
衆生《しゅーじょう》。行 道不行 道《ぎょうどうふーぎょうどう》。随応所 可度《ずいおうしょーかーどー》。為説種 種 法《いーせツしゅーじゅーほう》。
毎自作是念《まいじーさーぜーねん》。以何令 衆 生《いーがーりょうしゅーじょう》。得入 無上 道《とくにゅうむーじょうどう》。速 成《そくじょう》
就 仏身《じゅーぶツしん》

五 御《ご》妙判《みょうはん》 （日蓮聖人の遺文を拝読する）

六 唱題 （心をこめて題目を繰り返し唱える）

南無妙法蓮華経

七 宝塔偈 （法華経受持の功徳を讃える）

此経 難持《しきょうなんじー》　若 暫持者《にゃくざんじーしゃー》　我即歓喜《がーそくかんぎー》　諸仏亦然《しょぶつやくねん》
如是之人《にょぜしーにん》　諸仏所 歎《しょぶつしょーたん》　是《ぜ》則勇猛《そくゆうみょう》　是《ぜ》則精 進《そくしょうじん》
是《ぜ》名 持戒《みょうじかい》　行 頭陀者《ぎょうづだーしゃー》　則為疾得《そくいシッとく》　無上 仏道《むじょうぶつどう》
能於来世《のうおーらいせー》　読持此経《どくじしきょう》　是《ぜ》真仏子《しんぶツしー》　住 淳 善地《じゅうじゅんぜんじー》
仏滅度後《ぶつめつどーごー》　能解其義《のうげごーぎー》　是《ぜ》諸 天人《しょーてんにん》　世間之眼《せけんしーげん》
於恐畏世《おくいーせー》　能須 臾説《のうしゅーゆーせつ》　一切天人《いツさいてんにん》　皆応供養《かいおうくよう》

八 回向 （功徳を念じ、一切にたむける。一例をあげれば次の通り）

あつむる所《ところ》の功徳《くどく》を以《もッ》ては、一天四海《いってんしかい》、皆帰妙 法《かいきみょうほう》、天下泰平《てんかたいへい》、国土安穏《こくどあんのん》、万民快楽《ばんみんけらく》。別《べつ》して祈《いの》らくは、家内安全《かないあんぜん》、各々信心増進《おのおのしんじんぞうしん》、身体健全《しんたいけんぜん》、息災延命《そくさいえんめい》、如風於空中《にょふうおくうちゅう》、一切無障 礙《いッさいむしょうげ》。又願《またねが》わくは、先祖累代《せんぞるいだい》の精 霊《しょうりょう》、有縁無縁《うえんむえん》の各精 霊《しょうりょう》、追善菩提《ついぜんぼだい》、坐宝蓮華《ざほうれんげ》 成 等正 覚《じょうとうしょうがく》。願以此功徳《がんにしくどく》 普及 於一切《ふぎゅうおいッさい》 我等与衆生《がとうよしゅじょう》 皆共成 仏道《かいくじょうぶつどう》 南無妙法蓮華経。

九 四誓 （一切の人々の救いのために、仏道を成ぜんことを誓う）

衆生 無辺誓願度《しゅじょうむへんせいがんど》　煩悩無数誓願断《ぼんのうむしゅせいがんだん》　法門無尽誓願《ほうもんむじんせいがん》
知《ち》　仏道無上 誓願 成《ぶつどうむじょうせいがんじょう》

十 題目三唱 （最後に題目を三回唱え、心を正し勤行を結ぶ）

十一 礼拝 （心を落ち着け、深く礼拝する）

御妙判（末尾カッコ内は『昭和定本日蓮聖人遺文』のページ）

『立正安国論』

所詮天下泰平国土安穏は君臣の楽《ねが》ふ所、土民の思ふ所なり。夫れ国は法に依て昌《さか》へ法は人に因て貴し。国亡び人滅せば仏を誰か崇むべき。法を誰か信ずべきや。先づ国家を祈りて須《すべから》く仏法を立つべし。（二二〇）

汝早く信仰の寸心を改めて速《すみやか》に実乗の一善に帰せよ。然れば則ち三界は皆仏国也。仏国其れ衰へんや。十方は悉く宝土也。宝土何ぞ壊《やぶ》れんや。国に衰微なく土に破壊なくんば身は是れ安全にして心は是れ禅定ならん。此の詞此の言信ずべく崇むべし。（二二六）

『南條兵衛七郎殿御書』

今年も十一月十一日、安房の国東條の松原と申す大路にして、申酉の時、数百人の念仏者に待ちかけられ候て、日蓮は唯一人、十人ばかり、物の要にあふ者は僅かに三四人なり。射る矢は降る雨の如し。打つ太刀は電《いなずま》の如し。弟子一人は当座に打ちとられ、二人は大事の傷《て》にて候。自身も斬られ打たれ、結句にて候し程に、如何候けん。打ちもらされて今まで生きてはべり。いよいよ法華経こそ信心まさり候へ。第四の巻に云く、而も此の経は如来の現在すら猶怨嫉多し、況や滅度の後をや。第五の巻に云く、一切世間、怨《あだ》多くして信じ難し等云々。日本国に法華経読み学する人是多し。人の妻《め》をねらい、盗み等にて打はらるる人は多けれども、法華経の故にあやまたるる人は一人もなし。されば日本国の持経者は未だこの経文には値《あ》わせ給はず。唯日蓮一人こそ読みはべれ。我不愛身命・但惜無上道とは是れなり、されば日蓮は日本第一の法華経の行者なり。（三二六〜七）

『聖愚問答鈔』

所謂諸仏の誠諦《じょうたい》得道の最要は只是妙法蓮華経の五字也。檀王の寶位を退き龍女が蛇身を改めしも只此の五字の致す所也。夫《そ》れ以《おもん》みれば今の経は受持の多少をば一偈一句と宣べ、修行の時刻をば一念随喜と定めたり。凡そ八万法蔵の広きも、一部八巻の多きも、只是の五字を説かんため也。霊山《りょうぜん》の雲の上《うえ》、鷲峯の霞の中に、釈尊要を結び地涌《じゅ》付属を得ることありしも、法体は何事ぞ只此の要法に在り。天台妙楽の六千張の疏玉を連るも道邃《どうずい》行満《ぎょうまん》の数軸の釈《しゃく》金《こがね》を並ぶるも、併《しか》しながら此の義趣を出でず。誠に生死を恐れ涅槃を欣《ねが》い、信心を運び渇仰を至さば、遷滅無常は昨日《きのう》の夢、菩提の覚悟は今日のうつつなるべし。只南無妙法蓮華経とだにも唱へ奉らば、滅せぬ罪や有るべき、来らぬ福《さいわい》や有るべき。真実也。甚深也。是を信受すべし。（三八六）

『土籠御書』

日蓮は明日《あす》佐渡の国へまかるなり。今夜《こよい》のさむきに付《つけ》ても、ろう（牢）のうちのありさま、思ひやられていたはしくこそ候へ。あはれ殿は、法華経一部を色心二法共にあそばしたる御身なれば、父母六親一切衆生をもたすけ給べき御身也。法華経を余人のよみ候は、口ばかりことば（言）ばかりはよめども心はよまず。心はよめども身によまず。色心二法共にあそばされたるこそ貴く候へ。天諸童子　以為給使　刀杖不加　毒不能害と説かれて候へば、別《べち》の事はあるべからず。籠《ろう》をばし出させ給候はば、とくとくきたり給へ。見たてまつり、見えたてまつらん。（五〇九～一〇）

『生死一大事血脈鈔』

総じて日蓮が弟子檀那《だんな》等、自他彼此《じたひし》の心なく水魚の思を成して、異体同心にして南無妙法蓮華経と唱へ奉る処を、生死一大事の血脈とは云ふ也。然かも今日蓮が弘通する処の所詮是也。若し然ら者《ば》、広宣《こうせん》流布《るふ》の大願も叶ふ可き者歟。剰《あまつさ》へ日蓮が弟子の中に異体異心の者之有れば、例せば城者として城を破るが如し。（五一二三）

『開目抄』

外典三千余巻の所詮に二つあり。所謂《いわゆる》孝と忠となり。忠も又孝の家よりいでたり。孝と申す者《は》高也。天高けれども孝よりも高からず。又孝と者《は》厚也。地あつけれども孝よりは厚からず。聖賢の二類は孝の家よりいでたり。何に況《いわん》や仏法を学せん人、知恩報恩なかるべしや。仏弟子は必ず四恩をしって知恩報恩をほうずべし。（五四四）

儒家《じゅけ》の孝養は今生にかぎる。未来の父母を扶けざれば、外家の聖賢は有名無実なり。外道は過未をしれども父母を扶る道なし。仏道こそ父母の後世を扶くれば聖賢の名はあるべけれ。しかれども法華経已前等の大小乗の経宗は自身の得道猶かなひがたし。何に況や父母をや。但文のみあて義なし。今法華経の時こそ、女人成仏の時悲母の成仏も顕われ、達多《だった》の悪人成仏の時慈父の成仏も顕はるれ。此の経は内典の孝経也。（五九〇）

詮するところは天もすて給へ、諸難にもあえ、身命を期《ご》とせん。身子が六十劫の菩薩の行を退《たい》せし、乞眼《こつげん》の婆羅門《ばらもん》の責を堪へざるゆへ。久遠大通の者の三五の塵《じん》をふる、悪知識に値ゆへなり。善に付け悪につけ法華経をすつる、地獄の業なるべし。本願を立つ。日本国の位をゆづらむ、法華経をすてて観経等について後生をご（期）せよ。父母の頸《くび》を刎《はね》、念仏申さずわ。なんどの種々の大難出来すとも、智者に我義やぶられずば用いじとなり。其外の大難、風の前の塵《ちり》なるべし。我れ日本の柱《はしら》とならむ、我れ日本の眼目とならむ、我れ日本の大船とならむ、等とちかいし願、やぶるべからず。（六〇一）

『観心本尊抄』

釈尊の因行果徳《いんぎょうかとく》の二法は妙法蓮華経の五字に具足す。我等此の五字を受持すれば自然《じねん》に彼の因果の功徳を譲り与へたまふ。（七一一）

今本時《ほんじ》の娑婆世界は三災《さんさい》を離れ四劫《しこう》を出でたる常住の浄土なり。仏既に過去にも滅せず未来にも生ぜず所化《しょけ》以て同体なり。此れ即ち己心《こしん》の三千具足《さんぜんぐそく》三種

の世間なり。（七一二）

天《てん》晴れぬれば地《ち》明らかなり。法華を識る者は世法を得べきか。一念三千を識《し》らざる者には仏大慈悲を起し五字の内に此の珠を裹《つつ》み末代幼稚の頸《くび》に懸けさしめたまふ。四大菩薩の此の人を守護したまはんこと、大公周公《たいこうしゅうこう》の成王を摂扶《しょうぶ》し四皓《しこう》が恵帝に侍奉《じぶ》せしに異ならざる者なり。（七二〇）

『諸法実相鈔』

いかにも今度信心をいたして法華経の行者にてとをり、日蓮が一門となりとをし給ふべし。日蓮と同意ならば地涌の菩薩たらんか。池涌の菩薩にさだまりなば釈尊久遠の弟子たる事あに疑んや。経に云く我れ久遠よりこのかた是等の衆を教化すとは是也。末法にして妙法蓮華経の五字を弘めん者は男女はきらふべからず、皆地涌の菩薩の出現に非ずんば唱へがたき題目也。日蓮一人はじめは南無妙法蓮華経と唱へしが、二人三人百人と次第に唱へつたふるなり。未来も又しかるべし。是あに地涌の義に非ずや。剰へ広宣流布の時は日本一同に南無妙法蓮華経と唱へん事は大地を的《まと》とするなるべし。ともかくも法華経に名をたて身をまかせ給ふべし。（七二六～七）

一閻浮提《いちえんぶだい》第一の御本尊を信じさせ給へ。あひかまへて、あひかまへて、信心つよく候て三仏の守護をかうむらせ給ふべし。行学の二道をはげみ候べし。行学たへなば仏法はあるべからず。我もいたし人をも教化候へ。行学は信心よりをこるべく候。力あらば一文一句なりともかたらせ給ふべし。（七二八～九）

『如説修行鈔』

天下万民諸乗一仏乗と成て妙法独り繁昌せん時、万民一同に南無妙法蓮華経と唱へ奉らば、吹く風枝をならさず、雨壌《つちくれ》を砕《くだ》かず。代は義農《ぎのう》の世となりて、今生には不祥の災難を払ひ長生《ちょうせい》の術を得、人法共に不老不死之理《ことわり》顕れん時を各各御覧ぜよ。現世安穏の証文疑ひ有るべからざる者なり。（七三三）

哀哉《あわれなるかな》今日本国の万人、日蓮並びに弟子檀那等が三類の強敵に責められ大苦に値ふを見て悦んで笑ふとも、昨日は人の上、今日は身の上《うへ》なれば、日蓮並びに弟子檀那共に霜露《そうろ》の命の日影《ひかげ》を待つ計りぞかし。只今仏果に叶て寂光の本土に居住して自受法楽せん時、汝等が阿鼻大城の底に沈みて大苦に値はん時、我等何計《いかばかり》 無慚と思はんずらん。汝等何計うらやましく思はんずらん。一期を過ぐる事程も無ければ、いかに強敵重《かさ》なるとも、ゆめゆめ退する心なかれ、恐るる心なかれ。縦《たと》ひ頸《くび》をば 鋸《のこぎり》 にて引き切り、どう（胴）をばひしほこを以てつつき、足にはほだしを打てきり（錐）を以てもむとも、命《いのち》のかよはんほどは南無妙法蓮華経南無妙法蓮華経と唱へて、唱へ死《しに》に死ぬるならば、釈迦・多宝・十方の諸仏、霊《りよう》山会上《ぜんえじよう》にして御契約なれば、須臾《しゆゆ》の程に飛び来て手をとり肩に引懸て、霊山へはしり給はば、二聖・二天・十羅刹女《じゆうらせつによ》は受持の者を擁護し、諸天善神は天蓋《てんがい》指し、旛を上《あげ》て、我等を守護して、慥《たし》かに寂光の宝《ほう》刹《せつ》へ送り給ふべき也。あらうれしや、あらうれしや。

（七三七～八）

『顕仏未来記』

仏記に順じて之を勘《かんが》うるに既に後五百歳の始めに相当れり。仏法必ず東土の日本より出ずべきなり。其の前相必ず正像に超過せる天変地夭之有るか。所謂仏生の時、転法輪の時、入涅槃の時、吉瑞凶瑞共に前後に絶えたる大瑞なり。仏は此れ聖人《せいじん》の本なり。経々の文を見るに仏の御誕生の時は五色の光気四方に遍くして夜も昼の如し。仏御入滅の時には十二の白虹南北に亙り、大日輪光無くして闇夜の如くなりし。其の後正像二千年の間、内外の聖人《せいじん》生滅あれども此の大瑞には如《しか》ず。而るに去《い》ぬる正嘉年中より今年に至るまで、或は大地震或は大天変宛《あたか》も仏陀の生滅の時の如し。当に知るべし仏の如き聖人《せいじん》生れ給はんか。（七四二）

『可延定業御書』

命と申す物は一身第一の珍宝也。一日なりともこれをのぶるならば千万両の金《こかね》にもすぎたり。法華経の一代の聖教に超過していみじきと申すは寿量品のゆへぞかし。閻浮《えんぶ》第一の太子なれども短命なれば草よりもかろし。日輪のごとくなる智者なれども夭死《わかじに》あれば生犬《いけるいぬ》に劣る。早く心ざしの財をかさねて、いそぎいそぎ御対治あるべし。（八六二～三）

『種種御振舞御書』

去《いぬる》文永八年太歳辛未九月十二日御勘気をかほる。其時の御勘気のやうも常ならず法にすぎてみゆ。了《りょう》行《こう》が謀反《むほん》をおこし、大夫の律師が世をみださんとせしを、めしとられしにもこえたり。平左衛門尉大将として数百人の兵者《つわもの》にどうまろ（胴丸）きせて、ゑぼうし（烏帽子）かけして、眼《まなこ》をいからし声をあらうす。大体事の心を案ずるに、太政入道の世をとりながら国をやぶらんとせしにに（似）たり。ただ事ともみへず。日蓮これを見てをもうやう。日《ひ》ごろ月《つき》ごろをもひまうけたりつる事はこれなり。さいわひなるかな、法華経のために身をすてん事よ。くさきかうべ（臭頭）をはなたれば、沙《いさご》に金をかへ、石に珠をあき（貿）なへるがごとし。（九六三）

『一谷入道御書』

去《いぬる》弘長元年太歳辛酉五月十二日に御勘気をかをほりて、伊豆国伊東郷というところに流罪せられたりき。兵衛介頼朝のながされてありし処也。さりしかどもほどもなく同き三年太歳癸亥二月に召し返されぬ。（九八九）

『清澄寺大衆中』

此を申さば必ず日蓮が命と成るべしと存知せしかども、虚空蔵菩薩の御恩をほう（報）ぜんがために、建長五年四月二十八日、安房国東條郷清澄寺道善之房持仏堂の南面にして、浄圓房と申す者並に少々の大衆にこれを申しはじめて、其後二十余年が間退転なく申す。或は所を追ひ出され、或は流罪等、昔は聞く不軽菩薩の杖木等を。今は見る日蓮が刀剣に当る事を。（一一三四）

『報恩抄』

日蓮が慈悲曠大ならば、南無妙法蓮華経は万年の外未来までもながるべし。日本国の一切衆生の盲目をひらける功徳あり。無間《むげん》地獄の道をふさぎぬ。此の功徳は伝教天台にも超へ、龍樹《りゅうじゅ》・迦葉《かしょう》にもすぐれたり。極楽百年の修行は穢土《えど》の一日の功に及ばず。正像二千年の弘通は末法の一時に劣るか。是はひとへに日蓮が智のかしこきにはあらず。時のしからしむる耳。（一二四八～九）

『四信五品鈔』

問ふ、末法に入て初心の行者必ず円の三学を具するや不や。答て曰く、此の義大事たり。故に経文を勘へ出して貴辺に送付す。所謂五品《ごほん》之初二三品には、仏正しく戒定の二法を制止して一向に慧の一分に限る。慧又堪へざれば信を以て慧に代ふ。信の一字を詮と為す。不信は一闡提謗法《いっせんだいほうぼう》の因、信は慧の因、名字即の位なり。（一二九六）

問ふ、其の義を知らざる人唯南無妙法蓮華経と唱へて解義の功徳を具するや不や。答ふ、小児乳を含むに其の味を知らざれども自然に身を益す。耆婆《ぎば》が妙薬誰か弁へて之を服せん。水心無けれども火を消し、火物を焼く、豈に覚有らんや。龍樹・天台皆此の意なり。重ねて示す可し。問ふ、何が故ぞ題目に万法を含むや。答ふ、章安の云く、蓋《けだ》し序王とは経の玄意を叙す。玄意は文心を述す。文心は迹本《しゃくほん》に過ぎたるは莫し。妙楽云く、法華の文心を出して諸教の所以を弁ず云云。濁水心無けれども月を得て自ら清めり。草木雨を得て豈《あ》に覚有て花さくならんや。妙法蓮華経の五字は経文に非ず、其の義に非ず、唯一部の意のみ。初心の行者其の心を知らざれども而も之を行ずるに自然に意に当るなり。（一二九八）

『妙法尼御前御返事』

夫《そ》れ以《おもん》みれば日蓮幼少の時より仏法を学し候しが念願すらく、人の寿命は無常也。出づる気《いき》は入る気を待つ事なし。風の前の露、尚譬にあらず。かしこきも、はかなきも、老いたるも、若きも定め無き習ひ也。されば先《まず》臨終の事を習ふて後に他事を習ふべし。（一五三五）

『秋元御書』

悲しい哉、我等誹謗正法《ひぼうしょうぼう》の国に生れて大苦に値はん事よ。設ひ謗身は脱ると云ふとも、謗家謗国の失《とが》如何せん。謗家の失を脱れんと思はば、父母兄弟等に此事を語り申せ。或は悪まるる歟、或は信ぜさせまいらする歟。謗国之失を脱れんと思はば、国主を諫暁し奉りて、死罪歟流罪歟に行はるるべき也。我不愛身命但惜無上道と説かれ、身軽法重死身弘法と釈せられしは是也。過去遠々劫より今に仏に成らざりける事は、加様《かよう》の事に恐れて云ひ出ださざりける故也。未来も亦復是の如くなるべし。今日蓮が身に当りてつみ知られて候。設ひ此事を知る弟子等の中にも、当世の責《せめ》のおそろしさと申し、露の身の消え難きに依りて、或は落ち、或は心計りは信じ、或はとかうす。御経の文に難信難解《なんしんなんげ》と説かれて候が身に当って貴く覚え候ぞ。（一七三七～八）

『盂蘭盆御書』

盂蘭盆《うらぼん》と申し候事は、仏の御弟子の中に目連尊者と申して、舎利弗《しゃりほつ》にならびて智慧第一・神通第一と申して、須弥山に日月のならび、大王に左右の臣のごとくにをはせし人なり。此の人の父をば吉懺師子《きっせんしし》と申し、母をば青提女《しょうだいにょ》と申す。其母の慳貪《けんどん》の科《とが》によて餓鬼道《がきどう》に堕ちて候しを、目連尊者のすくい給ふより事をこりて候。（一七七〇～一）

『諫暁八幡抄』

今日蓮は去ぬる建長五年癸丑四月二十八日より、今弘安三年太歳庚辰十二月にいたるまで二十八年が間、又他事なし。只妙法蓮華経の七字五字を日本国の一切衆生の口に入れんとはげむ計り也。此即母の赤子の口に乳を入れんとはげむ慈悲也。此又時の当らざるにあらず。已に仏記の五々百歳に当れり。天台伝教の御時は時いまだ来らざりしかども、一分の機ある故、少分流布せり。何に況や今は已に時いたりぬ。設ひ機なくして水火をなすともいかでか弘通せざらむ。只不軽《ふきょう》のごとく大難には値ふとも、流布せん事疑ひなかるべし。（一八四四）

天竺《てんじく》国をば月氏国と申す、仏の出現し給ふべき名也。扶桑国をば日本国と申す、あに聖人出で給はざらむ。月は西より東に向へり。月氏の仏法の東へ流るべき相也。日は東より出ず。日本の仏法の月氏へかへるべき瑞相なり。月は光あきらかならず。在世は但八年なり。日は光明月に勝れり。五々百歳の長き闇を照すべき瑞相也。仏は法華経謗法の者を治し給はず、在世には無きゆへに。末法には一乗の強敵充満すべし、不軽菩薩の利益此なり。各々我弟子等はげませ給へはげませ給へ。（一八五〇）

『波木井殿御書』

　日蓮は日本第一の法華経の行者也。日蓮が弟子檀那等の中に日蓮より後に来り給ひ候はば、梵天・帝釈・四大天王・閻魔法皇の御前にても、日本第一の法華経の行者、日蓮房が弟子檀那なりと名乗つて通り給ふべし。此法華経は三途の河にては船となり、死出《しで》の山にては大白牛車となり、冥途《めいど》にては燈《ともしび》となり、霊山へ参る橋也。霊山へましまして艮《うしとら》の廊《わたりどの》にて尋ねさせ給へ、必ず待ち奉るべく候。但し各々の信心に依るべく候。信心だも弱くば、いかに日蓮が弟子檀那と名乗らせ給ふともよも御用ひは候はじ。心に二つましまして、信心だに弱く候はば、峯の石の谷へころび、空《そら》の雨の大地へ落つると思食せ。大阿鼻《だいあび》地獄疑ひあるべからず。其時日蓮を恨みさせ給ふな。返す返すも各の信心に依るべく候。大通結縁の者は地獄に堕ちて三千塵点劫《じんでんこう》を経《へ》候き。久遠下種の輩は地獄に堕ちて五百塵点劫を経たる事、大悪知識にあふて法華経をおろそかに信ぜし故也。返す返へすも能々信心候て、事故なく霊山へましまして、日蓮を尋ねさせ給へ。其時委《くわ》しく申す可く候。（一九三一〜二）

日蓮の足跡と諸寺

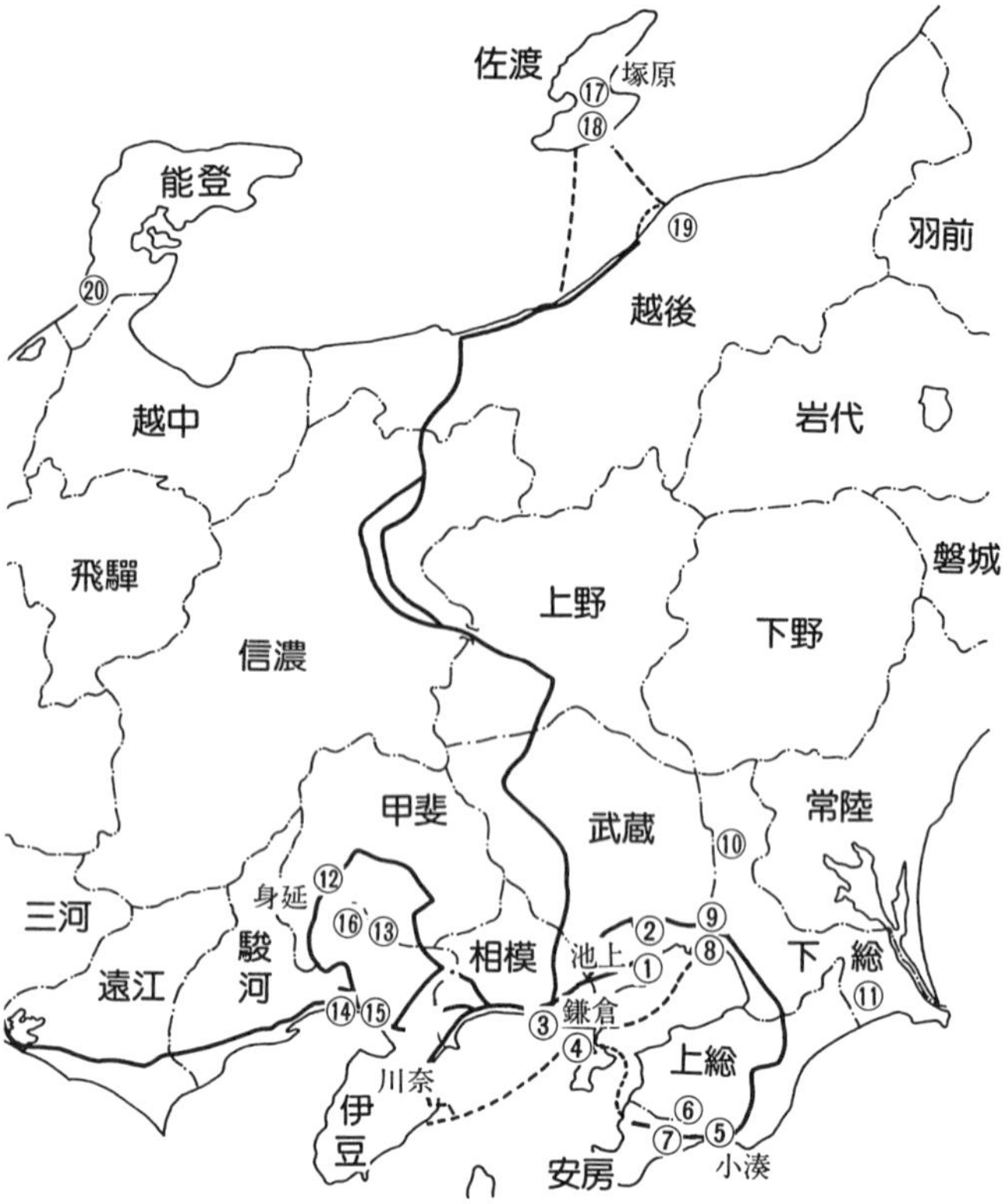

①本門寺（池上）　東京都大田区池上一－一－一

②妙法寺　東京都杉並区堀ノ内三－四八－八

③龍口寺　神奈川県藤沢市片瀬三－一三－三七

④妙本寺　神奈川県鎌倉市大町一－一五－一

⑤誕生寺　千葉県安房郡天津小湊町小湊一八三

⑥清澄寺　千葉県安房郡天津小湊町清澄三二二－一

⑦鏡忍寺　千葉県鴨川市広場一四一三

⑧法華経寺　千葉県市川市中山二－一〇－一

⑨弘法寺　千葉県市川市真間四－九－一

〔日蓮の足跡と諸寺〕
——想 定 通 路

⑩**本土寺**　千葉県松戸市平賀六三
⑪**飯高寺**（飯高檀林）　千葉県八日市場市飯高一七八九
⑫**久遠寺**　山梨県南巨摩郡身延町身延三五六七
⑬**本門寺**（北山）　静岡県富士宮市北山四九六五
⑭**実相寺**　静岡県富士市岩本一八四七
⑮**妙法華寺**　静岡県三島市玉沢一
⑯**大石寺**　静岡県富士宮市上条二〇五七
⑰**根本寺**　新潟県佐渡郡新穂村大字大野一八三七
⑱**妙宣寺**　新潟県佐渡郡真野町阿仏坊二九
⑲**本成寺**　新潟県三条市西本成寺一―一―二〇
⑳**妙成寺**　石川県羽咋市滝谷町ヨ―一
㉑**妙顕寺**　京都市上京区寺ノ内通新町西入妙顕寺前町五一四
㉒**本圀寺**　京都市山科区御陵大岩町六
㉓**妙覚寺**　京都市上京区新町通鞍馬口下ル清蔵口町一三五
㉔**本法寺**　京都市上京区小川通寺ノ内上ル本法寺前町六一七
㉕**妙満寺**　京都市左京区岩倉幡枝町九一
㉖**要法寺**　京都市左京区新高倉通孫の橋上ル法皇寺町四四八
㉗**本隆寺**　京都市上京区智恵光院通五辻上ル紋屋町三三〇
㉘**本能寺**　京都市中京区寺町御池下ル
㉙**妙蓮寺**　京都市上京区寺ノ内通大宮東入ル妙蓮寺前町八七五

ここでは、事典部分の項目に取り上げた関係諸寺院を掲げた。順不同

日蓮宗の伽藍

①大本堂　②祖師堂　③御真骨堂　④御真骨堂拝殿　⑤仏殿　⑥水鳴楼
⑦旧書院　⑧新書院　⑨宝物収蔵庫　⑩身延山学園校舎　⑪大客殿
⑫法喜堂・総受付　⑬釈迦殿納牌堂　⑭開基堂

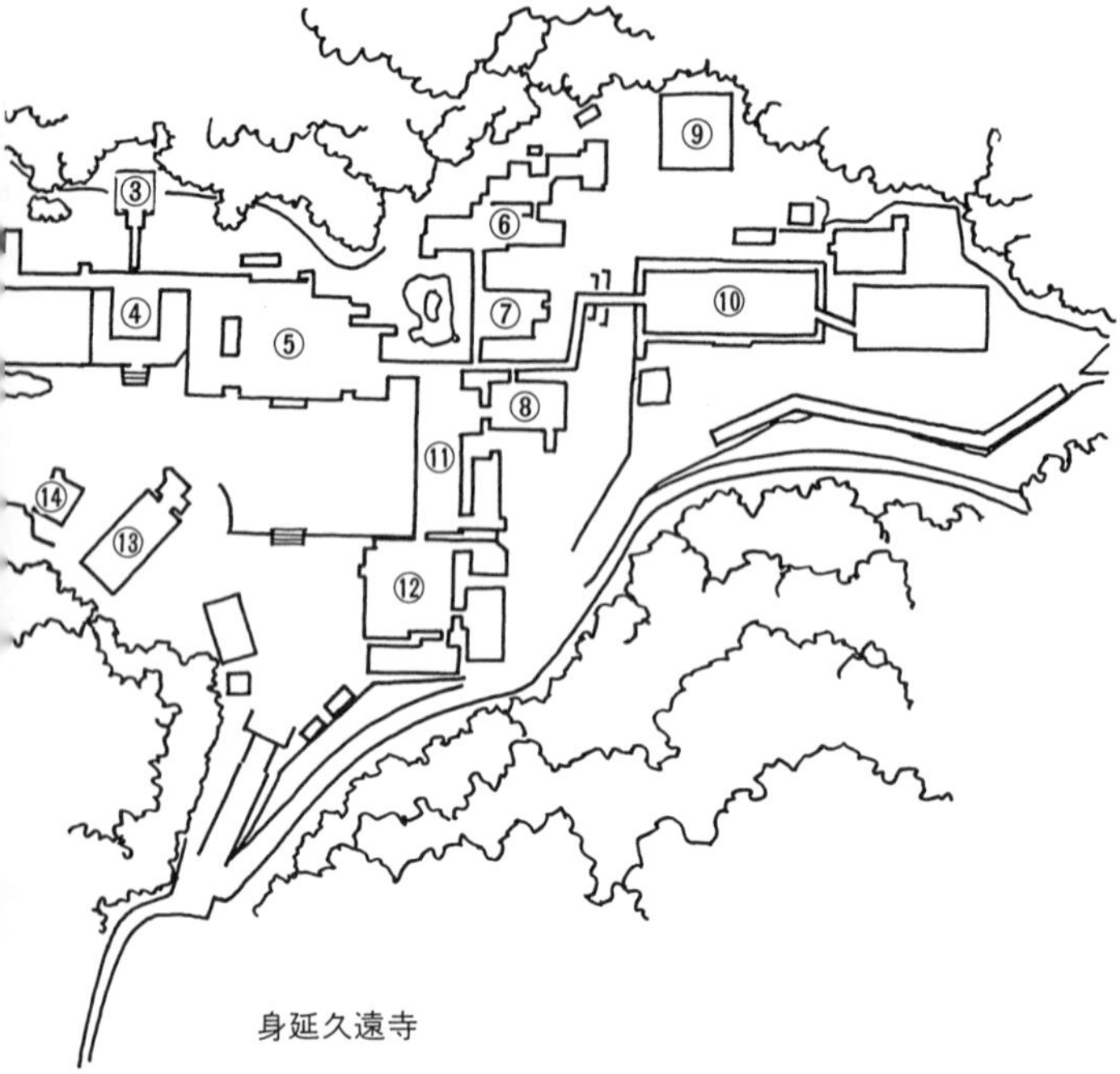

身延久遠寺

日蓮宗寺院の伽藍配置については各寺により一定していない。一例として祖山久遠寺を略示した。なお、昭和二十年の戦災による焼失前の池上本門寺の伽藍配置を参考として掲げた。

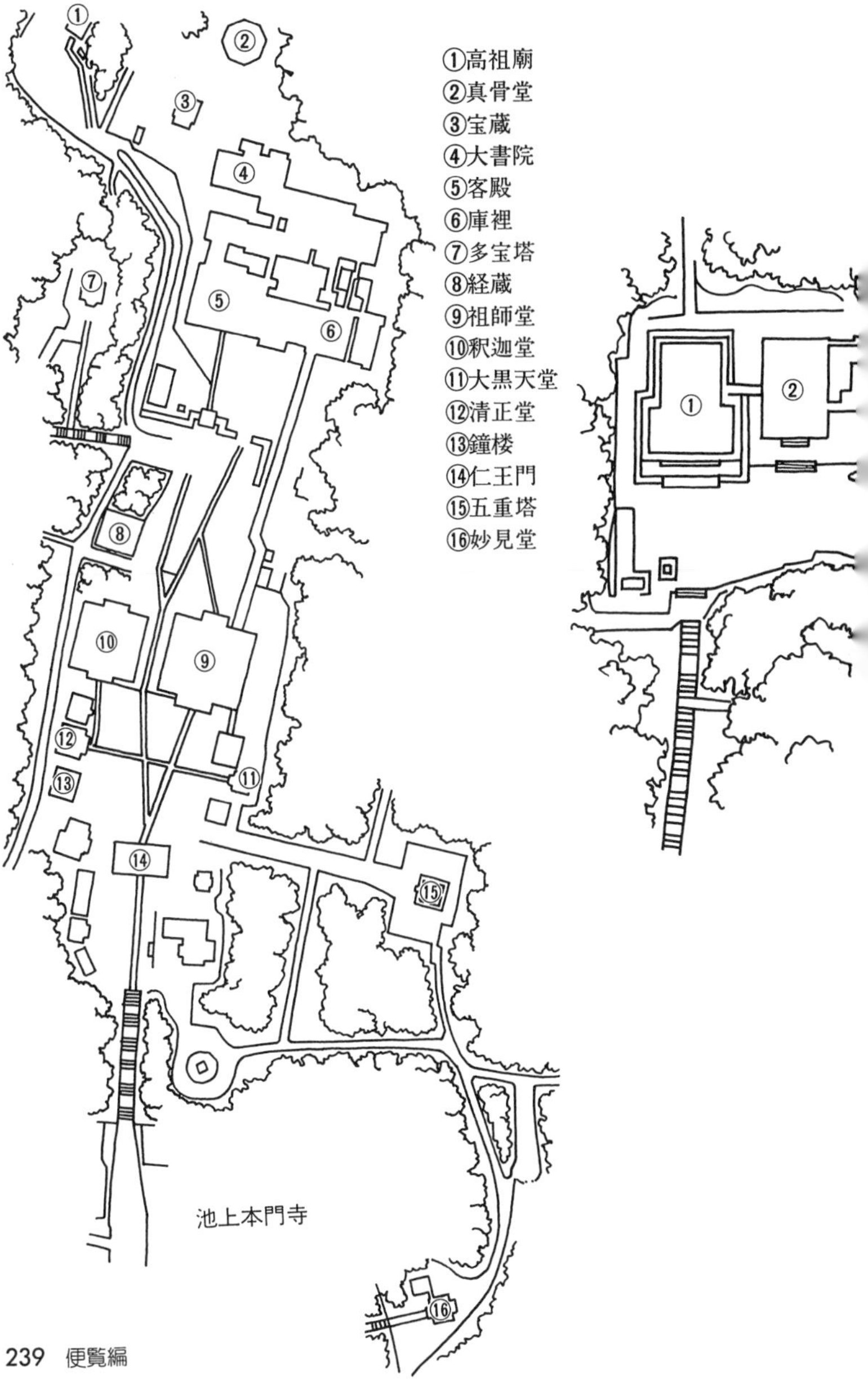
①高祖廟
②真骨堂
③宝蔵
④大書院
⑤客殿
⑥庫裡
⑦多宝塔
⑧経蔵
⑨祖師堂
⑩釈迦堂
⑪大黒天堂
⑫清正堂
⑬鐘楼
⑭仁王門
⑮五重塔
⑯妙見堂
池上本門寺

年中行事

釈尊涅槃会《ねはんえ》（二月十五日）

釈尊の入滅をしのび、涅槃図をかかげて報恩感謝の法要を営む。

日蓮聖人降誕会《ごうたんえ》（二月十六日）

日蓮聖人の誕生を祝して記念慶讃の法要を修す。

彼岸会《ひがんえ》（三月・九月）

彼岸は三月と九月のそれぞれ中日をはさんで前後三日、合計七日間で、先祖追善の法要を営む。

釈尊降誕会《ごうたんえ》（四月八日）

釈尊の誕生を祝して営む記念慶讃の法会で、灌仏《かんぶつ》会《え》・仏生会《ぶつしょうえ》・竜華《りゅうげ》会《え》・浴仏会《よくぶつえ》ともいう。一般には「花まつり」として知られている。

立教開宗会《りっきょうかいしゅうえ》（四月二十八日）

日蓮聖人が法華経の信仰を表明した日を記念して営む法会。建長五年（一二五三）の法華経信仰の宣言を日蓮聖人の立教開宗とする。

伊豆法難会（五月十二日）

日蓮聖人が伊豆の伊東に流罪《るざい》された日を記念し、遺徳を偲んで営む報恩慶讃の法会。

盂蘭盆会《うらぼんえ》（七月十五日・八月十五日）

盂蘭盆に営む先祖供養の法会。七月十三日から十五日にかけて営むが、地域によっては月遅れの八月十三日から十五日にかけて行う。

施餓鬼会《せがきえ》

法界《ほうかい》の万霊《ばんれい》を供養する法要。盂蘭盆会と兼ねて営むことが多い。

松葉谷法難会《まつばがやつほうなんえ》（八月二十七日）

日蓮聖人が鎌倉松葉谷の草庵を夜襲された日を記念し、遺徳をしのんで営む報恩慶讃の法会。

竜口法難会《りゅうこうほうなんえ》（九月十二日）

日蓮聖人が竜口で斬首《ざんしゅ》されかけた日を記念し、遺徳をしのんで営む報恩慶讃の法会。

佐渡法難会（十月十日）

日蓮聖人が佐渡へ流罪された日を記念し、遺徳をしのんで営む報恩慶讃の法会。

御《お》会《え》式《しき》（十月十三日）

日蓮聖人入滅の日を記念し、遺徳をしのび、聖人の御影《みえい》を奉安して報恩の法会を修す。日蓮聖人涅《ね》槃《はん》会《え》・報恩講《ほうおんこう》・御命講《おめいこう》・御影供《みえいく》ともいう。

小《こ》松原《まつばら》法難会《ほうなんえ》（十一月十一日）

日蓮聖人が東条郷松原で東条景信に襲撃された日を記念し、遺徳をしのんで営む報恩慶讃の法会。

釈尊成道会《じょうどうえ》（十二月八日）

釈尊が悟りを開かれた日を記念して営む報恩慶讃の法会。

このほか、日蓮宗の主要寺院では次のような行事が催される。

身延山久遠寺　御年頭会（一月十三日）・桜千部会（四月六日〜八日）・開闢会（六月十五日〜十七日）

池上本門寺　祝禱会（一月一日〜三日）・千部会（立教開宗会＝四月二十七日〜二十九日）・み魂まつり（八月四日〜六日）

誕生寺　日蓮聖人誕生会（二月十六日）

清澄寺　立教開宗会（四月二十七日〜二十八日）・虚空蔵菩薩十三詣（九月十三日）

中山法華経寺　聖教殿お風入（十一月三日）

日蓮宗の文化財

日蓮宗各派の寺院（一部個人を含む）に伝えられている国宝・重要文化財の主なものを掲げた。一覧表の作成にあたっては、『重要文化財』（毎日新聞社）、『月刊文化財』、『日蓮宗事典』（日蓮宗宗務院）など各種の文献を参照し、名称・員数はそれらの記述に従った。（○印は国宝）

〔東京都〕

本門寺　大田区池上一－一－一

五重塔　一棟

木造日蓮聖人坐像　一軀

兄弟抄　一巻一幅（日蓮筆）

妙法寺　杉並区堀ノ内三-四八-八
鉄門　一棟
南部光徹氏　府中市清水が丘三-四〇-一〇（東郷寺）
南部家文書　二四三通
附南部八戸家系図・家伝記・家伝記選用集　一巻七冊
〔神奈川県〕
妙本寺　鎌倉市大町一-一五-一
雲版　一面
〔千葉県〕
法華経寺　市川市中山二-一〇-一
祖師堂・法華堂・五重塔・四足門　四棟
絹本著色十六羅漢像　一双
○立正安国論　一巻（日蓮筆）
○観心本尊抄　一帖（日蓮筆）
附添状　一巻（日蓮筆）
春日山蒔絵筥　一合
日蓮自筆遺文　五六巻、四冊、一帖、三幅
法華取要抄　一巻／四信五品抄　一巻／始聞仏乗義　一巻／大田禅門許御書上・下　二巻／災難興起由来并対治之事　一巻／災難退治抄　一巻／法鑒坊御書　一巻／寺泊御書　一巻／真言諸宗違目抄　一巻／法華行者逢難事　一巻／聖人知三世之事　一巻／不可親近謗法抄　一巻／滝泉寺申状　一巻／聖人度々御難事　一巻／稟権出界抄　一巻／十章抄　一巻／法門可被申様之御書　一巻／大田金吾入道殿御書　一巻／治病抄　一巻／諸経与法花経難易之事　一巻／大田女房御書　一巻／問注之時可存知由事　一巻／大師講御書　一巻／御衣布并単衣　一巻／御衣布并単衣御書　一巻／転重軽受抄　一巻／期霊山浄土御書　一巻／富木殿御返事　一巻／貞当御書　一巻／富木殿御書　一巻／尼御前御書　一巻／妙一尼御書　一巻／忘持経之事　一巻／尼殿御書　一巻／道場神守護事　一巻／金珠女事　一巻／御文給候御書　一巻／慈覚大師之事　一巻／富木殿御返事　一巻／八幡之事　一巻／鵞目御消息　一巻／土木殿老病之上一巻／秀句十勝抄上中下　三巻／広五時図　一巻／略五時図　一巻／日月之事　一巻／下方他方旧住菩薩事　一巻／小乗小仏要文　一巻／恒河七

種衆生事　一巻／玄義要文　一巻／花厳法相三論天台真言元祖事　一巻／涅槃経疏要文　一巻／迦葉付属事　一巻／一代勝劣諸師異解　一巻／真言経等要文　一巻／天台肝要文集上（紙背文書）一冊／四教略名目　一冊／雙紙要文（無外題・紙背文書）　一冊／破禅宗（紙背文書）　一冊／要文雙紙（無外題）　一帖／木画二像之御書断簡　一幅

本土寺　松戸市平賀六三

梵鐘　一口

諸人御返事　一巻（日蓮筆）

大学三郎御書　一巻（日蓮筆）

日本寺　香取郡多古町南中

梵鐘　一口

飯高寺　八日市場市飯高一七八九

講堂・鐘楼・鼓楼・総門　四棟

浄光院　市川市中山三-一〇-四

絹本著色日蓮聖人像　一幅

妙本寺　安房郡鋸南町吉浜

愛染不動感見記　二幅（日蓮筆）

〔山梨県〕

久遠寺　南巨摩郡身延町身延三五六七

○絹本著色夏景山水図　一幅

本朝文粋十三巻（巻一欠）

宋版礼記正義　六十三～七十　二冊

本遠寺　南巨摩郡身延町大野

本堂・鐘楼堂　二棟

〔静岡県〕

本門寺　（北山）富士宮市北山四九六五

貞観政要巻第一　二巻（日蓮筆）

細字金字法華経（藍紙）一巻

妙法華寺　三島市玉沢一

絹本著色日蓮上人像　一幅

絹本著色十界勧請大曼荼羅図　一幅

撰時抄　五巻（日蓮筆）

注法華経（開結共）　十巻（日蓮自注）

妙立寺　湖西市吉美二七四五

紺紙金字法華経（開結共）　十巻

大石寺　富士宮市上条二〇五七

五重塔　一棟
脇太刀　一口
日蓮自筆遺文　二十六巻
諫暁八幡抄（後半）　一巻／三三蔵祈雨事　一巻／減劫御書　一巻／衆生身心之御書　一巻／閻浮提中御書　一巻／三論宗御書　一巻／春之祝御書　一巻／迦葉尊者御書　一巻／南条兵衛七郎殿御書　一巻／宝軽法重抄　一巻／食物三徳之御書　一巻／芋一駄御書　一巻／上野賢人殿御返事　一巻／白米一駄之御書　一巻／白米一俵之御書　一巻／上野殿御返事　一巻／上野殿御返事　一巻／重須殿御返事　一巻／上野尼御前御返事　一巻／莚三枚御書　一巻／上野母御前御返事　一巻／木火土金水御書　一巻／華厳経筆要文　一巻／法師品云御書　一巻／無量義経云御書　一巻／理即御書　一巻

本門寺（西山）　富士郡芝川町西山六七一
紺紙金字法華経（開結共）　十巻（覚成・公珍・師綱筆）
法華経　八巻（常子内親王筆）
法華証明鈔　一巻（日蓮筆）

本興寺　湖西市鷲津三八四
本堂　一棟
絹本著色法華経曼荼羅図　四幅
紺紙金字法華経　八巻
紺紙金字法華経（開結共）　十巻

〔長野県〕

遠照寺　上伊那郡高遠町大字山室
釈迦堂・多宝塔　二棟

〔新潟県〕

妙宣寺　佐渡郡真野町阿仏坊二九
五重塔　一棟
日蓮上人筆書状　三巻
国府尼御前御書　一巻／阿仏房尼御前御返事　一巻／故阿仏房尼御前御返事　一巻
細字法華経（一部八巻）　一巻（日野資朝筆）

本光寺　佐渡郡金井町大字泉三七七
木造聖観音立像　一軀

〔富山県〕

本法寺　婦負郡八尾町宮腰一五八〇

絹本著色法華経曼荼羅図　二十一幅
〔石川県〕
妙成寺　羽咋市滝谷ヨ―一
本堂・祖師堂・経堂・五重塔・鐘楼・書院・庫裏・
二王門・三光堂・三十番神堂　十棟
山水蒔絵料紙筥　一合
山水蒔絵机　一脚
本土寺　鹿島郡鹿西町馬場ユ―三
絹本着色観音経絵　二幅
〔福井県〕
長源寺　小浜市酒井八
絹本著色弥勒菩薩像　一幅
〔京都府〕
妙顕寺　京都市上京区寺の内通新町西入妙顕寺前町
五一四
神国王書　二巻（日蓮筆）
強仁状御返事　一巻（日蓮筆）
後小松天皇宸翰御消息　二幅
金字法華経巻第五（巻首状伏見天皇宸翰）一巻
本圀寺　京都市東山区山科御陵大岩町六
経蔵　一棟
妙覚寺　京都市上京区新町通鞍馬口下ル清蔵口町一
三五
盂蘭盆御書　一巻（日蓮筆）
本満寺　京都市上京区寺町通今出川上ル二丁目鶴山
町一六
紺紙金字一字宝塔法華経並観普賢経　九巻
本法寺　京都市上京区小川通寺の内上ル本法寺前町
六一七
金銅宝塔　一基
絹本著色蓮花図　二幅（伝銭舜挙筆）
絹本著色群介図　一幅
紙本墨画中文殊左右寒山拾得像　三幅
（中啓枚左右啓孫筆）
長谷川等伯関係資料　三幅一冊
絹本著色日通上人像　一幅（長谷川等伯筆）
紙本墨画妙法尼像　一幅（伝長谷川等伯筆）
紙本著色仏涅槃図　一幅
紙本墨書長谷川等伯画説　一冊
（日通上人筆　二十枚）

法華題目抄　一巻（本阿弥光悦筆）
如説修行抄　一巻（本阿弥光悦筆）
紫紙金字法華経（開結共）　十巻
　附本阿弥光悦寄進状　一幅
　花唐草文螺鈿経箱　一合
立本寺　京都市上京区七本松通仁和寺街道上一番地
一〇七
法華経幷観普賢経（藍紙）　七巻（欠二・六巻）
紺紙金銀泥法華経宝塔曼荼羅図　八幅
頂妙寺　京都市左京区仁王門通川端東入ル大菊町九
六
　紙本墨画牛図　二幅（俵屋宗達筆）
宝塔寺　京都市伏見区深草宝塔寺山町三二
本堂　一棟・塔婆（多宝塔）・四脚門（総門）　三棟
瑞光寺　京都市伏見区深草坊町四
　南蛮人蒔絵交椅　一脚
大般若経巻二四六　一帖
妙立寺　宮津市大字中野二六八
　髹漆厨子　一基
本禅寺　京都市上京区寺町通広小路上北の辺町三九
四
寛性親王御消息翻摺法華経　八巻
伏見天皇宸翰御消息　一幅
後深草天皇宸翰御消息　一幅
本能寺　京都市中京区寺町御池下本能寺前町
銅鏡　一面
○伝藤原行成筆書巻　一巻
花園天皇宸翰御賀札　一幅
妙蓮寺　京都市上京区寺の内通り大宮東入妙蓮寺前
町八七五
奥書院及玄関之間障壁画三十八面
　紙本金地著色松桜図（一之間）／紙本金地著色
松桜図（二之間）／紙本金地著色松杉桜図（脇
一之間）／紙本金地著色松桜図（玄関之間）／
附　紙本著色柳図　四面（脇二之間）
立正安国論　一巻（本阿弥光悦筆）
始聞仏乗義　一巻（本阿弥光悦筆）
伏見天皇宸翰法華経　八巻
　沈金箱入　紙背ニ深草天皇宸翰御消息一七一枚ア
リ

本隆寺　京都市上京区智恵光院通り五辻上ル紋屋町三三〇
法華経（開結共・金銀箔散料紙）　十巻
法花玄論　一〜十　十巻
妙満寺　京都市左京区岩倉幡枝町九一
法華経要文和歌懐紙（光厳天皇宸翰等二十首）一巻
要法寺　京都市左京区新高倉通り孫橋上ル法皇寺町四四八
金銅蓮華唐草文透彫経箱　一合
南真経寺　向日市鶏冠井町小字大極殿六四
北真経寺　向日市鶏冠井町小字御屋敷二八
尊性法親王龝擢法華経（開結共）十巻
〔大阪府〕
妙国寺　堺市材木町東四-一-四
短刀　一口
腰指　一口
〔兵庫県〕
長遠寺　尼崎市寺町十
本堂・多宝塔　二棟

本興寺　尼崎市開明町三-六八
開山堂・三光堂・方丈　三棟
太刀　一口
〔岡山県〕
妙圀寺　備前市浦伊部二二一
木造釈迦如来坐像　一軀
妙本寺　上房郡賀陽町北一五〇一
番神堂・鎮守堂　二棟
妙覚寺　御津郡御津町金川六〇〇
絹本著色花鳥図　一隻（長谷川信春筆　六曲屏風）
本蓮寺　邑久郡牛窓町牛窓
本堂・中門　二棟
番神堂（西祠・中祠・東祠）
〔熊本県〕
本妙寺　熊本市花園町四-一三-一
短刀　一口
日本紀竟宴和歌　二巻
安南国書　二幅

日蓮宗系譜

日蓮
日昭
日祐（静岡・玉沢妙法華寺）
日成（新潟・村田妙法寺）
日朗
日像（京都・妙顕寺）
日実（京都・妙覚寺）
日奥
日樹（岡山・妙覚寺）
日習（岡山・本覚寺）
日真（京都・本隆寺）
日慶
日応（京都・妙蓮寺）
日隆（京都・本能寺）
日扇（京都・宥清寺）
日輪（池上本門寺・鎌倉妙本寺）
日印
日静（京都・本圀寺）
日陣（新潟・本成寺）
日興
日目（静岡・大石寺）
日尊
日辰（京都・要法寺）
日妙（重須・本門寺）
日満（佐渡・妙宣寺）
日向（身延山久遠寺・千葉藻原寺）
日頂（重須・本門寺へ）
日持（静岡・蓮永寺）
日常
日高（中山・法華経寺）
日什（京都・妙満寺）
昭21
中山妙宗
昭48、日蓮宗へ
日蓮宗不受不施派
日蓮講門宗
法華宗（真門流）
本門法華宗
法華宗（本門流）
本門仏立宗
日蓮宗
法華宗（陣門流）
日蓮正宗
日蓮本宗
顕本法華宗

日蓮系の宗教団体

(①事務所②寺院・布教所数。分類は文化庁編『宗教年間』平成一一年版による)

日蓮宗　①東京都大田区池上一—二一—一五☎〇三—三七五一—七一八一　②五、二一三

日蓮正宗　①静岡県富士宮市上条二〇五七☎〇五四四—五八—〇八〇〇　②七一〇

顕本法華宗　①京都市左京区岩倉幡枝町九一☎〇七五—七九一—七一七一　②二二一

法華宗(本門流)　①東京都豊島区北大塚一—二六—四☎〇三—三九一〇—四七五五　②五一七

法華宗(陣門流)　①東京都豊島区巣鴨五—三五—六☎〇三—三九一八—七二九〇　②一七八

法華宗(真門流)　①京都市上京区智恵光院通五辻上ル紋屋町三三〇☎〇七五—四四一—五七六二　②一六五

本門法華宗　①京都市上京区寺之内通大宮東入妙蓮寺前町八七五☎〇七五—四五一—三五二七　②九四

日蓮宗不受不施派　①岡山県御津郡御津町金川六〇〇☎〇八六七二—四—〇〇三九　②二〇

不受不施日蓮講門宗　①岡山県御津郡御津町鹿瀬四九二☎〇八六七二—四—〇五七四　②六

日蓮本宗　①京都市左京区新高倉通り孫橋上ル法皇寺町四四八☎〇七五—七七一—三三九〇　②五〇

日蓮法華宗(栃木)　①栃木県黒磯市寺子二二一六　②一四

本派日蓮宗　①大阪府箕面市粟生間谷東五—三一—一☎〇七二七—二七—四五六〇　②一六

法華日蓮宗　①大阪市旭区今市一—九—二五☎〇六—六九五一—三七九四　②三〇

本化日蓮宗(京都)　①京都府向日市鶏冠井町山畑四四☎〇七五—九三一—〇七一三　②五

本化日蓮宗(兵庫)　①兵庫県宝塚市川面長尾山一五—一〇一　②一一

正法法華宗　①京都市北区紫野上若草町八☎〇七五

ー四九一ー七三一一　②三五

法華眞宗　東京都品川区中延四ー四ー一二☎〇三ー三七八一ー九五二三　②一四

本門経王宗　①東京都調布市緑ヶ丘二ー四ー一☎〇三ー三三〇八ー七五七六　②九

最上稲荷教　①岡山市高松稲荷七一二☎〇八六ー二八七ー三七〇〇　②一四二

日蓮宗最上教　①岡山市下足守九〇〇ー一☎〇八六ー二九五ー〇一三〇　②三三

大乗教　①名古屋市熱田区外土居町四ー七☎〇五二ー六七一ー六一四六　②六二

本門佛立宗　①京都市上京区御前通一条上ル東竪町一一〇☎〇七五ー四六一ー一六六　②三三九

日蓮主義佛立講　①愛知県春日井市松新町二ー二八☎〇五六八ー三一ー二九一五　②一

在家日蓮宗浄風会　①東京都文京区千駄木五ー一九ー五☎〇三ー五八一四ー三二六二　②四五

国柱会　①東京都江戸川区一之江六ー一九ー一八☎〇三ー三六五六ー七一一一　②七〇

正法会　①東京都品川区小山台一ー七ー六☎〇三ー三七一三ー一八五二　②一七

本化妙宗聯盟　①神奈川県鎌倉市稲村が崎一ー一八ー六☎〇四六七ー二二ー五八六一　②一五

日本山妙法寺大僧伽　①東京都渋谷区神泉町八ー七☎〇三ー三四六一ー九三六三　②一二五

霊友会　①東京都港区麻布台一ー七ー八☎〇三ー五五六三ー二五〇〇　②二、九七一

妙道會教団　①大阪市天王寺区松ヶ鼻町四ー三四☎〇六ー六七七一ー二〇五〇　②十二

妙智會教団　①東京都渋谷区代々木三ー三ー三☎〇三ー三三七〇ー五四〇三　②一〇

佛所護念会教団　①東京都港区白金台二ー一ー一☎〇三ー三四四一ー五五八八　②一一

法師宗　①岩手県一関市宮前町一二ー二八☎〇一九一ー二三ー五五五五　②一〇

正義会教団　①千葉県館山市船形七三八☎〇四七〇ー二七ー二九六〇　②八

大慧會教団　①大阪府堺市大美野一四二ー一四☎〇七二二ー三六ー一六〇一　②九九

立正佼成会　①東京都杉並区和田二ー一一ー一☎〇

三―三三八三―一一一　②六二五

思親会　①神奈川県伊勢原市子易一四五九☎〇四六三―九二―三一一一　②一一五

妙法宗　①奈良県桜井市桜井五七〇―二☎〇七四四―三―六三〇〇　②一五

日蓮宗年表

西暦	年号	宗門事項	一般
一二二二	承久四	日蓮、安房国東条郷片海（千葉県天津小湊町）に誕生。	一二二四　親鸞『教行信証』を著し、真宗の基を開く。
一二三三	天福一	日蓮、同国清澄寺に登り、道善房に師事。	
一二三七	嘉禎三	日蓮、道善房について出家、是聖房と名のる。	
一二三八	暦仁一	日蓮、このころ以降、鎌倉・京畿に遊学。	一二四四　道元、越前に大仏寺（永平寺）を開く。
一二五三	建長五	日蓮、清澄寺で、法華信仰弘通を始める（立教開宗）。	
一二六〇	文応一	日蓮、『立正安国論』を前執権北条時頼に上呈。この後、草庵を焼き打ちされ（松葉谷法難）、下総に避難。	一二五三　道元示寂す。
一二六一	弘長一	日蓮、伊豆に配流される（伊豆法難）。	一二六二　親鸞示寂す。
一二六三	〃三	日蓮、伊豆配流を赦される。	
一二六四	文永一	日蓮、安房国東条松原の大路で、地頭東条景信に襲われる（小松原法難）。	
一二六八	〃五	蒙古の国書到来。日蓮、『立正安国論』の趣旨を諸方に申しおくる。	
一二七一	〃八	日蓮、平頼綱に捕えられ佐渡配流となる。途中、竜口で斬首されそうになる（竜口法難）が、これをまぬがれ佐渡に配流される（佐渡流罪）。	
一二七二	〃九	日蓮、佐渡で、『開目抄』を著す。	
一二七三	〃一〇	日蓮、『観心本尊抄』を著す。大曼荼羅始顕。	
一二七四	〃一一	日蓮、佐渡配流を赦され、鎌倉に帰り、身延に入る。	一二七四　元軍来襲

一二七九	弘安二	駿河の信徒ら、弾圧される（熱原法難）。
一二八二	〃五	日蓮、療養のため身延を下山し、常陸に向かう。武蔵国の池上宗仲の館で六老僧を定め、同所で入滅。
一二八三	〃六	直弟子、身延の日蓮廟所を輪番で守ることを定める。
一二八八	正応一	日持・日浄、池上本門寺に日蓮像を造立する。日興、身延を離れる。
一二九四	永仁二	日像、上洛し、弘通活動を始める。
一二九八	〃六	日興、駿河重須に本門寺を建て、『本尊分与帳』を著す。
一三二一	元亨一	日像、妙顕寺を開創する。
一三三三	正慶二	この前後より妙顕寺大覚妙実、山陽地方に弘教。
一三三四	建武一	妙顕寺、勅願寺となる。
一三三九	暦応二	日尊、京都に上行院を創建する。
一三四六	貞和二	このころ、日大、京都に住本寺を創建する。
一三五七	延文二	このころ、日静、京都に本国寺を創建する。
一三五八	〃三	妙顕寺、朝廷の命により『法華経』三千万部の読誦と祈雨の効験により四海唱導の称号を受け、日蓮・日朗・日像に菩薩号授与、大覚妙実は大僧正に任ぜられる。
一三七八	永和四	日実・日成ら妙顕寺を退出し、妙覚寺を分立する。
一三八〇	康暦二	天台僧玄妙、真間弘法寺に帰入し、日什と名のる。
一三八七	嘉慶一	妙顕寺、比叡山徒に破却される。日什、独立して一派を開く。
一三八九	康応一	日什、京都に妙満寺を創建する。
一三九三	明徳四	妙顕寺、京都に還住を許され妙本寺と改称する。
一三九七	応永四	本国寺日伝と本成寺日陣、本迹論で争そう。

（文永の役）。一遍、時宗を開く。

一二八一　元軍ふたたび来襲（弘安の役）。

一二九七　永仁の徳政令。

一三三三　鎌倉幕府滅亡。

一三三六　後醍醐天皇吉野に移り、南北朝時代始まる。

一三三八　足利尊氏、室町幕府を開く。

一三四二　幕府、五山十刹の制を定める。

一三九七　金閣寺建立。

一三九八	〃五	日什の弟子、日仁・日実・日行ら、将軍足利義満に諫暁。	一三九九　大内義弘挙兵（応永の乱）。
一四〇五	〃一二	本成寺日陣、本国寺より独立し、一派を開く。	
一四〇六	〃一三	日陣、京都に本禅寺を創建する。	
一四〇九	〃一六	日秀、京都に本満寺を創建する。	
一四一三	〃二〇	妙本寺、再度、比叡山徒に破却される。	
一四一五	〃二二	日隆、京都に本応寺（後に移って本能寺と改称）を創建し、数年後、妙本寺より独立して一派を開く。	
一四二三	〃三〇	細川満元、日隆に帰依して尼崎に本興寺を建立する。 このころ、日慶、京都に妙蓮寺を創建する。	一四二八　近江・山城の農民蜂起（正長の土一揆）。
一四三六	永享八	三島本覚寺日出、鎌倉で天台宗僧心海と問答を行い（永享問答）、これに関連して鎌倉の日蓮宗僧俗が弾圧されそうになる（永享法難）。	一四四一　赤松満祐、将軍義教を殺す（嘉吉の変）。
一四四四	文安一	日延、京都に本覚寺を創建する。	一四四七　徳政一揆。
一四六三	寛正四	日親、京都に本法寺を創建する。	一四六七　応仁の乱始まる。
一四六五	〃六	日典、種子島で殉教。 京都の本覚寺日住、将軍足利義政に諫暁を行う。 比叡山徒より洛中の日蓮宗寺院破却の通達あるも、日蓮宗側の強力な対応により事なきを得る。	
一四六六	〃七	洛中の日蓮宗寺院、六か条の盟約を結ぶ（寛正の盟約）。	一四七一　蓮如、越前吉崎御坊を創建。
一四七三	文明五	このころ、日祝、京都に頂妙寺を創建する。	
一四七五	〃七	日意、京都に妙伝寺を創建する。	
一四八八	長享二	酒井定隆、上総の土気城に入り、日泰を招いて布教させる。日真、妙本寺を退出して一派を開く。	一四八二　銀閣寺造営始まる。

一四八九	延徳一	日真、京都に本隆寺を創建する。
一四九六	明応五	洛中の日蓮宗寺院の間で一致勝劣の論争が、武力抗争に発展する。
一五〇一	文亀一	本国寺日了、浄土宗団誉玉翁と宗論し、論伏する。
一五〇四	永正一	天台宗円信の『破日蓮義』にたいし、円明日澄が『日出台隠記』を著して論駁する。
一五三二	天文一	京都の日蓮宗、一向一揆と争う。これ以後、日蓮宗の一揆活動が活発となる。
一五三五	〃四	法華宗の宗号をめぐる論争が起こる。
一五三六	〃五	洛中の日蓮宗寺院が焼き払われ、僧徒は洛中から追放される（天文法難）。
一五四二	〃一一	日蓮宗の帰洛が許される。本山十五か寺が徐々に復興する。
一五四七	〃一六	武田信玄、甲斐国内における日蓮宗と浄土宗との宗論を禁止する。
一五六四	永禄七	洛中の日蓮宗寺院、三か条の規約を結ぶ（永禄の規約）。
一五六八	〃一一	このころより堺で三光無師会が開講される。
一五七五	天正三	洛中の日蓮宗寺院、五か条の盟約を結ぶ（天正の盟約）。
一五七九	〃七	織田信長の意図により、浄土宗と宗論、日蓮宗側の敗けとされる（安土宗論）。飯高談所、開設される。
一五八〇	〃八	松ケ崎檀林、開設される。
一五八三	〃一一	求法院檀林、開設される。
一五八五	〃一三	豊臣秀吉、安土宗論の際の詫証文をとりかえし、日蓮宗の活動をもとのように行うことを許す。上総伊北において天台宗の僧徒と宗論し、戦闘におよぶ（大野法難）。

一四八八　加賀一向一揆、守護富樫氏を滅ぼし以後国中を支配。
一五〇六　一向一揆、各地で頻発。
一五二〇　永正徳政令。
一五三一　一向一揆、朝倉氏と争う。この頃京都町衆の自治組織ができる。
一五四三　種子島に鉄砲伝来。
一五七一　延暦寺、織田信長により焼失。
一五七三　室町幕府滅亡。
一五八〇　石山本願寺信長に滅ぼされる。
一五八二　本能寺の変。
一五八五　羽柴(豊臣)秀吉、根来山を襲撃。

一五八八	〃一六	徳川家康、身延山久遠寺に「久遠寺条目」をくだす。
一五九〇	〃一八	小西檀林、開設される。
一五九五	文禄四	豊臣秀吉の主催する千僧供養会への出仕をめぐり、妙覚寺日奥らと本満寺日重らが対立。
一五九七	慶長二	中山法華経寺三山（本法寺・頂妙寺・妙国寺）、輪番により運営されはじめる（明治初年まで）。
一五九九	〃四	徳川家康の前で妙顕寺日紹・妙国寺日暁と妙覚寺前住日奥・本国寺前住日禛とが千僧供養会の供養の受・不受について対論する（大坂対論）。中村檀林、開設される。
一六〇〇	〃五	日奥、対馬に流罪。
一六〇四	〃九	西谷檀林、開設される。
一六〇八	〃一三	常楽院日経、江戸城において浄土宗と宗論を行う。
一六二四	寛永一	東山檀林、開設される。
一六二七	〃四	鷹峰檀林、開設される。
一六三〇	〃七	国主の供養の受不受をめぐり、身延山久遠寺日暹らと池上本門寺日樹らが対論、不受派（池上方）の僧は流罪となる（身池対論）。
一六三二	〃九	幕府、諸宗に命じて末寺を書き上げさせる。
一六四三	〃二〇	山科檀林、開設される。
一六五四	承応三	鶏冠井檀林、開設される。
一六六五	寛文五	幕府、寺社領朱印地の再交付を行う。これにたいし受不施寺院は敬田供養として寺領地をうけ、不受派の碑文谷日禅らは慈悲供養として寺領地をうけようとして手形を幕府に提出する。これをしなかっ

一五八八　秀吉、方広寺大仏殿を建立。

一六〇三　徳川家康、江戸幕府を開く。

一六二二　元和の大殉教（キリシタン五五名を処刑）。

一六二七　紫衣着用の勅許を幕府が無効として紫衣事件起こる。

一六四〇　宗門改役を置き、寺請制度を実施。

一六五四　黄檗宗の祖隠元来朝。

		た平賀日述・大野法蓮寺日完・興津妙覚寺日堯・雑司谷法明寺日了は流罪となる。	
一六六六	〃六	幕府、土水供養令を発令する。これにより不受不施派は拠所を失い、安国院日講・玉造日浣らが流罪となる。	
一六六九	〃九	不受不施派（慈悲供養としての寺領地をうけた悲田派を除く）が禁制される（寛文の惣滅）。幕府、不受不施義を主張する日蓮宗寺院にたいし寺請を禁止する。	一六七一　この頃、宗門人別帳の作成が始まる。
一六八三	天和三	水戸三昧堂檀林、開設される。	一六八七　生類憐みの令。
一六九八	元禄一一	幕府、不受不施悲田派を禁制する。	
一七七七	安永六	身延久遠寺日唱、不受不施義を信奉するとして訴えられ、身延山歴代より除かれる。	一七一六　吉宗、将軍となり享保の改革始まる。
一八四八	嘉永一	松平頼該、高松八品講を結成する。	
一八五七	安政四	長松清風、仏立講（のちの本門仏立宗）を結成する。	一八五三　ペリー来航。
一八六八	明治一	神仏分離令の発令により、太政官より日蓮宗各本寺に神祇名の混用禁止の布達がなされる。	一八六七　大政奉還。
一八七二	〃五	大教院が設立される。日蓮宗各本寺の連合が進められる。東京芝二本榎承教寺に日蓮宗宗教院が設置される。	
一八七四	〃七	日蓮系各本山、日蓮宗一致派・日蓮宗勝劣派の二派にまとめられる。	
一八七五	〃八	大教院が解散する。日蓮宗宗教院を日蓮宗大教院と改称し、全国を九教区に分け大教院に宗務局、八教区に中教院の設置を決定する。日蓮宗勝劣派、大教院を浅草妙経寺に設置する。	
一八七六	〃九	日蓮宗一派を日蓮宗と改称する。日蓮門下の一致・勝劣二派制を廃	一八七七　西南戦争。

		止する。日蓮宗八品派・妙満寺派・本成寺派・本隆寺派が独立する。富士大石寺など富士門流諸寺が独立して日蓮宗興門派を公称。日蓮宗不受不施派の再興が公許される。	
一八八〇	〃一三	田中智学、蓮華会（のちの国柱会）を結成し、在家仏教運動を始める。	
一八八四	〃一七	日蓮宗の教育制度を改廃し、大教院を大檀林、中教院を檀林、地方によって設置されていた小教院を宗学林と改称（この後、何度か制度の変更と機関の統廃合を経て、日蓮宗大学林、日蓮宗大学、立正大学となって現在にいたる）。	一八八九　大日本帝国憲法発布。
一八九八	〃三一	日蓮宗妙満寺派が顕本法華宗に、八品派が本門法華宗に、本隆寺派が本妙法華宗となる。	一八九四　日清戦争始まる。
一八九九	〃三二	日蓮宗興門派が本門宗と改称。	
一九〇〇	〃三三	富士大石寺、本門宗から独立して日蓮宗富士派と称す。	一九〇四　日露戦争始まる。
一九〇九	〃四二	本多日生、天晴会を組織。	
一九一二	〃四五	日蓮宗富士派、日蓮正宗を公称。	一九一四　第一次世界大戦始まる。
一九一四	大正三	山田三郎ら、法華会を設立。	
一九一七	〃六	藤井日達、出家主義にたつ日本山妙法寺を開教する。	一九一八　シベリア出兵。富山で米騒動。
一九二二	〃一一	日蓮に立正大師号がおくられる。	
一九二三	〃一二	久保角太郎・小谷喜美、霊友会を組織する。	
一九三〇	昭和五	牧口常三郎・戸田城聖、創価教育学会（のち創価学会）をつくる。	一九二三　関東大震災。
一九三五	〃一〇	岡野正道、孝道会（のち孝道教団）を組織する。	一九三六　二・二六事件。
一九三七	〃一二	日蓮遺文削除問題がおこる。	

一九三八	〃一三	マンダラ国神勧請不敬事件がおこる。井戸清行、思親会を組織。庭野日敬・長沼妙佼、霊友会から分かれて大日本立正交成会（のち立正佼成会）を開く。
一九四一	〃一六	日蓮宗・顕本法華宗・本門宗三派が合同し、新制日蓮宗が成立。本門法華宗・法華宗・本妙法華宗が合同し、新制法華宗が成立。不受不施派・不受不施講門派が合同し、本化日蓮宗が成立。日蓮宗本末制度を解体。
一九四三	〃一八	牧口常三郎・戸田城聖ら、大麻奉斎を拒否して逮捕される。
一九四六	〃二一	日蓮宗不受不施派、不受不施講門派と分離する。
一九四八	〃二三	顕本法華宗、分離独立する。
一九四九	〃二四	清澄寺が真言宗から日蓮宗へ改宗する。
一九五〇	〃二五	霊友会から妙智会（宮本ミツ）、仏所護念会（関口嘉一）が分立する。本門法華宗、分離独立する。日蓮本宗、分離独立する。
一九五一	〃二六	創価学会の折伏活動が本格化する。
一九五二	〃二七	日蓮宗開宗七〇〇年。法華宗を解体して、法華宗真門流・法華宗本門流・法華宗陣門流に分離独立する。
一九五五	〃三〇	日蓮宗平和運動が始まる。
一九六三	〃三八	日蓮聖人門下連合会が結成される。
一九七一	〃四六	日蓮生誕七五〇年。
一九八一	〃五六	日蓮七〇〇遠忌。

一九三七　日中戦争始まる。

一九四一　太平洋戦争始まる。

一九四五　終戦。

一九四六　日本国憲法公布。

一九五〇　朝鮮戦争始まる。

一九五一　サンフランシスコ条約調印。

一九六四　東海道新幹線開通。東京オリンピック。

参考文献

田中智学監修『本化聖典大辞林』／宇井伯寿監修『仏教辞典』／織田得能著『織田仏教大辞典』／多屋頼俊・横超慧日・舟橋一哉編『仏教学辞典』／新村出編『広辞苑』／諸橋轍次著『大漢和辞典』／塚本善隆編『望月仏教大辞典』／高柳光寿・竹内理三編『角川日本史辞典』／日本歴史大辞典編集委員会編『日本歴史大辞典』／日本大辞典刊行会編『日本国語大辞典』／金岡秀友編『仏教宗派辞典』／中村元著『仏教語大辞典』／創価学会教学部編『日蓮大聖人御書辞典』／宮崎英修編『日蓮辞典』／河村孝照監修『明治・大正・昭和　日蓮門下仏家人名辞典』／立正大学日蓮教学研究所編『日蓮聖人遺文辞典　歴史篇』／桜井徳太郎編『民間信仰辞典』／日蓮宗事典刊行委員会編『日蓮宗事典』／中尾堯・石川教張編『日蓮聖人事蹟辞典』／河村孝照・石川教張編『日蓮聖人大事典』／日蓮宗寺院大鑑編集委員会編『日蓮宗寺院大鑑』／日蓮宗史料編纂会編『日蓮宗年表』／山田日真編『日宗龍華年表』／富士年表作成委員会編『日蓮正宗富士年表』／歴史学研究会編『日本史年表』／近代日蓮宗年表編集委員会・日蓮宗現代宗教研究所編『近代日蓮宗年表』／立正大学日蓮教学研究所編『日蓮宗宗学全書』／堀日亨編『富士宗学要集』／日蓮宗全書刊行会編『日蓮宗全書』／玄修日明編・小川泰堂校訂『高祖遺文録』／加藤文雅編『日蓮聖人御遺文』／山川智応・長瀧智大編『類纂高祖遺文録』／浅井要麟編著『昭和新修日蓮聖人遺文全集』／立正安国会編『日蓮大聖人御真蹟対照録』／法蔵館編『日蓮聖人真蹟集成』／日蓮聖人六百五十遠忌報恩記念会編『日蓮聖人御遺文講義』／清水龍山他著『日蓮聖人遺文全集講義』／山川智応著『開目抄講話』／山川智応著『観心本尊抄講話』／茂田井教亨講述『開目抄講讃』／浅井円道著『観心本尊抄』／茂田井教亨講述『本尊抄講讃』／法華経普及会編『真訓両読法華経並開結』／望月歓厚著『法華経講話』／姉崎正治著『法華経の行者日蓮』／山川智応著『日蓮聖人伝十講』／鈴木一成著『日蓮聖人正伝』／高木豊著『日蓮とその門弟』／高木豊著『日蓮――その行動と思想』／宮崎英修著『日蓮とその弟子』／川添昭二著『日蓮――その思想行動と蒙古襲来――』／浅井要麟著『日蓮聖人教学の研究』／影山堯雄著『日蓮教団史概説』／望月歓厚著『日蓮教学の研究』／立正大学日蓮教学研究所編『日蓮宗読本』／立正大学日蓮教学研究所編『日蓮教団全史』／鈴木一成著『日蓮聖人遺文の文献学的研究』／宮崎英修・田村芳朗編『講座　日蓮』／宮崎英修・茂田井教亨編『日蓮聖人研究』／鈴木一成著『行学

綱要』／中尾堯著『日蓮宗の成立と展開』／身延山久遠寺編『身延山史』／渡辺宝陽著『日蓮宗信行論の研究』／冠賢一著『近世日蓮宗出版史研究』／茂田井教亨著『日蓮宗入門』／国史大辞典編集委員会編『国史大辞典』／山川智応著『日蓮聖人研究』／執行海秀著『日蓮宗教学史』／宮崎英修著『日蓮宗の守護神』

索　引

太字は見出し項目。細字はその言葉を含む主要な項目を（→）で示した。数字はそれぞれ見出し掲載ページを示す。

〔便覧編〕 日蓮遺文抜粋（御妙判）

小松邦彰（こまつ　ほうしょう）
1938年静岡県に生れる。立正大学名誉教授。静岡讃徳寺を経て池上法養寺元住職。2022年遷化。
編著に『日蓮聖人全集』（第一巻）『観心本尊抄訳注』ほか。
冠　賢一（かんむり　けんいち）
1939年東京都に生れる。立正大学特任教授。
編著に『日蓮聖人註画讃』『近世日蓮宗出版史研究』『日蓮聖人全集』（第五巻）『近世法華経談義聞書』ほか。

日蓮宗小事典

1987年 8月25日　第1刷発行
2000年 4月15日　新装版第1刷発行
2023年11月30日　新装版第7刷発行

編　者　小 松 邦 彰
　　　　冠　　賢 一
発行者　西 村 明 高
発行所　株式会社 法　藏　館
〒600-8153京都市下京区正面烏丸東入ル
振替01070-2743　電話075(343)5656
印刷＝亜細亜印刷株式会社

ISBN978-4-8318-7068-1

仏教小事典シリーズ

真言宗小事典〈新装版〉 福田亮成編 一、八〇〇円
浄土宗小事典 石上善應編著 一、八〇〇円
真宗小事典〈新装版〉 瓜生津隆真 細川行信編 一、八〇〇円
日蓮宗小事典〈新装版〉 小松邦彰 冠賢一編 一、八〇〇円
禅宗小事典 石川力山編著 二、四〇〇円
修験道小事典 宮家準著 一、八〇〇円